湛庐 CHEERS

与最聪明的人共同进化

HERE COMES EVERYBODY

像她那样奔跑

HOW SHE DID IT

[美] 莫莉·赫德尔 Molly Huddle 萨拉·斯莱特里 Sara Slattery 著

杜兰 张涛 译

华龄出版社
HUALING PRESS

你知道如何跑出健康吗?

扫码鉴别正版图书
获取您的专属福利

扫码获取全部
测试题及答案,
一起了解健康的跑步方式

- 尝试其他运动(如篮球和舞蹈)可以帮助你发挥跑步的潜力吗?( )

  A. 可以

  B. 不可以

- 高强度跑步后的一小时内应该进食吗?( )

  A. 应该

  B. 不应该

- 跑者应该更多摄入的营养素类型:( )

  A. 蛋白质

  B. 碳水化合物

  C. 矿物质

  D. 维生素

扫描左侧二维码查看本书更多测试题

致所有热爱运动的女孩，

愿跑步赋予你们力量！

HOW SHE DID IT

各方赞誉

《像她那样奔跑》展示了世界顶级女性跑者在面对逆境时的坚韧品格和智慧，它能够激发女性的勇气和力量，从而在跑步和人生的赛道上坚定前行。作为关注女性成长和女性力量活动的推动者，我强烈推荐这本书，并期待更多女性发掘出自己的潜力，勇敢面对挑战，勇往直前。

侣海林
著名国际社会活动家
联合国妇女国际论坛前主席

体育不只是输和赢，我们不能只为胜利去欢呼，更应该为体育精神而感动！《像她那样奔跑》记录了传奇女性跑者张开双臂、在风暴中迎接蜕变的过程。我相信，这会激励更多女孩子越来越强大、独立，越来越能够突破自己、展现自己。这正是体育真正的价值。

杨扬

中国冬奥首金获得者

运动于女性而言，本应该是生活重要的组成部分，但在成长的道路上，由于观念、生活等因素的影响，运动往往被忽视、被遗忘，进而离生活渐行渐远。当我们被繁杂的琐事所束缚时，是否还记得那个曾经挥洒汗水的自己——我的人生因运动而精彩、女性的人生因运动而改变。运动的意义远不止于一次奔跑、一堂瑜伽课、一次攀登、一次徒步，而在于运动过程中的那份感悟、收获和能量。希望本书能够唤起更多女性关于运动的记忆，回归运动，见证自己的蜕变，做独立、自信、自强的新时代女性。

王丽萍

王者传奇（北京）体育文化有限公司董事长

奥运会竞走冠军

作为一名非体育专业出身、目前已经在体育行业工作超过十年的女性，我对这样一本书的问世非常欣喜。因为这十余年间，我从仅仅是服务于体育产业，到跑步、健身占据生活的很大比重，深感亲身参与体育运动对女性一生的各个层面都至关重要，从容颜身型的更美，到情绪的稳定，到内心力量的生根，乃至对子女、家庭的影响。对于更多的女性而言，我们都成不了世界冠军，但是每当我们突破一千米，都会给自己赢得多一份的自信，这份自信会根植于内心，帮助我们更有底气去面对日常的压力。如果我们一时还不知道自己该不该、能不能现在就开始跑步，或许可以先从读读这本书开始。

李璐

众辉致跑总经理

人类善于跑步。但很明显，自从有了电脑后，我们慢慢放弃了这一擅长的领域，进而出现了一系列棘手的问题，比如超重肥胖、骨量不足、脊柱疾病，甚至抑郁……这本书指出了解决的办法——跑起来吧，就从现在开始，跑出健康，跑出美丽，跑出精彩人生！

尹烨

华大基因 CEO

《像她那样奔跑》不只会让女性跑者受益，也会给众多女性读者启发。在世界顶级女性跑者的故事中，我们看到每个人都找到并把握住了自己的人生节奏。我相信，读过她们的故事，你会更好地找回自己，并成为更好的自己。

樊登

帆书 APP 创始人、首席内容官

这是一本关于跑步的书，说到跑步就不得不让我想起了阿甘，他让奔跑拥有了很多的象征意义，有关于坚持不懈的精神，有关于对生活的热爱，有关于坚定的信念，有关于自我价值的实现……这也许就是跑步吧。跑步是阿甘摆脱恐惧、霸凌、抑郁、悲伤的方式，也是他实现梦想、达成目标的途径。他说:“妈妈说过，要往前走，就得先忘掉过去。”我想，这就是跑步的用意……

王昱珩

南极大使

最强大脑“水哥”

这是一本能够帮助你收获力量的书，从一个个女性跑步的故事中汲取在人生路上不断向前奔跑的力量。很难想象1928年时奥运会因担心女子比赛最长距离800米项目会损害她们的健康，而取消了比赛项目。在随后的几十年中，这些女性不但要面对训练，还要打破比赛资格的不公平待遇，这需要多大的勇气和力量。希望这些女性传递出的勇气和力量能让更多人在人生路上继续向前奔跑。

张展晖

知名健身教练

HOW SHE DID IT

译者寄语

如果把阅读比作看一场二维（2D）电影，翻译就像是戴上了虚拟现实（VR）眼镜，以第一视角去经历一场冒险，非常有趣。《像她那样奔跑》是一部女性跑者的成长史，几十位女性跑者在面对疾病、伤痛与质疑时没有退缩，而是选择再坚持一秒、再迈一步。她们不仅性格坚韧，还富有智慧，她们突破了自我，获得了新生，并且作为先锋者，为所有的女性披荆斩棘。

我也是一名马拉松爱好者。体育之美，就在于能让人看到自己努力后的成果。跑步让我发现了另一个自己，它不仅可以强身健体，更重要的是可以让我在超越自身极限后，发现无限向上的潜能。当突破了过去弱小的自我之后，就会对自己有了更新的认知，我会变得更加自信，也会对这个世界更加好奇，这会引领我穿越人生的不同周期，不断进入生命中下一个螺旋式上升的通道。只要坚持下去，努力让自己成为优秀的人、有趣的人，就会遇见更优秀、更有趣的人，看到更多、更美的风景。

所以，女孩们，希望这本书能给你们勇气，扔掉无谓的恐惧，勇敢地奔跑，勇敢地往桌前坐吧！

杜兰

随着马拉松运动的遍地开花，市场上关于跑步运动和训练方法的书也层出不穷。其中大多数要么过于肤浅，即使是业余跑者也会对书中知识了如指掌；要么又过于高深，充满了佶屈聱牙的专业术语和理论分析。作为一名体育产业的从业者，这两类书籍我都广泛地接触和阅读过。但即便涉猎广泛，也很难从中选出一本既适合专业人士阅读，又能将专业跑步的知识普及给普通跑者，特别是女性跑步者的书。

当我初次看到《像她那样奔跑》时，没有想到这本书可以推荐给业余女性跑者。在我原有的认知中，这些顶级女性运动员的训练方法和体系是极为专业和苛刻的。但翻开这本书后，我才发现书里极少会出现那些令人担忧的学术名词或长篇累牍的理论分析。书中汇总了全球 50 多位顶级女性跑者对自己跑步经历的思考，生动地总结了她们跑向成功的心得。虽然她们讲述的纬度各不相同，但她们的经验和教训萃取的精华，可以汇总为三个要素：热爱、耐心和平衡。唯有热爱可以让她们不断直面挑战，一次次超越自我；耐心而非急于求成，始终将坚持作为成功的重要前提；平衡而非偏执，则是她们在竞技体育中从优秀到卓越的身心保障。

相信这本书不仅能够为所有女性跑者提供最亟需的训练方法，还呈现了跑步会让人生异彩纷呈。

张涛

前　言

不止于跑步

跑步激发无限创想

我们是本书的作者：莫莉·赫德尔（Molly Huddle）和萨拉·斯莱特里（Sara Slattery）。2019 年 11 月，我们在亚利桑那州的斩科茨代尔一起跑步，当时我们一个住在那里，另一个在那里进行冬季训练。我们聊了很多。整个秋天，田径界弥漫着紧张的情绪，因为《纽约时报》的一篇报道揭露了一位女性跑者坎坷的田径职业生涯背后的混乱不堪，大家对此议论纷纷。

这篇报道其实并不太让人惊讶：一位很有天赋的女性跑者，在高中称霸赛场，进入青春期，上大学，走上职业运动员道路，然后突然就被淘汰了。更重要的是，很多这样的女性再也没有返回田径场。我们以前也听闻一些女性运动员让人窒息的成长经历，比如高压训练、过度关注体重、营养不良、慢性损伤，或对心理健康问题的忽视，或缺少治疗心理问题的途径。虽然根据《纽约时报》的报道，玛丽·凯恩（Mary Cain）还能重回赛场，但听到她向世界讲述自己的故事，我们还是深受触动。[①]

莫莉： 又是“富乐客（Foot Locker）[②]诅咒”，这太令人沮丧了！那些非常有才华的年轻女选手就这样悄无声息地离开了职业运动生涯。

萨拉： 确实如此，我想起曾在大峡谷大学训练过的年轻女运动员，她们向我讲述了自己经历的挫折。事情不应该总是这样，也有很多女性成功了，她们的很多故事还是很让人振奋的。有获得成功的例子，也有凯恩那种发人深省的例子，这些对于我们来说都很重要。这些年来，我们学到了很多，如果成功女性能够分享她们的经验，那么后来的女孩就能了解在这项运动中我们所面对的独特问题，并能学会如何应对，然后坚持跑下去。

我们认识这些成功女性，曾经和她们并肩作战，现在可以请她们分享自己的故事，作为留给其他女性跑者的宝贵财富。

莫莉： 我肯定会想要这样的一本书，在我开启跑步生涯时，在自我怀疑的艰难时期，或对未来惴惴不安时，我都希望有这样一本书。

---

① 2019 年末，《纽约时报》发布了关于玛丽·凯恩的一个视频，在视频中她表示，自己成绩下滑是因为教练要求她的体重必须降到 52 千克。凯恩认为这非常不合理，还称因为体重不达标，教练经常对她进行羞辱，导致自己出现心理健康问题，并多次骨折。——译者注

② 富乐客锦标赛主要针对高中越野跑者。多年来，赢得富乐客锦标赛的女选手，很少在大学及以后的运动赛事中保持领先地位。——译者注

成功故事

我们在斯科茨代尔的仙人掌和巨石之间跑完步，愉悦地商定了一个目标：我们应该写一本书，让女性跑者和她们身边的人知道，像凯恩那样的遭遇，并不是一定会发生的，一切都是可以改变的。这本书的使命也就在此！在十几岁、二十几岁以及未来的岁月里，跑步都可以给我们带来成就感。无论你的比赛成绩如何，你都可以在不损害身心健康的情况下激活自己的潜能。你可以做到这一切，并同时拥有完美的生活，而你需要的只是正确的方法和成功的经验。这些内容你都可以在这本书里找到，包括各种运动领域的顶级专家提供的实用信息，以及对许多能鼓舞我们的成功女性跑者的采访。我们希望你能够在这些故事中发现更好的自己。

在和专家的对话中，我们讨论了最有可能成为年轻跑者障碍的领域。这是所有跑者都需要平衡的方面，如何既跑出好成绩又不受伤，如何应对身体发育给我们带来的各种挑战。这里面有女性必须面对的特有的生理问题，特别是与激素平衡有关的问题，也有许多运动员必须应对的心理和精神健康方面的问题。最后，在一个用混乱的标准对女性进行铺天盖地误导的社会中，有许多人错误地认为瘦等于速度，如何正确饮食也成了一个很有必要说明的问题。在本书的第 1 章，专家会建议你怎么解决这些问题。

《像她那样奔跑》这本书主要由顶级女性跑者的成功故事组成。数十位来自不同时期、不同国家的跑者，用她们自己的语言来讲述自己的成功和挫折、取得的重要成就以及经历过的巨大失败，她们分享了训练的实用技巧，以及在赛场内外学到的宝贵经验。这些从过去到现在的传奇冠军曾经都像你一样希望做到最好。所有这些女性讲述的故事都非常精彩而独特，她们都有漫长而丰富的运动生涯，她们的故事一定会给你带来希望，无论你作为一名跑者面临什么挑战，你都将变得更强、更快！

我们是谁，我们经历了什么

我们希望读者能够认可我们作为跑者提出的建议，下面就是我们自己的故事，先讲给您听。

萨拉： 小时候我参加过很多运动比赛，我发现比赛能激发我的自信，这在学校或其他社交场合是不可能的，运动激发了我的这种本能，我永远都不会放弃。

十几岁时，我特别喜欢游泳，最终获得了参加全国青少年锦标赛的资格。上中学时，我的几个泳伴同时参加了越野和田径比赛，她们说服我也参加这些活动。很快我找到了成就感，第一年就赢得了市冠军。在高中的第一个越野赛季，我获得了富乐客全国赛的参赛资格。我的高中教练萨布丽娜·鲁滨逊（Sabrina Robinson）鼓励我要确立远大目标，竭尽全力发挥最佳水平，她不仅激励我，还给了我许多健康方面的建议，比如要定期进行力量训练，要维持良好的营养摄入。高中毕业时，我获得了美国10个州的冠军、美国青少年3 000米冠军和青少年世界越野锦标赛冠军。

在科罗拉多大学，我的成绩不断提高。本来以为自己在高中就达到了顶峰，看来这种想法是毫无根据的。大学时我经历了几次病痛，包括单核细胞增多症、两次足底筋膜撕裂、一次胫后肌腱断裂和三次股骨应力性骨折。在周围朋友的信任和支持下，我渡过了难关。我的队友，包括后来参加了奥运会的乔治·托雷斯（Jorge Torress）、卡拉·古彻（Kara Goucher）和达森·里岑海因（Dathan Ritzenhein），他们都战胜了困难，赢得了国家大学体育协会（National

Collegiate Athletic Association，NCAA）的冠军；还有谢恩·卡尔佩珀（Shayne Culpepper）、艾伦·卡尔佩珀（Alan Culpepper）和亚当·古彻（Adam Goucher），他们从科罗拉多大学毕业后，成为职业选手。他们的成功让我看到了未来的一线希望，每天和这些榜样在一起，让我相信自己也能实现目标。所以当我从科罗拉多大学毕业时，作为一名4次NCAA冠军的获得者，我与阿迪达斯公司签订了职业合同。

对我来说，大学毕业后找一个专业的支持团队是很难的。当时长跑训练团队的数量很少，有的是针对马拉松项目，有的则专注于径赛项目。同时适合我和我丈夫史蒂夫（Steve）的训练团队是很难找到的。我丈夫当时是一名专业的障碍赛运动员，而我则必须拥有3个不同运动项目的教练及其训练体系。我取得了一些好成绩，5 000米的个人纪录是15分08秒，10 000米的个人纪录是31分57秒，还取得了奥运会的替补资格。一直保持良好的状态是不可能的，我还有许多不足之处有待改善。我需要更多的休息和辅助支持，还需要持续不断的指导、定期的物理治疗和脊椎按摩，这些能使我保持专注和健康。

有了两个孩子之后，2016年，我参加了佩顿－乔丹邀请赛（Payton Jordan Invitational）10 000米长跑项目，打破了个人纪录，比之前的纪录快了10秒，这使我有资格第4次参加奥运会选拔赛，并达到32分15秒的奥运A标[①]。我想自己也许还没有达到顶峰。

那个赛季，我成为大峡谷大学的男女子越野赛主教练。作为新手妈妈、大学教练和运动员，我在这三个角色之间寻找平衡。我的丈夫史蒂夫是我的教练，这使我在训练中更加放松，但我仍努力工

① 奥运会的报名分为A、B两个等级，A标是难度较高的等级。——译者注

作，跟十几岁时没有做教练的自己相比，现在压力没有那么大，如果早点有这种心态该多好啊。我逐渐明白自己其实需要的是一位相信我、了解我并支持我实现目标的教练。

在佩顿－乔丹邀请赛的 10 000 米跑之后，我拉伤了腿筋。那时我意识到，在这种情况下想要把妈妈、教练和运动员三个角色都做好是不可能的，我决定把精力集中在做妈妈和教练上。对我而言，教练这个角色是一项新挑战，而且影响力更大，现在的 NCAA 一级联赛中同时担任男子和女子项目主教练的女性并不多。我非常高兴能在家乡参与这个项目的建设，并成为这个女性群体中的一员，去引领跑步走向更健康的未来。

莫莉：我在纽约北部长大，年少时曾看过爸爸参加当地的公路比赛，当时我就特别渴望去跑步。爸爸努力训练和在终点前冲刺的样子简直酷极了。我喜欢那种为一件事情拼尽全力的感觉。10 岁左右，我第一次和爸爸参加了当地的 5 000 米跑，但因为没有真正接受过训练，我最后是靠走着勉强完成了比赛。

有很长一段时间，我最喜欢的运动是篮球，从小学到高中毕业我都一直参加训练。当时我的学校没有女子越野队，爸爸就亲自教我跑步。高三时，我获得了富乐客的参赛资格，实现了自己第一个严格意义上的运动目标。在去迪士尼乐园参加见面会时，我第一次坐飞机。我不仅在那里见到许多和我一样的跑者，而且可以和全美成绩优秀的女孩肩并肩跑步，我兴奋极了。我在富乐客比赛中获得了第 4 名，那年春天又赢得了两个州的田径冠军，还创造了美国高中 2 英里① 跑的纪录。

在圣母大学读书的第一年，我在 NCAA 越野锦标赛中获得了

① 英制长度单位，1 英里≈ 1.6 千米。——编者注

第 6 名。我用做数学题的方式精确地计算着：只需几年的努力，我也会获得冠军，从现在开始直线型向前发展！

这一切当然不完全是直线型发展。在这一路上，我经历了许多挫折，也有一些突破。我第一次参加 5 000 米的田径赛就创下了美国青少年纪录，后来多次在 NCAA 获得第 2 或第 3 名。在大三和大四时，我 3 次腿部骨折，而且直到 19 岁才来月经，我没有管理好时间，也没有做好身体康复，不知道如何兼顾自己的生物学专业的学习和 3 个赛季的运动训练，基本是靠吃夹心饼干和沙拉活着。我虽然做得还不错，但显然还有很多事情需要平衡好。

在遭遇挫折的时候，我很容易产生消极情绪。我总是想：就这样吧，反正我也做不到。即使大学毕业后，我争取到了索康尼公司（Saucony）的签约，这些消极情绪也还是会出现。在职业生涯的前 3 年，我还处于学习阶段，机会似乎很渺茫。我常常会想到那些虽然没有上榜但却很有天赋的高中同学，对于我来说，现实和理想之间的距离是那样遥远。

我在罗得岛的普罗维登斯遇到了雷·特雷西（Ray Treacy）和他的团队。渐渐地，通过观察、模仿以及跟随团队参加比赛和训练，我改掉了不良的训练习惯，学会了如何像专业运动员那样运用自己身体的全部力量坚持训练，所以那几年我一般都处于健康状态。周围都是像金·史密斯（Kim Smith）和埃米·鲁道夫（Amy Rudolph）这样的优秀女性奥运选手。观察学习她们如何补充能量、恢复身体、努力训练，以及在重要比赛前的几个月、几周甚至几分钟如何做准备工作，这些经验对于我来说至关重要。现在我才意识到自己当时遇到这些伙伴是多么的幸运，特雷西现在仍是我的教练，他们随时随地给我力量。

虽然我从来没有以职业跑者的身份赢得过 NCAA 冠军，但我获得了25个以上的全国冠军，保持了6项美国纪录，参加了2次奥运会决赛和5次世锦赛，并在纽约马拉松比赛中获得过第3名。将近40岁时，大多数赛季都有我的个人纪录。那些在起跑线上和我一起奔跑的女性也同样成功，在后面的章节你会读到她们的故事。

对我们俩来说，跑步不仅仅意味着速度和名次（并不是说这些不重要！），从运动中获得的信心也在各个方面改变了我们的生活。运动教会我们要照顾好自己的身体，重视力量、健康以及运动能力，而不是只看外表。我们也从中学会了如何应对挑战，虽然并不是所有事情都像跑步那样简单，但跑步使我们坚信不能在困难面前低头，要尝试着积极解决问题。更有趣的是，通过跑步，我们还遇见了人生的另一半，并结识了很多有趣的人。

跑步让我们的生活变得如此充盈。在朋友、医生、队友和这本书里的传奇人物的帮助下，我们完成了这本书。如果跑步能够使你的生活变得同样充盈，那就是我们最大的幸福。接下来是我们俩的简介，以方便更好沟通。

莫莉·赫德尔是代表美国队参加 5 000 米和 10 000 米比赛的两届奥运选手，6 项美国纪录保持者，28 次获得公路和田径项目冠军。她在罗得岛的普罗维登斯和亚利桑那州的斯科茨代尔两地居住和训练，与她的丈夫库尔特·本宁格（Kurt Benninger）和她的约克混血犬拉斯蒂在一起。

高中个人纪录

1 英里：4 分 46 秒

2 英里：10 分 01 秒

大学个人纪录

1 500 米：4 分 22 秒

3 000 米：9 分 08 秒

5 000 米：15 分 32 秒

个人职业纪录

1 500 米：4 分 08 秒

5 000 米：14 分 42 秒

10 000 米：30 分 13 秒

半程马拉松：1 小时 07 分 25 秒

马拉松：2 小时 26 分 00 秒

萨拉·斯莱特里是一名美国中长跑运动员，曾参加过径赛、越野赛和公路赛。萨拉曾代表美国参加国际田联世界越野锦标赛的初级和高级比赛，并4次获得NCAA冠军。她目前是大峡谷大学男女子越野赛的总教练，也是为数不多的同时执教两支队伍的女性之一。

高中个人纪录

800米：2分10秒

1英里：4分47秒

3 200米：10分12秒

5 000米：16分50秒

大学个人纪录

800米：2分08秒

1英里：4分40秒

1 500米：4分14秒

3 000米：9分07秒

5 000米：15分24秒

个人职业纪录

1英里：4分32秒

3 000米：8分57秒

5 000米：15分08秒

10 000米：31分57秒

HOW SHE DID IT

目 录

HOW SHE DID IT

第 1 章

对话专家：女性跑者安全、高效训练的4个关键

没有哪个运动员可以凭借单打独斗取得比赛的成功，即使独立跑者也不例外。在起起落落的跑步和比赛生涯中，我们一次次地依赖专家的高超技术和诊治恢复健康，然后重回赛场。以下是专家为了我们实现长期成功提出的至关重要的四个方面的建议：

- 身体健康和损伤预防
- 激素平衡
- 适当的营养
- 心理健康

女性运动员还面临着其他特别的挑战，过度追求较低的体重会使其陷入恶性循环，最终导致能量摄入不足。许多教练可能不了解或忽视了女性运动员与激素平衡相关的健康问题，以及她们在不同时间段不一样的生理机能。女性处理压力的方式和骨骼愈合的特点都与男性不同，女性的身体还会经历青春期、怀孕和更年期的剧烈变化，这些因素最终都会影响女性的职业生涯。简而言之，解决女性运动员的问题需要很多特定的办法。

如果你想跳过本章节，直接去读传奇跑者的故事，我们表示理解。但你最终可能还是会回到这里，因为这些内容非常重要。

身体健康和损伤预防

为了达到最佳状态，我们需要进行持续的训练，而且从一开始就要保持这种状态。但如果经常受伤，这些都无法实现。

在本节中，我们将从多角度来探讨身体健康的相关问题。首先，我们会介绍一些基本原则，这可以最大限度地全面地降低受伤风险。其次，我们会专门讲一下骨骼健康，无论是着眼当下还是未来，骨骼健康对女性跑者都至关重要。最后，我们还会向你解释，为什么年轻时多点耐心，会给日后的跑步生涯带来巨大的回报。

专注基础训练可以预防损伤

我们俩都很幸运，能和约翰·鲍尔（John Ball）合作，他是一名脊椎按摩师，在解决运动员因跑步造成的过度损伤方面，他是业内最好的专家之一。鲍尔比任何人都了解如何保持跑者健康，并在跑者受伤时能帮其恢复。因此，我们请他分享了一些跑步时打造最佳身体状态的基本原则。

关于如何发挥跑步潜力，鲍尔的主要建议之一可能与你的观点正相反：尝试其他运动。“从受伤的角度看，通常运动员越优秀，受伤的次数越少。”鲍尔说，“我所说的优秀运动员并不专指足球或篮球运动员，而是指运动员的运动技能和能力是否得到全面发展。”

在本书后面的故事中，你会一次又一次地看到，当今的顶级跑者在成长过程中，如何通过尝试大量的各种各样的运动为长期健康奠定基础。

鲍尔指出，就运动模式而言，跑步是相当单调的。“你的身体一遍又一遍地重复非常相似的动作，”他说，“随着你的动作不断改进，这些动作模式会越来越根深蒂固。”

相比之下，篮球和足球这类运动会训练你及时调整运动的方向和速度，体操和舞蹈可以增强身体意识，跟跑步相比，这些运动能以不同的方式增强你的肌肉和肌腱。你不必担心在这些运动中的表现，坚持做下去就可以。“你觉得最难的运动也许最有可能弥补你的弱点。”鲍尔说。

实现真正的恢复

莫莉的观点： 你可能听说过，训练带来的提升发生在恢复期，而不在你跑步时。但什么才是真正的恢复呢？

我以职业选手身份在欧洲参加比赛的第一个夏天就找到了这个问题的答案。我曾经以为只要没有跑步，我就在恢复。后来我看了同组其他女性的训练，通过观察她们在比赛中对能量的分配，我意识到：每天花一段时间，让大脑和身体都停下来，才是真正的休息。我知道了一定要有毅力，保持精力充沛，这样才能获得最佳的训练效果和比赛成绩。

在某种程度上，放弃感兴趣的事情是一种牺牲，但从更大的意义上说，全力以赴且不找任何借口地做一件事是如此令人兴奋。这样做的结果是什么呢？那个夏天，每次比赛我都在打破自己的个人纪录，尽管那时我的状态已经不及几周前刚上大学的时候。

我并不是提倡为了跑步而放弃一切。但你要明白，在训练最艰苦的阶段，或者赛事高峰期即将来临时，你需要分配好自己的精力，把消耗体力和脑力的事情暂时搁置在一边，去感受内心不断增长的力量和渴望。而当你重拾那些暂时搁置的事情时，你就会更加享受。

鲍尔建议年轻跑者要关注自己的足部位置和核心位置，这两个部位的强壮有力，比做多少个卧推都重要。

对于加强足部力量，鲍尔推荐了一些简单的练习，如光脚完成脚趾瑜伽和踮脚尖行走。“光脚完成跨步和其他动作，特别是左右平移和斜跨步，是非常有效的。”鲍尔说，“要增加练习的趣味性，比如学习太空步和其他类似的动作，它们可以增强足部和脚踝的力量。”

对于加强核心力量而言，也要关注基础动作。“要做基础练习，比如鸟狗式、前平板支撑和侧平板支撑。做动作时要控制身体保持平直，不要歪斜，这样虽然看起来不酷，但在基础练习中动作的质量是最重要的。”鲍尔说。

最重要的是注意姿势。“做动作的方法与完成动作一样重要。”如果不能保持良好的姿势，就不要毫无时间规划地去做核心训练。“要时不时地尝试呼吸，而不是只注重重复动作。”鲍尔说，“与其做 30 秒的平板支撑，不如尝试有控制地呼吸 5 次。趁这个机会，你可以更好地保持并调整姿势，并学会在疲惫时呼吸。”

作为年轻跑者，其他的力量训练也应以基础动作为中心，它们包括：

- 深蹲：相扑式、单腿式、高脚杯式；
- 推：俯卧撑、手臂推举、腿部推举；
- 拉：划船、引体向上、腿部弯举。

> “要学会倾听你的身体。这无疑是一项技能，而且是年轻运动员应该培养的最重要的运动技能。”

不要忽视单腿练习。鲍尔说：“跑步就是从一只脚到另一只脚的跳跃，所以如果无法保持平衡且单腿力量不足，那就很可怕了。”总的来说，要学会倾听你的身体。“这无疑是一项技能，而且是年轻运动员应该培养的最重要的运动技能。身体会告诉你什么时候因为有些地方出了问题而必须改变步伐，什么时候身体没有恢复好，或者只是右侧用力过度。学习关注这些身体的信号，你就能做到在需要的时候往后退，在恰当的时候往前冲。”

塑造健康的骨骼

莫莉的观点：从高中到大学，我跑步的里程增加了一倍，锻炼更有规律了，再也没有闲暇时间。在高中的时候，我常常玩极限飞盘，这种游戏可以锻炼不同部位的肌肉，也能让人放松。运动总量和强度的巨大变化导致我在大三和大四时第一次受了重伤，几块跖骨骨折。

我不是团队中唯一患有应力性骨折的人，在足科医生的候诊室里，看这个病的跑者和足球运动员一样多。所以跑步当然是一项体育运动！

因为这些伤痛，我错过了很多重要的比赛。但对于年轻的女性跑者来说，骨骼健康还有一个更重要的意义，那就是成长阶段身体的经历将会影响你此后余生的骨密度，这对于保持健康非常重要。

约翰·鲍尔解释了为什么进行多种运动可以让你成为更好的跑者。医学博士亚当·滕福德（Adam Tenforde）认为，还有另一个重要的原因，可以解释为什么在年轻时不能只专注于跑步。滕福德曾参加 2004 年奥运会 10 000 米跑的选拔赛，现在是斯波尔丁国家跑步中心的跑步医学主任，也是哈佛大学医学院助理教授。他认为，进行包含跳跃和多方向运动的体育活动可能会使骨骼更强壮，能更好地预防骨折，足球运动和篮球运动就是很好的例子。他还和我们分享了几个非常有趣的研究，其中包括这样一项研究：参加 2002 年和 2003 年全国锦标赛的女性中，有的在年轻时参加过球类运动，她们在整个跑步生涯中发生应力性骨折的风险会降低 50%。

> 约 90% 的峰值骨密度在 20 岁之前就已定型，不论跑步生涯发展如何，都要在这个年龄之前尽最大可能地去塑造强健的骨骼，这会让你受益终生。

青少年时期对最大限度地提升骨密度也是至关重要的。加拿大太平洋体育协会的高级顾问、加拿大田径运动协会的首席体育科学专家特伦特·斯泰林格沃夫（Trent Stellingwerff）博士认为，成年人大约 25% 的骨密度是在 4 年的青春期生长高峰中获得的，而约 90% 的峰值骨密度在 20 岁之前就已定型，不论跑步生涯发展如何，都要在这个年龄之前尽最大可能地去塑造强健的骨骼，这会让你受益终身。

除了进行大量塑造骨骼的运动，饮食也很重要，多食用富含钙和维生素 D 的食物很关键。滕福德指出，一项研究发现，年轻运动员每多喝一杯牛奶，未来患应力性骨折的风险就会降低 62%！另一项研究发现，维生素 D 摄入量越高的年轻运动员发生应力性骨折的风险越低。

关于如何通过饮食提高骨骼健康的更多信息，请参考本章后文“适当的营养”部分，也可阅读“激素平衡”部分，了解更多关于正确饮食、月经和骨骼健康之间关系的内容。

为什么要睡饱？如何能睡饱？

你知道马拉松传奇人物迪娜·卡斯托（Deena Kastor）和葆拉·拉德克利夫（Paula Radcliffe）在高强度训练阶段，每天会睡 12 小时吗？（不是连续 12 小时，而是那种打盹式的，她们也是打盹冠军。）卡斯托和拉德克利夫认为睡眠最重要，因为她们知道，要想从艰苦的训练中恢复并达到最佳状态的关键是睡眠。

美国奥林匹克委员会高级运动生理学家兰迪 · 威尔伯（Randy Wilber）博士称，研究已证实睡眠对运动员非常重要。一项研究发现，每晚睡 5 ～ 7 小时的高中运动员的受伤率是每晚睡 8 ～ 9 小时的队友的 2 ～ 4 倍。

为什么睡眠对运动员如此重要？威尔伯认为主要原因有两个：首先，睡眠有助于肌肉自我修复和炎症消退；其次，睡眠有助于修复受损骨骼和构建新骨。正如威尔伯所说："如果白天的训练是在花园栽种，那晚上的睡眠就是花园中的植物在生长。"

下面是威尔伯的一些建议，这些建议不仅可以延长睡眠时间，还可以提升睡眠的修复能力。

1. 至少要在睡前 1 小时远离屏幕（包括手机、笔记本电脑等），这些设备发出的蓝光会干扰身体的自然睡眠—觉醒周期。

2. 睡前洗个热水澡，这样可以刺激褪黑素的分泌，有助于更快入睡。

3. 将卧室温度设置为 15.5℃～ 18.3℃，凉爽的环境也会促进褪黑素的分泌。

4. 使用遮光窗帘或眼罩，让光线无法到达视网膜，这样也会增加褪黑素的分泌。

5. 喝有机酸樱桃汁，这也能刺激褪黑素的分泌。

6. 戴上硅胶耳塞或听舒缓的白噪声，以屏蔽周围的声音。（你的家人或室友可能并不想吵醒你，但存在这种可能性。）

7. 使用睡眠监测器，记录睡眠时长（小时）和睡眠质量（包括深度睡眠和快速眼动睡眠）。

在青春期要保持耐心

除了跳舞、游泳和跑步，萨拉从小还喜欢玩软式垒球、普通垒球、足球和篮球；莫莉踢足球、打篮球，还参加田径比赛，直到高三才完全专注于跑步。这一切当然不是我们计划好的，但现在我们才明白，在大学期间和毕业后，这些经历帮助我们成为更好的跑者。

为什么许多优秀的青少年女性跑者往往不能在专业公开赛中取得很好的成绩呢？斯泰林格沃夫告诉我们，差不多一半的世界青少年田径奖牌获得者在成年后都不能参加比赛。我们之前提到过，在美国，有广为人知的“富乐客诅咒”，纵观前 41 届美国全国高中越野锦标赛，只有 4 名女性冠军后来成为 NCAA 冠军，仅有 2 人入选奥运代表队。

女性跑者在成年后不再参加比赛的原因有很多。但是，如果你喜欢跑步，而且真的想发挥自己的潜力，那么坚持下去是值得的。斯泰林格沃夫说：“与男性跑者相比，女性跑者的成熟时间较晚，但在二三十岁时，女性的进步会很明显。”

斯泰林格沃夫指出，青春期之前，男孩和女孩在有氧运动的表现上并没有太大不同，但总体来看，大约从 14 岁开始，女孩的需氧代谢能力会比男孩低 10% ～ 15%。青春期之后，两性之间最大的区别可能就是性激素（包括雌激素和睾丸素）分泌的不同。

斯泰林格沃夫提出了一个新颖的建议：因为女孩的发育速度相对较慢，在训练时应该考虑高中女孩不仅比男孩跑得慢，而且由于身体发育的速度不同，女孩的训练方式也不应模仿同龄男孩的方式。他建议，女孩应以时间而不是距离来记录训练，因为跑相同的距离，女孩所用的时间会比男孩多 20%。同样是每周跑 40 英里，高中女孩双脚发力的时间会比男孩长很多，而正在发育的骨骼经受的压力越多，受伤的风险也会越大。

“斯泰林格沃夫建议，女孩应以时间而不是距离来记录训练，因为跑相同的距离，女孩所用的时间会比男孩多 20%。”

我们真的很庆幸没有以长远发展和健康为代价来追求短期的成功，我们希望你也没有这样做，在青春期一定要保持耐心。

激素平衡

不同年龄的女性总是被有关食物、锻炼和外貌等有损身体健康的信息狂轰滥炸，甚至有些心怀善意的朋友也可能无意识地给年轻女性跑者提供了错误的建议。当我们看到优秀跑者的照片或视频时，很容易就认为“想和她跑得一样快，我就得拥有她那样的体形”。

用正确的方式对待竞争

萨拉的观点： 在参加富乐客全国越野锦标赛之前，我从未关注过身体意象[①]。那次锦标赛，我第一次注意到，我比大多数竞争对手的身形要高大得多。我的肩膀很宽，而且个子要高很多（我当时有 1.73 米），而身边的大多数女孩还没有进入青春期。我开始跑步的时间较晚，而我在 13 岁时就已经进入了青春期。

高中时，教练让我专注于强壮身体并保持健康，要对训练进行更多的思考，而不是和周围的人比较体形。我知道做到这点可能很难，但将自己的身体和他人做比较是毫无益处的。每个人的身体都是以独特的方式运转的，要专注于自己的身体，让它以适合自己的方式运转。

但在跑步圈，很多信息会让事情变得更糟。也许有人会告诉你不来月经意味着体形会更好，或口服药物可以调理不规律的月经周期。还有的跑者受“多即是好”的观念影响，致使她们相信：只要达到某个体重，跑到某个距离，你就会打破个人纪录。所以你要更多地训练，甚至要变得更瘦，这样你的速度就会更快。

这些信息已经将无数的年轻女性跑者推入了两个常见的陷阱，即“能量摄取不足”（LEA）和“体育运动中相对能量缺乏”（RED-S）。这两种状态最终都会损害健康，使运动表现变差，并可能造成长期的影响。让我们看看什么是 LEA 和 RED-S，它们产生的原因是什么以及如何避免。

“LEA 的结果就是你的身体没有多余的能量来维持最佳健康状态的生理

① 身体意象是一个人对自己身体的审美或性吸引力的感知。——编者注

功能。”研究女性运动员表现的生理学家斯泰茜·西姆斯（Stacy Sims）博士这样说。LEA 会导致身体出现不良变化，例如内分泌失调、月经紊乱或闭经、精神障碍、甲状腺激素分泌受抑制以及代谢不正常。西姆斯说：“月经紊乱或闭经是内分泌系统没有足够能量用以支撑身体正常运作的一个明确的信号。”

西姆斯指出，在性能方面，LEA 的结果与希望通过限制热量摄入来提升运动表现正好相反。她说：“如果能量摄入不足，你就没有足够的能力达到想要的运动强度，并提高健康水平。如果为了恢复运动表现而减少能量摄入，这似乎根本没有抓住问题的核心。”简而言之，LEA 会阻碍你发挥跑步的潜能。

不良的饮食习惯往往会导致年轻女性跑者出现 LEA。这些习惯包括过度地计算热量、减少进餐次数、暴饮暴食、催吐、完全不吃某一类食物，或在没有医生指导的情况下通过药物减肥。LEA 也可能是意外发生的，例如训练量增加时没有调整热量的摄入，或者运动计划不合理，长时间训练而没有摄入热量。

LEA 的常见症状

- 频繁或反复生病（如咳嗽、感冒、皮肤感染、胃病）；
- 反复受伤且不见好转（如应力性骨折）；
- 经常感到疲倦、反应迟钝，就像没有从训练中恢复；
- 月经紊乱或闭经；
- 注意力不集中、兴趣降低、情绪低落；
- 在训练和比赛中表现不佳

……

“LEA 通常不会伴随体重下降，”西姆斯说，“人体通过很多奇妙的方法保存能量，以维持生存，即使能量不足，也能保持整体体重，其中一种方法就是关闭‘非核心’的身体系统，例如月经周期 。”

西姆斯说，学会真正让身体的能量需求得到满足是预防 LEA 的关键，这不仅是为了跑步，更是为了一生的健康。有关这方面的更多信息，请参见后文。

RED-S 的常见症状

- 月经周期改变；
- 疲劳、精力不足；
- 情绪不稳定，注意力不集中；
- 表现不佳且无法改善；
- 反复受伤；
- 失去运动乐趣；
- 情绪低落

……

女性跑者如果长期 LEA，健康和运动表现就有可能严重受损。2014 年，国际奥委会提出了 RED-S 的概念，将“女运动员三联征”的概念进行了扩展（主要涉及月经紊乱、骨骼健康和能量摄入不足之间的关系）。西姆斯说，RED-S 的症状还包括男性也会出现的“运动表现不佳、代谢紊乱、激素功能障碍和出现心血管问题、心理问题”。LEA 是 RED-S 的主要诱因。

西姆斯说，RED-S 会给健康造成短期和长期的严重影响，会损害以下指标：

- 骨骼健康；
- 月经周期；
- 能量代谢；
- 抗感染性；
- 蛋白质合成；
- 心血管健康；
- 心理健康

……

至此，你还愿意为了速度而牺牲健康吗？请三思而行。RED-S 会直接损害你的运动表现，若骨骼的健康状况较差，发生应力性骨折的风险则会增加，这种骨折需要停跑数周或数月才能恢复。此外，西姆斯说："在这种状态下，身体会抑制生殖系统中激素的产生，包括女性的雌激素和黄体酮，而激素对于提升运动适应性很重要。所以任何对于这套系统的破坏，包括由 LEA 引起的破坏，都会降低训练的有效性，继而损害运动表现。"

要预防 RED-S，归根结底就是要避免 LEA。如果你觉得满足自身的能量需求非常困难，请在咨询运动营养师后制定一套方案，从而为跑步和日常生活提供充足的能量。

激素平衡

萨拉的观点：激素对健康的影响远不止青春期和经期。

在我的职业生涯中，疲劳一直困扰着我。大一那年我得了单核细胞增多症，大二的时候又复发了。虽然教练坚持要在训练中增加额外的休息时间，但我一直想试试看能把自己逼到什么地步。这种内外拉扯的合力一直推动着我，直到 2009 年，我第一次经历了激素失调。

那时我刚更换了训练小组，并开始训练新的跑程（半程马拉松），我的成绩也处在上升阶段，就在这时激素失调的症状出现了。当时距离我失去进入奥运代表队的资格（再提升一个名次就能进入！）已经过去6个月，距离我的阑尾炎切除手术也过去1个月了。突然间，起床变成一件非常痛苦的事情，我可以睡8～10小时，但睁开眼，却好像根本没睡过。我可以训练，但感觉没有任何力气，本来平时很容易达到的跑速，现在却让我感觉精疲力尽。

一位运动内分泌专家对我进行了检查，诊断出我的催乳素升高（这种激素通常会让人在怀孕期间保持放松）。那时我才认识到，生活和训练中过多的压力会使催乳素升高。后来我发现，很多女性跑者都会因为类似的问题而异常烦恼。所以倾听自己身体的声音很重要，当你感觉“不在状态”时，要咨询内分泌专家，看看问题的根源是否为激素失调。

适当的营养

适当的营养对于健康和运动非常关键，尤其是在你想常年保持良好的跑步状态的情况下。大家都知道营养很重要，你们应该要问“我应该吃什么”，而不是“我应该如何训练”。但是很多跑者还是会犯一些基本错误，其中包括认为自己需要各种各样的特殊食物和补剂，或者认为只要吃得足够多就能解决问题，质量并不重要，而最严重的错误则是没有吃足够的食物来满足他们的能量需求。

营养是一门科学，不是一种观点，其内容也并不晦涩，关于营养的基础知识很容易掌握和理解。

你可以在莫莉的一般营养规划中看到这一点。她重点关注的是那些可以为长跑提供能量的食物，而不会完全不吃某几种食物，或将某些食物贴上“禁止食用”的标签。

莫莉认为，重中之重是补充大量的红细胞（铁和 B 族维生素）、补充糖原（碳水化合物）、修复肌肉（氨基酸和蛋白质）、建立良好的免疫系统（维生素）、塑造强壮的骨骼（矿物质）和保持健康的激素水平（优质脂肪和充足的热量）。她每天都在努力实现这些目标，并力求从各种各样的食物中获得全面的营养。这个营养结构中还有加入其他食物的空间，让你可以自由而方便地享受美食，而且考虑到了食物过敏和综合健康。

在高中和大学阶段，我们俩都没有像现在这样了解营养知识，我们非常幸运可以向几位专家学习，其中的一位专家劳拉·莫雷蒂·里斯（Laura Moretti Reece）是一名注册营养师，也是经认证的运动营养学专家。如果你正在寻找个性化的营养指导，就可以找这样的拥有资质的专家。

里斯说：“最重要的是摄入足够的热量，并明白只有在适当的时间均衡地补充营养，这样才能成功。”这些要求对女性跑者而言具体意味着什么，请看下面的概述。

宏量营养素和微量营养素

在探讨女性跑者的主要营养需求之前，我们想要说明一个非常重要的观点：没有“坏的”食物。每种食物都是均衡、多样化饮食的一部分。例如，萨拉喜欢冰激凌；而只要在 Instagram 上关注了莫莉的人，就会知道莫莉是甜甜圈鉴赏家。食物是身体的燃料，也是生活乐趣的主要来源之一。作为跑者，给食物贴上“坏的”或“禁止食用”的标签，可能会让你从一开始就养成不良的饮食习惯。因此，我们鼓励大家享受各种美味的食物。

了解运动营养的基础知识能够帮助你规划膳食结构，从而让跑步变得有价值，让生活变得有趣。这些基础知识可以防止你被错误的信息和毫无根据的观点误导。

让我们从最基础的基础开始。构成良好饮食基础的 3 种宏量营养素包括碳水化合物、蛋白质和脂肪，每种营养素对健康和运动都至关重要。里斯制作了表 1–1，帮助你了解为什么这 3 种宏量营养素都是你所需要的，每种营养素要摄入多少，以及哪些食物含有这些营养素。

表 1–1　3 种宏量营养素的作用和来源

宏量营养素	每日所需量	对运动表现的作用	饮食来源
碳水化合物	应占每日摄入总热量的 45% ~ 65%	· 是运动时身体的主要能量来源，为无氧运动提供燃料 · 满足运动时的热量需求 · 对体内糖原储备的恢复和补充至关重要 · 如果缺乏，身体会分解肌肉组织	· 谷物：面包、意大利面、燕麦片、藜麦、玉米饼、饼干 · 水果、果汁 · 淀粉类蔬菜 · 运动饮料、能量凝胶、咀嚼物、蜂蜜 · 甜点、糖果、苏打水
蛋白质	每千克体重每天需要 1.2 ~ 2.0 克的蛋白质（占每日摄入总热量的 15% ~ 35%）	· 可以构建和修复肌肉组织，维持细胞转运 · 维持与激素、免疫功能和体液平衡相关的身体功能 · 是主要的能量来源（尤其是蛋白质的基本单位之一支链氨基酸，即亮氨酸、异亮氨酸和缬氨酸）	· 完全蛋白质：肉类、家禽、鱼类、蛋类、乳制品、大豆、藜麦 · 不完全蛋白质：豆类、谷物、坚果、种子、蔬菜、动物胶
脂肪	应占每日摄入总热量的 20% ~ 35%： · 10% 来自单不饱和脂肪 · 10% 来自多不饱和脂肪 · <10% 来自饱和脂肪	· 耐力训练可以提升身体的适应能力，从而增强肌肉利用脂肪获取能量的能力 · 为有氧代谢提供燃料 · 膳食中的脂肪转运脂溶性维生素（包括维生素 A、维生素 D、维生素 E 和维生素 K）以及类胡萝卜素	· 坚果、油籽类、花生酱 · 富含 Omega–3 的鱼类 · 鳄梨、黄油 · 全脂乳制品 · 橄榄油、葵花籽油、菜籽油、椰子油

要摄取充足的能量

在前文，我们详细介绍了和 RED–S 相关的问题。在这里，我们想借助营养师里斯提出的一个非常好的例子，再次强调摄取充足能量的重要性。

里斯说："身体的能量需求就像银行账户，当账户有足够的钱时，一个人才更有可能买新跑鞋，或跟朋友出去吃东西；如果账户余额较少，这个人就不太可能自由消费，而是更关注存储必需品。"

"身体的运行方式跟这个类似。如果有足够的能量储存，身体则会更便捷高效地燃烧能量；而当身体感到能量不足时，它会储存能量，这种能量储存会导致体内许多系统的运转受到抑制，从而对健康和运动表现产生消极影响。能量摄取不足的运动员更容易受伤，运动表现也会变差。"

碳水化合物、蛋白质和脂肪属于宏量营养素，是获得能量的主要来源。维生素和矿物质构成微量营养素，也是必需的膳食元素，但人体对其需求量比宏量营养素少得多。里斯认为，在众多微量营养素中，铁、钙和维生素 D 对女性跑者尤为重要。她对微量营养素的性能、每天目标摄入量及从哪里获取等问题提供了有益的指导，具体参见表 1–2。

表 1–2　微量营养素的性能和来源

营养素	目标摄入量	性能效果	建议	饮食来源
铁	18 毫克 / 天 上限： 45 毫克 / 天	· 帮助向肌肉输送氧气 · 缺铁性贫血很常见，它会影响运动表现	与维生素 C 一起服用，以获得最佳效果	· 扁豆、芸豆、鹰嘴豆 · 牛肉 · 蛋黄 · 全谷类 · 菠菜 · 虾 · 强化谷物
钙	1 000 毫克 / 天 上限： 2 500 毫克 / 天	· 参与凝血、神经系统的运行、肌肉收缩、体重控制与血压调节 · 钙缺乏会导致应力性骨折或骨质疏松症	不要与铁同时服用，否则会抑制钙的吸收	· 牛奶、芝士、酸奶 · 豆腐 · 羽衣甘蓝、白菜、菠菜 · 强化豆奶
维生素 D	400 ～ 600 国际单位（IU）[①]/ 天	· 参与肌肉功能、免疫反应和炎症反应 · 体内的 25（OH）D（维生素 D 的一种存在形式）含量如果维持在最佳水平，可降低应力性骨折的风险	冬季多半需要补充	· 蛋黄 · 蘑菇 · 强化牛奶、橙汁 · 深海多脂鱼 · 动物肝脏

素食和纯素食要注意什么？

我们俩都不是素食者，更算不上纯素食者，但我们理解并尊重选择素食的人。

素食或纯素食的运动员主要关注点是如何满足身体的蛋白质需求。里斯说：“除大豆以外，大多数植物来源的蛋白质被认为是不完整的，因为它们不像动物来源的蛋白质那样包含全部的 9 种必需氨基酸。”里斯给选择素食

① 国际单位与质量不是一个计量系统，不同药物的换算各不相同，其中维生素 D 的换算：1 个国际单位相当于 0.025 微克。——译者注

的运动员的建议：为了获取身体所需的所有氨基酸，全天都要食用各种包含植物蛋白的食物，包括豆腐、豆类、坚果等。如果你是素食者而不是纯素食者，还可以通过吃乳制品，来部分满足身体对蛋白质的需求。

如果你是素食者或纯素食者，你也许会发现自己吃了很多高纤维食物，如扁豆、豆类和藜麦。里斯提醒说，在已经摄入这些食物之后，加上大量的高纤维蔬菜，在摄入必需的食物来满足身体的能量需求之前，你可能就有了饱腹感。她还指出，食用过多的纤维可能会干扰跑步，因为你可能出现胃部不适或在跑步时需要上厕所。如何解决这个问题呢？吃些低纤维的碳水化合物，如白米饭和白面包。

里斯说："人们发现纯素食物中的铁、锌、钙、维生素 D 和 B 族维生素的含量很低，因为这些维生素通常存在于动物性食物中。"缺乏这些营养素会导致身体的能量水平低、骨骼健康状况差或缺铁性贫血。里斯强烈建议，如果你把高强度的跑步和纯素饮食相结合，那么请聘请一位注册营养师，他可以确保你的饮食能满足所有必要的营养需求，还会推荐补剂，以预防营养摄入不足。

掌握补充液体的方法

许多因素会影响身体对液体的需求量，主要包括体形、身体成分、训练时长、强度及基因。你可能在参加集体跑步时注意到：有的人跑完后浑身湿透，而有的人却几乎没有出汗。另外还有气候的因素，与在家乡罗得岛进行训练相比，莫莉冬天在亚利桑那州训练会出更多的汗！

但不管怎样，你都需要喝水，而且常常要喝很多。肌肉的 70% 是水，当你的体液流失量超过体重的 2% 时，身心表现就会开始受到影响。换个角度来看，如果你的体重为 54

千克，那么 2% 的损失就是大约 1 千克或 1 升的液体。如果天气有点热，跑 1 小时就很容易流失这么多液体。

虽然水应该是你最常摄入的液体，但它不应该是唯一的液体。里斯说："电解质通过补充随汗液流失的矿物质，会显著影响我们的水合状态[①]。摄入充足的钠、钾、氯、镁等电解质，可确保良好的体液平衡，并最终影响血压、肌肉收缩和心脏收缩。"

关于如何满足身体对液体的需求，里斯认为可采取以下方式。

训练前

- 在训练和比赛前，不要限制对液体的摄入；
- 一般建议在训练前每千克体重可摄入 5 ～ 10 毫升液体；
- 尿液应呈淡黄色。

训练中

- 尽可能多地补充液体，最好每 15 ～ 20 分钟喝一次；
- 饮用碳水化合物含量为 6% ～ 8% 的运动饮料为运动中的肌肉提供能量，饮用含钠的运动饮料来保持水分，提升身体的水合状态；
- 可以尝试在 200 毫升的饮料中加入 7 ～ 9.5 克的葡萄糖或糖、150 ～ 180 毫克的钠和 60 ～ 75 毫克的钾。

① 水合状态指机体体液达到平衡的状态，此时运动表现最佳，血浆渗透压、尿液渗透压和尿比重是反映水合状态的指标。——译者注

训练后

- 训练期间每减轻 0.5 千克的体重，应摄入 500 ～ 700 毫升的液体；
- 跑步结束后的 2 ～ 3 小时，尿液应呈清澈的淡黄色；
- 在长时间或高强度的跑步后，应喝含有蛋白质或糖类的运动恢复饮料。

跑前和跑后的能量补充

我们都知道，有的跑者在相对空腹时感觉最好，而有的跑者则习惯于在训练开始前吃些东西。

在这方面，你需要进行一些尝试。通过长时间的训练，你可以做到在跑步前 1 ～ 3 小时，让胃肠系统消化更多的食物和饮料。

里斯说："运动前吃点零食可以让身体储存充足的糖原，最终可以促进组织修复和能量恢复的能力，避免疲劳，降低受伤风险。"她认为，理想的摄入量为开始运动 3 小时前每千克体重摄入 3 ～ 4 克碳水化合物，运动 1 小时前每千克体重摄入 1 ～ 2 克碳水化合物。

具体是什么意思呢？假设你的体重约为 55 千克。每千克体重摄入 3 克碳水化合物，意味着你要摄入 165（3×55）克碳水化合物，而 1 克碳水化合物产生的热量为 4 卡，所以 165 克碳水化合物意味着产生 660 卡热量。按这种方法计算，运动前 1 小时你的碳水化合物摄入量大概应为 330 卡的热量。运动饮料也能派上用场，因为它更容易吸收。其实你不需要每次跑步前都做这么精确的计算。对大部分人而言，不需要为了短期的恢复跑计算摄入的热量，但如果是为了长距离高强度的跑步，就值得通过提前计算，确保身体储存足够的能量。

长距离高强度的跑步后，在 0.5 ～ 1 小时内摄入一定量的热量也很重要（即使你的胃在说："不用了，谢谢！"）。大量研究表明，在这段时间里摄入几百卡的热量，会帮你更快地从高强度的训练中恢复过来。如果你能有幸看到专业运动员的训练，或通过本书后面的章节了解她们的故事，你会发现她们真的很注重在跑后通过补充热量进行恢复。这一点也让莫莉获益匪浅，尤其跑得更远时。莫莉在高强度锻炼或长跑结束后的 30 分钟内会补充热量，这让她在接下来的几次跑步中感觉更好。莫莉按照里斯的建议，目标是将摄入的碳水化合物与蛋白质的比例保持在 3∶1 或 4∶1，少量的蛋白质对修复疲惫的肌肉大有帮助。

在表 1–3 中，里斯针对锻炼前后通常应该吃什么零食提出了建议。请你在尝试后找到最适合自己的食物和进食的时间。

表 1–3　锻炼前后的建议零食

锻炼前的建议零食	锻炼后的建议零食
· 低纤维麦片搭配香蕉 · 涂果酱的烤华夫饼 · 一包速溶水果燕麦片 · 涂花生酱（不适合花生酱过敏的人）或果酱的吐司 · 蘸花生酱的苹果片 · 涂花生酱和蜂蜜的半个百吉饼 · 配火鸡片和菠菜的小玉米卷饼 · 半杯什锦干果：包括混合坚果、干果、麦片、椒盐脆饼	· 蛋白质奶昔或自制果汁 · 燕麦片、乳清蛋白、香蕉 · 水果干酪 · 金枪鱼和饼干 · 奶酪棒和葡萄 · 皮塔饼搭配鹰嘴豆泥 · 希腊酸奶、水果、格兰诺拉麦片 · 吐司炒蛋 · 花生酱和果酱三明治，搭配希腊酸奶

心理健康

心态最重要

莫莉的观点：心态最重要。

我在高中的时候打过篮球。一次比赛中，妈妈对我说：你的心态有可能对你的发展不利，你在球场上发了太多脾气。当时我将一个三分球打在了篮板上，虽然很丢人，但我应该马上振作起来，可是我没有这样做，而是选择了跺脚和噘嘴，满满的负能量影响了后面的比赛。妈妈说我应该专注于比赛，我耸了耸肩。当时，我坚信身体强壮的力量，我认为：只要身体比其他人更强健，心态并不重要，因为双腿会找到通往领奖台的路。有段时间情况确实如此。

但随着竞争越来越激烈，比赛的层次越来越高，我意识到确实必须采取措施，改变自己的心态。在 2008 年奥运会选拔赛上，这一点变得尤为明显且不可回避。当时我承受着持续的压力，比赛前一个月，我拉伤了小腿，必须进行大约两周的交叉训练。在比赛那周，我犯了很多错误：热身时没有保存精力，没有管理好我的支持团队，并没有坚持每日训练计划。走向赛场时，我感到筋疲力尽，神情恍惚地走向起跑线。我可以听到人群中传来的说话声，没有完全专注于比赛。最终我在 10 000 米跑的比赛中排名第 9，落后冠军莎拉尼 · 弗拉纳根（Shalane Flanagan）[①] 1.5 分钟还要多，而按我的个人纪录，我是可以进入争夺前 3 名的名单中的。在随后的比赛

① 美国田径史上长距离跑项目最出色的选手之一，被跑友们亲切地称呼为“领跑姐”。2017 年，她以 2 小时 26 分 53 秒的成绩获得纽约马拉松赛冠军。——译者注

中，我在5 000米跑比赛中获得了第10名，落后冠军卡拉·古彻半圈以上，远低于我在那个赛季的平均水平。

比赛结束后，我发誓不管以后比赛大小，都要和运动心理专家谈谈如何做好赛前准备。我发现，通过唱颂、冥想、身体意识，甚至肢体语言，我可以提高竞争优势。2008年奥运会选拔赛以来，这些方法对我的进步起了关键性作用。

无论心态有多好，我们仍然必须应对各种社会压力和信息，这些事情每天都在影响着我们，而我们可能并没有察觉到这些影响。体育杂志的封面建议我们应该长成什么样子，社交媒体上充斥着的各种各样的攀比和吹嘘，即使最坚强的人内心也会受到侵蚀，所以我们需要由内而外做好准备。在本节中，我们将从多个角度谈谈女性跑者应该如何应对心理挑战。

让身心同步

和莫莉年轻时一样，很多跑者认为他们的心理运动能力是一成不变的，你可能也这样认为，对吧？

这种观点是错误的！正如代表爱尔兰参加2008年奥运会障碍赛的运动心理学家罗·麦格蒂根（Ro McGettigan）所说：“心理训练与体能训练一样，需要持续不断地进行，我们总能找到可以提升和改进的地方。身体和精神的能量可以加以利用，并使其发挥最大的作用，让身心更有效率。”就像进行特定的锻炼可以增强心脏和腿部力量一样，你可以在跑步时改变自己的心态。

在这方面，年轻女性跑者最常问我们 3 个问题，即如何更加自信、如何应对失败和如何应对比赛恐惧的压力。在麦格蒂根的帮助下，我们将解决这些问题。

要树立信心

根据麦格蒂根的观点，女孩的自信心通常在 12 岁时开始大幅下降，幅度高达 30%，这对生活的各每个方面都有影响，包括跑步。

但跑步也对树立信心有很大帮助。正如麦格蒂根所说："体育就是冒险，它涉及失败，涉及从头再来，尽管这些事情很难做到，但我们已经习惯了。"以下是麦格蒂根关于如何成为更自信的跑者，进而成为一个更自信的人的 6 条建议。

1. 选择对信心的定义

追求完美和对结果的执着会增加你的焦虑水平，也会让你丧失信心。你不可能每天都赢或每天都创造个人最高纪录。麦格蒂根说，更好的做法是，将目标设定为尽心尽力能达到即可。麦格蒂根还建议要学会安慰自己，"我拥有我该拥有的，其他的顺其自然"。这种方法可以增强信心，因为一切都在你的掌控之中。

2. 要设立合理的目标

获得最佳表现的技巧之一是清楚自己当前的局限和能力水平。麦格蒂根说："如果你的目标太大，以至于连自己都不相信努力后能够做到，就会使你丧失自信心，现实不应该是悲观的。"达成合理的目标就是进步，这会让你有信心朝着下一个目标努力。

3. 要做好准备

要对可能发生的各种情况有所预测，并针对每种情况制订应对计划，这样可以减少对未知的恐惧，从而增强信心。如果比赛时跑步队伍很挤，导致你摔倒了怎么办？如果比赛一开始大家的速度比平时快很多怎么办？如果你的鞋带松了怎么办？为每种能想到的情况准备应对的方法可以节省精力，但也要接受一切自己无法预料的可能发生的事情。麦格蒂根说："无论发生什么，你越放松，就越能很快地应对，也能在过程中节省更多的体力。"

4. 要以过程为导向

麦格蒂根说："你要把注意力集中在比赛过程上，过程做对了，想要的结果自然会出现。"这是非常好的跑步建议，无须多言。你应该将比赛分成一系列的任务，包括正确起跑，在队伍中找个好位置，在比赛中找到自己的节奏，等等。要专注于当下，而不是为耗时或名次而焦虑。麦格蒂根说："如果这样做，我们会越发感到一切都在掌控中，而且会更有信心。"

5. 要记录和反思自己取得的进步

即使在全面数字化的时代，将自己跑步历程中的重要事件记录下来也是很有价值的。如果拥有一本跑步日志，你可以去读、去反思，从而真正地提升自信心。我们俩都经历过这样的阶段，看着那些跑步日志，会想起过往的努力和进步。尤其是在跑步前，当你忽然不由自主地去想"我真的准备好了吗？"的时候，跑步日志会帮你战胜恐慌。

6. 要将自我和跑步区分开

麦格蒂根说："要记住，你就是你，只是恰好从事这项运动。"从本书后面的故事中，你会发现很多职业跑者在受伤时经常难以避免地因为这个问题而纠结。要提醒自己，即使不再跑步，你仍然是一个完整的人。你选择了跑步，但跑者并不是你的全部身份。麦格蒂根说："你要明白且相信这一点，这样才是安全稳妥的。"

你的最佳功能区是什么？

图 1–1 显示运动表现随着身体唤醒水平（包括兴奋、期

待、精力充沛等）的上升而同步提高，但如果超过临界点，过高的唤醒水平会使运动表现下降。

不过每个人的唤醒水平的差异是巨大的，这就是麦格蒂根所说的个人最佳功能区（IZOF）。“就有利于运动表现的最低唤醒水平和最理想唤醒水平而言，每个人可能有很大的不同。”她说。

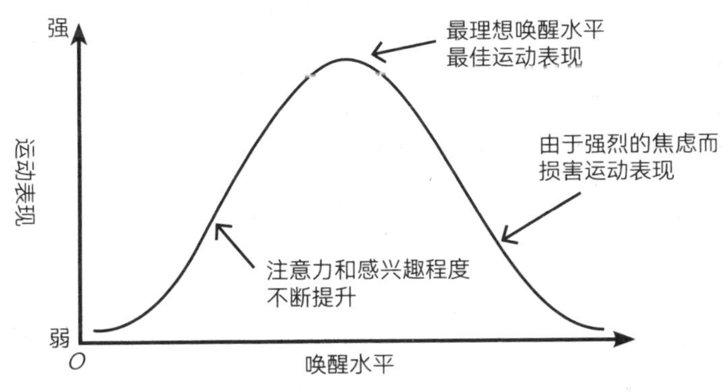

图 1-1　个人最佳功能区

例如，莫莉在最佳状态时总是有一些紧张，也就是说这种状态下她会思考比赛，想象比赛的每一个步骤。萨拉也会在脑子里预想一下比赛中可能出现的情况，这也是为了在比赛那天保持轻松。在那些她取得了好成绩的比赛开始前，萨拉都很平静，甚至会开玩笑。在 NCAA 的 10 000 米跑开始前，萨拉告诉队友，如果她赢了，就会在比赛终点像水牛（科罗拉多大学的吉祥物）那样跺脚。她开玩笑说，得克萨斯大学有“牛角手势”（Hook’Em Horns）[①]，阿肯色大学

① 得克萨斯大学的吉祥物是长角牛，在给本校队伍加油时，人们会高举左手，同时将左手的小拇指和食指竖起，其余手指弯曲并收拢在一起，用手模仿牛角的样子。——译者注

有“野猪队，加油”（Pig Sooie）[①]的口号，所以大家都得有点什么加油的姿势或口号，那我们的就是“水牛跺脚”（Buffalo Stomp）。她做到了！那天她是个勇士，轻松、自信、开心！

如何知道你的最佳功能区在哪里？

麦格蒂根说：“回顾一下你自己取得好成绩的时候，周围发生了什么？比赛开始前是怎样的？你和谁在一起？发生了什么事？这些因素可以组成取得好成绩的一个模式。”

应对失败

作为跑者，你也许会有一些不愉快的时候，而这时正好碰上比赛日，我们认识的每一位跑者都曾遇到过这样的事情，当然我们也不例外！

如果比赛结果很糟糕，于你而言，最重要的就是要记住：这场比赛并不能说明什么。正如麦格蒂根所说：“比赛结果的不理想不会让你成为失败者。”在糟糕的比赛之后，莫莉所做的和萨拉告诉她的队员的都是：把它当作一次学习体验，与胜利相比，你从失败中学到的会更多。

这种糟糕的比赛一结束，你可能会很伤心，但没关系，这说明你对比赛很在乎。把当下的各种情绪表达出来可以帮助你继续前行，更好地进入自我反思的阶段。

“问问自己，如果你有机会重来，你会有什么不同的做法。”麦格蒂根说，“这就是大家说的加法思维，它的作用很强大，因为你总是在不断加强

① 阿肯色大学的吉祥物是野猪，在给本校队伍加油时，人们会高喊“Pig Sooie”。sooie 由 suidae（野猪科）一词演化而来。——译者注

自己。”与其纠结自己跑得有多差，或者这个结果如何让自己和他人失望，不如去制订切实可行的计划并开始行动。

如果你一开始就在很多比赛中获胜，这种思维尤其重要。随着从初中升到高中，再到大学，你面临的竞争会越来越激烈，所以在很多比赛中都获胜是不大可能的，而如果你之前对自己跑步水平的认知是“我是赢家”或“我是最好的”，那可能会更麻烦。正如麦格蒂根所说，要学会应对失败，学会如何振作起来，并从中增加成长的经验。

应对比赛恐惧的压力

麦格蒂根是一名奥运会障碍赛选手，参加过世界级的大型运动赛事，她曾说：“没有什么会像比赛那样让我感到纯粹的恐惧，‘我在做什么？为什么要做这些？我快要掉进火坑里了’。”在说这些时，麦格蒂根明白我们都经历了什么。

这些情绪是可以进行管理的，以下是麦格蒂根应对赛前压力的三大技巧。

1. 要把视野先放大再缩小

当你想要叫停脑海中的狂风暴雨，并且集中注意力时，请将脑中的视野放大，真正地放大。“想一想：我在这里，为这场比赛热身，我在这个城市，”麦格蒂根说，“然后进一步放大视野，我们在地球上……再继续放大视野，我们飘浮在太空中……”

这样的思考可以给你带来新的视角，可以提醒你，在宏大的物质世界中，你的比赛并不是什么大不了的事。

但不要止步于此，因为你的目标不是让自己不关心比赛！一定要再把视野缩小，提醒自己你既然选择了参加比赛，你就需要做那种克服困难的人，而各种困难总是让人产生不良情绪。“面对比赛，你要用‘这是我的选择’的心态承认是你自己选择了运动项目，并逐渐明白：恐惧是一种选择，这是一种更加基础的训练和自主的控制力。”

2. 要检查你设定的目标

无论你是写下的比赛目标，还是仅将它们记在脑海中，现在都是反思它们的时候了。提醒自己反思非常重要。“要明确你热爱竞争，热爱这种剑拔弩张的运动，”麦格蒂根说，“你来参加比赛就是为了表达对跑步的热情，为了展现你通过努力而获得的健康体态。”

3. 各种紧张情绪都是正常的

要承认赛前的紧张情绪是与生俱来的，你周围的每个人可能都有同样的感受，把你的感受告诉朋友或队友，可以缓解一些紧张情绪，尤其是当她说她也有同感时。麦格蒂根说：“释放一点这些情绪，并将它们当成正常的事情，能够缓解情绪带来的窒息感，不要否认这些情绪的存在并告诉自己冷静下来。”

在身体恢复时，要保持良好的心态

受伤很令人焦虑，即使大脑理性地告诉你最终会好起来，你也很容易被某些念头裹挟，觉得自己永远无法康复了。

我们在受伤时会采取双管齐下的方法。首先，通常在运动方面的医生、教练、朋友和队友的帮助下，我们要弄清楚通过哪些方法可以获得生理康复，而康复效果取决于受伤的类型和严重程度。

其次，我们要制订一份心理康复的计划。人很容易在受伤时陷入恐惧，所以相对较好的康复方法，还应该同没受伤时的运动训练一样，即设定目标、跟踪进度并及时调整。理学硕士梅格·沃尔德伦（Meg Waldron）是弗吉尼亚大学的全美田径运动员，现在是一名运动心理学家和教练。她说：

“受伤不是道路上的挑战，受伤是必经之路，就像不断打破个人纪录才能取得成功。受伤让你有机会坚定目标，那些你作为跑者、女性和人而设定的目标，受伤还有助于发展心理能力和情绪能力，它们在未来的路途上对你会有很大帮助。”

你设定的康复目标应该和训练以及比赛目标一样，是健康的、可实现的，但也要能给人以激励。具体明确的目标比模糊的目标要好得多，例如“每周 5 天我要每天做 15 分钟康复训练”比“我要变得健康”更好。沃尔德伦说：“要专注于你可以控制的事情，比如目标、动力和态度，这样能更容易放弃那些自己不能控制的事情，并重获一名积极跑者曾有的那种力量感。”

要自我激励

我们用“积极的自我对话”来描述为了激励自己而进行的自我交谈。在跑步时，你应该始终这样做，对自己说“继续前进”“再走 1 英里”“我能做到”，等等。据沃尔德伦的相关研究，在受伤时鼓励人们进行积极的自我对话，会使人感受到更多的希望和幸福。

沃尔德伦建议用开放式问题问自己，要专注于努力而不是结果，这种方法有助于让自己相信，为康复所做的付出和努力是值得的。“可以问自己：哪些方面进展顺利？我还能采取哪些不同的方法？谁能帮助我？这些问题有助于找到解决方法，因为它们激发了你与生俱来的好奇心，从而促进你的成长和发展。”沃尔德伦说，“如果你训练正确，并为此拼尽了全力，就为自己喝彩吧！不要总是盯着没有达成的目标，这样会更有成就感。”

如果你跑步时受伤了，要如何正确地设定目标？以下是沃尔德伦的建议：

1. 作为受伤的优秀跑者，以下问题需要明白：

- 为什么受伤；
- 进行什么样的康复训练，需要多久；
- 重返训练和比赛时会遇到什么情况；
- 如何避免再次受伤？

……

2. 要在医疗团队和教练的指导下，将康复过程分解为每日每周要完成的任务，并确立切实可行的目标，同时不要忘记你的个人需求。你可以采取以下方法：

- 每天做 3 组负重 2.25 千克的腿部伸展运动；
- 经常进行核心训练；
- 做好身体的补水；
- 多跟最好的朋友打电话沟通交流；
- 看鼓舞人心的电影

……

3. 要设定量化的长期目标，以方便衡量自己的进步，比如计划重复多少组训练，计划在哪天参加比赛。你可以采取以下方法：

- 在 4 周后使用 4.5 千克的哑铃进行深蹲；
- 在 6 周后轻松跑 2 英里；
- 在某月某日完成 5 000 米赛跑；
- 在康复结束时，写满一整本的日志

……

要有社交生活

受伤后，利用好社交网络是康复前期非常关键的一步。沃尔德伦告诉我们，有项研究调查了优秀的滑雪运动员在赛季末受伤时应对策略的差异。结果显示，女性在与朋友以及其他受伤的运动员的交流中获得的满足感比男性高得多。

“研究表明，女性天生擅长照料他人和与人交往，”沃尔德伦说，“她们愿意在你需要的时候给予帮助，所以你不妨向她们求助。此外，在与同性的交往中，女性会分泌大量的催产素，这种存在于大脑中让人快乐的化学物质总是和拥抱关联在一起。”

与身体健康时相比，受伤通常意味着你要有应对不同心理的技能。“自我关怀和对自己的身体温柔以待是你应该释放的有价值的内心力量。”沃尔德伦说，“当我们不再为外貌和他人的评价担忧时，我们才能有精力专注于身体的康复。你需要处理自己情绪的警告提示，如类似过度的物理治疗练习、过度消极的自我对话、抑郁、自残及紊乱的饮食等这些行为现象。”

作为跑者，最好把受伤时的所思所想写成日志，这有助于培养自我关怀的能力。找一个不会被打扰的地方写日志，花几分钟认真想一想你的伤病是如何影响你和你的生活的，然后根据沃尔德伦的建议，开始记录：

- 描述一下你的伤病，你是如何受伤的，你对它的感受是什么；
- 列出在什么情况下其他人也可能经历类似的事情；
- 写一段文字，表达对自己的理解、善意和关心。从旁观者的角度看待问题，能更容易提出建议并把问题看得更透彻；
- 假设你最亲近的朋友也遭遇了同样的事情，以和他交流的口吻写一

封信;

- 以客观事实的方式描述发生的事情，就像受伤的不是你。接纳自己的伤病，不要责备或羞辱自己或他人;
- 写完之后，读一读自己写的内容，注意自己的感受，看看写作这种方式有没有改变你的想法或感受;
- 连续几周都要抽出时间坚持写作。

从社交媒体获得帮助，而不是伤害

我们俩很喜欢通过社交媒体与朋友、家人和粉丝进行联系和沟通，也很欣喜有机会能够分享我们的成功（当然也有失败），以激励他人。如果在我们年轻时就有今天这样的社交媒体，能够有机会关注自己崇拜的跑者，那我们肯定会欢呼雀跃的。

对于社交媒体的黑暗面，我们俩也亲身经历过。而且我们明白，多年来我们在公众的注视下掌握的那些应对社交媒体的策略，年轻的女性跑者可能还没有掌握。因此，我们想花点时间来谈谈如何从社交媒体中获得正能量，同时避免许多负能量。

首先谈谈好的方面：你可能已经注意到，绝大多数主流媒体的体育报道主要集中在男性运动员身上，对女性运动员仅有的报道也往往是关于外貌这些，而不是她们的成就。所以女性运动员，包括我们俩，能够掌握故事的主导权，并分享和庆祝彼此的成就，这实在是太棒了。我们希望你已经找到了可以互相学习和激励的跑友。

你可能也注意到了社交媒体上不好的方面。霍莉·索普（Holly Thorpe）博士是新西兰怀卡托大学的社会学教授，她曾为国际奥委会等体育组织提供咨询服务。她说："包括运动员在内的女性，长期以来一直承受着各种压力，她们得符合主流媒体呈现的某种外貌标准，要符合它们对女性气质的不切实际的期望。对许多女性来说，这种对美丽和女性气质的狭隘定义让她们非常焦虑。”拿自己的身体和社交媒体上的内容做比较，你会觉得自己的身材很糟糕，用索普的话说，这会“导致抑郁、烦恼、焦虑和缺乏自信”。

最严重的情况，可能还会导致饮食失调、训练过度、伤病以及 LEA 和 RED-S 等症状。还有网络“喷子”，他们大多会盯着你的外貌不放，可能会说你没有“女人味”或夸你真性感，也有可能说你的表现太差了。

这些你都不需要在意。正如索普所说，你可以有很多应对方法。“有的运动员会公开谈论社交媒体给他们带来的消极情绪，而有的会采取其他的策略来保护自己，包括不看评论，拉黑或举报那些‘喷子’或‘杠精’”。这些方法你任选一个或者全都采用，就可以把社交媒体变成一个积极且给人力量的地方。另外，请记住：社交媒体不是现实生活，不要为了几个点赞而放弃线下的人际关系和各种支持。

HOW SHE DID IT

第 2 章

她是如何做到的：传奇女性跑者的成功智慧

用她自己的话说

女性跑者需要解决哪些关键性问题才能获得成功，这点我们在前文中已做了讨论，现在让我们直接听听几十位传奇女性跑者讲述自己的成功经历。只知道成功由哪些因素构成是不够的，我们不仅需要知道训练的基础理论，更关键的是在面对不同挑战时，每天都能坚持将理论与实践相结合。我们对话了过去 50 年来世界各地优秀的女性跑者，围绕一个主要问题：你是如何做到的？

我们重点关注了近当代的美国女性，也许你也听到过一些开拓者的故事，她们为今天的跑者披荆斩棘铺平了道路，以及后来一些国际体坛明星的故事也都有很多意想不到的相似之处。你会了解这些女性是如何发现跑步这项运动。如何构建自己的支持团队，如何克服各种挑战，如何学会照顾自己的身体并收获了很多其他方面的经验。她们每个人的故事都有独特之处，她们通过不同的方法问鼎赛场。虽然经历各不相同，但很多人领悟的最核心的经验和价值观却是相同的，我们希望你能从中有所收获。

本书收录了很多女性在职业生涯的不同阶段创造的个人纪录。如果你和我们一样都是跑者，那么创造个人纪录肯定也是你的奋斗目标！我们认为，让年轻跑者看到其他人取得进步的方法，对我们来说是很有价值的。你会发现，与最终成为职业选手的人相比，你在高中或大学取得的最好成绩与之并没有多少差别，意识到这点是非常有激励作用的。从整体的角度看这些个人纪录，纵使她们跑得比你快，你也可以从中了解，从高中到大学毕业，跑者一般是通过什么方法一步步取得这样的进步。

我们知道，你会从这些女性跑者身上学到很多有价值的东西。我们希望她们的经历能帮你和跑步建立起一种获益终身的关系，你不仅可以学习这些经验，从而获得最佳成绩，更重要的是，健康、快乐的跑步还可以让你学会在生活的方方面面充分利用身心的力量，这是我们希望你在读完这本书后收获到的最有价值的东西。

女子跑步大事记

1928 年

奥运会增加了 5 个女子项目，其中 800 米跑是距离最长的一项，但后来人们担心这个距离会损害女性的健康，因此这个项目被取消。

1960 年

800 米跑作为女子比赛距离最长的项目被重新列入奥运会。

1961 年

出于健康考虑，女性正式被禁止参加公路赛事。

1971 年

CIAW 被大学校际女子体育协会（AIAW）[①]取代。

1972 年

美国《教育法修正案》第九条（简称 Title IX）[②]允许大学设立女子运动奖学金；1 500 米成为距离最长的女子奥运会比赛项目；女性可以报名参加波士顿马拉松和纽约马拉松比赛，但这个赛事要作为一个“隔离但平等”的赛事。当时很多女性参赛者在纽约马拉松起跑线对此进行了抗议。

1980 年

美国运动医学会宣称，马拉松比赛不会损害女性的健康；帕蒂·卡塔拉诺·狄龙（Patti Catalano Dillon）成为最早签署职业运动员合约的美国女性之一。

1994年

海伦·切普热诺（Hellen Chepngeno）成为第一位在世界越野锦标赛中获胜的肯尼亚女性。

1996 年

埃塞俄比亚的法图玛·罗巴（Fatuma Roba）成为第一位在奥运会女子马拉松比赛中获得金牌的非洲女性；女子 5 000 米跑被列入奥运会项目。

2001 年

NCAA 增加了女子 3 000 米障碍赛，并取消了 3 000 米平地赛。

2008 年

女子 3 000 米障碍赛被列入奥运会项目。

---

① 成立于 1971 年，负责管理女性大学生运动员，该组织为女子大学体育运动的发展做出了重要贡献。——译者注

② 美国国会于 1972 年通过，该修正案规定：“在美国，任何人都不得因其性别被排除在接受联邦资助的任何教育或活动计划之外，或被剥夺享受此类计划和活动应有的待遇，以及参加此类活动受到歧视。”——译者注

下面简要介绍一下女子长跑的关键时间点，你可能会惊讶于她们竟然花了那么长时间才获得平等参赛的机会，更不要说茁壮成长了。

1966 年

谢丽尔·布里奇斯·弗拉纳根·特雷沃吉（Cheryl Bridges Flanagan Treworgy）①在这年成为美国第一位获得公立大学体育奖学金的女性，她曾在印第安纳州立大学读书时参加越野跑；萝伯塔·吉布（Roberta Gibb）以非正式身份参加了波士顿马拉松比赛②。

1967 年

凯瑟琳·斯威策（Kathrine Switzer）在没有明确表明自己女性身份的情况下，获得了波士顿马拉松赛的号码布。比赛主管在确认她是女性后，试图将她拽出赛道，但没有成功。

1969 年

女子体育部（DGWS）任命校际女子体育委员会（CIAW）协助组织校际比赛（包括体操和田径比赛）。

1983 年

AIAW 被曾经举办多项女性赛事的 NCAA 女子体育所取代；第一届 NCAA 女子田径锦标赛于当年举行。

1984 年

得益于杰奎琳·汉森（Jacqueline Hansen）的全力推动，女子 3 000 米长跑和女子马拉松被列为奥运会项目；在当年的洛杉矶奥运会上，美国选手琼·贝努瓦·塞缪尔森（Joan Benoit Samuelson）赢得了奥运会历史上第一块女子马拉松比赛金牌。

1988 年

女子 10 000 米长跑被列入奥运会项目。

1991 年

肯尼亚人苏珊·西尔玛（Susan Sirma）在世锦赛女子 3 000 米长跑项目中获得铜牌，成为第一位获得奥运会或其他世界级奖牌的非洲黑人女性。

2012 年

萨拉·阿塔尔（Sarah Attar）参加了奥运会女子 800 米跑的比赛，成为第一位参加奥运会田径项目的沙特女性。

2020 年

国际奥林匹克委会（IOC）近一半的成员为女性。

2022 年

对患有性别发育异常（DSD）③的女性和跨性别女性在运动中的睾酮激素的调节，正引起人们的关注。2020 年，国际奥委会驳回了 800 米跑运动员卡斯特·塞门亚（Caster Semenya）的上诉，因为国际奥委会裁定，如果女性的遗传性睾酮激素水平过高，必须通过医学手段将其抑制，否则无法参加 400 米、800 米和 1 500 米的比赛。因此，有些运动员转而参加对睾酮激素不加限制的项目，比如布隆迪共和国的 800 米跑运动员弗朗辛·尼永萨巴（Francine Niyonsaba）选择参加 10 000 米跑，并获得第 5 名的成绩。

---

① 美国杰出跑步选手莎拉尼·弗拉纳根的母亲。——译者注

② 1972 年以前，波士顿马拉松禁止女性参赛，因为组委会认为“女性在生理上不能应对如此长的距离”。1966 年，萝伯塔·吉布在波士顿马拉松比赛开始时，混入了参赛选手的人流中，最终以 3 小时 21 分 40 秒完成比赛，在当年所有选手中排在前 30%。——译者注

③ 一种先天性染色体、性腺和表型性别的发育异常或不匹配。DSD 是一种非常复杂的疾病，包含一系列先天的代谢异常和畸形，主要表现为外生殖器的异常。——译者注

COU
RAGE

有勇气，
去开始

你要清楚为何而跑

黑兹尔·克拉克
(Hazel Clark)

3 次参加奥运会
3 届 NCAA 冠军

出生日期：1977 年 10 月 30 日
国籍：美国
当前居住地：百慕大
大学：佛罗里达大学

高中个人纪录
800 米：2 分 05 秒

大学个人纪录
800 米：2 分 00 秒

专业个人纪录
400 米：53.69 秒
800 米：1 分 57 秒
1 500 米：4 分 16 秒

成长于田径第一家庭

大概 16 岁时，我开始跑步。在此之前，为了不用跑步，我想尽办法。因为我的姐姐乔塔・克拉克・迪格斯参加过 4 次奥运会，我的哥哥 J.J. 克拉克（J. J. Clark）曾经是一名水平非常高的田径运动员，我的嫂子吉尔・迈尔斯・克拉克也获得过奥运奖牌。他们都是在大学时获得全额奖学金的运动员。我不想因为跟随他们的脚步而承受压力，所以尝试了其他体育项目，包括网球、花样滑冰、足球、曲棍球、长曲棍球、体操、马术、越野滑雪和篮球！我尝试了那么多，努力想在田径场外找到自己擅长的项目。

有一次我在花样滑冰时摔倒了，磕碎了下巴，昏了过去。等我醒来时，爸爸对我说："你还是专心跑步吧。"我的第一场比赛是爸爸带我去田径场参加的。我记得自己为了不参加比赛绞尽脑汁，爸爸对我说："你如果参加这场比赛，你就是第一。"但那时我没有教练，而且从来没有接受过训练。他说："你是克拉克家的人，全力以赴吧，你知道该怎么做，我懂你的那种感觉。"我还是不想参加比赛，但别无选择。

比赛开始，我飞奔了出去，而且处于领先位置。我想：爸爸是对的，我是黑马运动员！我正在碾压其他女孩，她们都远远落在我后面。但在最后一圈，赛场上所有人开始一个接一个地超过我，我差不多是走到了终点。我听到看台上有人说："哦，可怜的家伙，你真够可以的。"当我最后一个来到终点时，观众席传来稀稀拉拉的掌声。

我爸爸却说："没关系，下次你会赢的，你会变得很优秀，这次你最起码明白了你需要训练，需要一位教练，然后努力拼搏。"我猜他想让我知道：我有天赋，但需要努力。开始跑步后不到一年，我就在全国排名第一。我一旦认起真来，跑步成绩就会提升很快。

我无法想象，如果在年纪更小的时候我就开始跑步，会是怎样的情景，因为有时我真的感觉疲惫不堪、筋疲力尽。为了在大学保持优异的成绩，将来能成为职业运动员，有时我是在苦苦支撑。我是 16 岁开始跑步的，对那些起步较早、认认真真跑步的孩子而言，他们面对的困难会更多。

我曾尝试过其他运动项目，却并不擅长，但我还是坚持了一个赛季，我认为这些经历可以教会一个人很多事情。

应对焦虑

精神上的挑战贯穿我的整个职业生涯，从第一场比赛到最后一场，它一直都在，我从来没能战胜它。我曾倍感压力，焦虑不安，现在我明白这是焦虑症。但没人停下来帮我解决这个问题，因为我总是获胜，所以应该一切都没问题。我记得自己坐在黑暗中，浑身发抖，汗流不止，紧张到几乎吃不下东西。在比赛前我会惧怕跑步，即使获胜了，也只是为没有输而松一口气，从没有为获胜而开心。在我本可以表现更好时，焦虑让我止步不前，我在跑步时束手束脚，非常焦虑。我不敢承认自己的恐惧，因为我觉得：如果我有当冠军的天赋，但却超级紧张，甚至无法完成比赛，那这就是软弱。

> “我曾倍感压力，焦虑不安，现在我明白这是焦虑症。但没人停下来帮我解决这个问题，因为我总是获胜。”

我对竞争对手不是很友好。我很遗憾，事实上我是很好相处的女孩，但在比赛那段时间，我连跟她们说话和眼神交汇都做不到，因为我已深深陷入恐惧之中。

我记得参加 2000 年奥运会预选赛时，看到各种各样的文章中写着：“克拉克姐妹能横扫 800 米吗？能创造历史吗？”那是我第一次参加奥运预选赛，本身压力就已经够大了，再加上人们认为我们有机会打破纪录，只有我是个不确定因素。21 岁的我从来没有入选过奥运代表队，乔塔和吉尔已经入选很多次。所以我想：如果有人会卷铺盖回家，那就是我。这种想法很消极，但这就是我当时的感受。克拉克家族的高水平给我很大压力，我一直在想：如果我没有做到，我就是让家人失望的那个人。[①]

我的家庭训练小组

我哥哥 J.J. 克拉克做得很好的一点是，他没有对我太区别对待。[②] 跟其他人相比，他更了解我的情况和怪癖，是位非常棒的教练。但跟我的姐姐和嫂子一起训练和跑步是很有挑战性的，你很难形成自己的风格。不过哥哥把我们 3 个训练得很好，把为入选奥运代表队而努力的我们都带入了预选赛的决赛，他努力为我们每个人制订不同的策略，对每个人给予关注。我不知道没有他我会在哪里。他非常爱护我，训练中既严格又要保证我的身体健康，让我可以拥有自己的职业生涯。因为他是我哥哥，我总想挑战一下他的耐心，所以刚上大学时，我把训练当作儿戏。常常因为前一天晚上跟朋友出去玩，第二天很晚才去训练。而哥哥会在早上去我的寝室，一边按门铃，一边大喊我的名字，让我非常尴尬。我也只是想试试他的耐心，见他发飙了，我就收手了！

爸爸对我的影响

我猜想爸爸很可能有跑步的天赋和基因，他只是没有从事这项运动，因为生活不允许。他从小失去了父母，生活艰难，他必须工作，无法从事体育

① 在 2000 年奥运会预选赛的 800 米跑中，克拉克家族称霸赛场，这是非常罕见的：黑兹尔·克拉克以 1 分 58 秒 97 的成绩获得第 1，吉尔·迈尔斯·克拉克以 1 分 59 秒 12 获得第 2，乔塔·克拉克·迪格斯滑到了第 3 名，但 1 分 59 秒 49 的成绩只落后百分之一秒。——作者萨拉

② J.J. 克拉克除了是黑兹尔的哥哥，还是著名的中长跑教练。在 2008 年奥运会上，他是美国代表队女子队的助理教练。J.J. 克拉克目前执教于斯坦福大学。——作者萨拉

运动。我的姐姐乔塔开始跑步时，爸爸要她选择长跑。因为他觉得人们总是说黑人是短跑运动员，他想让我们跑长跑，去打破这种刻板印象，而且他觉得长跑可以让我们自律。

我获得的支持

大学室友给了我非常多的支持。她们知道我在跟焦虑症做斗争，虽然她们不是心理学家，也不懂从专业的角度应该怎么做，但她们给了我友谊和支持。比如，在我觉得太虚弱，不能去餐厅吃饭的时候，她们会叫客房服务，跟我一起在房间吃饭。她们努力让这一切看起来是件稀松平常的事，而且总是给我打气，对我说："你可以的。"有时她们甚至不得不把我推到起跑线。

与大学里这个给我支持的团队告别，是很艰难的，因为专业运动员没有这种支持。我真的得依靠自己，虽然有我的姐姐和嫂子，但她们也是竞争对手，我不想做长不大的孩子，不想跟别人说："我太难了。"我甚至不确定他们是否知道我的挣扎。

运动教会我的事情

我要做的是改变自己对跑步的看法。从一开始，我就把跑步视为一种负担。我总会想：为什么我要成为这个家庭的一员，和这些跑得那么快的疯子在一起？为什么我就得是克拉克家的人，而不是作为旁观者发出"真厉害"的赞叹就好了？！我和这些了不起的女性同桌吃饭，她们都是奥运决赛选手，我的嫂子获得过奥运金牌，我的哥哥是世界一流的教练。这样的家庭氛围深深影响着我，我只能尽力做到最好。为了不辜负期望，我努力奋斗，但随之而来的压力让我喘不过气。我要改变这种心态，试着将注意力放在积极的事情上。

我要坦诚面对自己和周围的人，这样才能得到他们的支持。我告诉他们这种压力让我很痛苦，因为我认为向人倾诉自己的压力，或是和运动心理学家咨询交流，会给我带来巨大的改变。

那些最自豪的时刻

有两件事最让我自豪。我自豪在如此焦虑的状态下，自己还能有高水平的表现。在当时很多情况下，人们并不知道我差点连上场都做不到。我真是焦虑到了极点。能够走向赛场，获得奥运预选赛冠军，冲进奥运决赛，我很自豪，因为当时我与之抗争的是让人非常痛苦且沉重的东西。

另外，在经历艰难的 2004 年之后，我为自己的回归而感到自豪。那时我经历了足舟骨应力性骨折，而且这个伤病在职业生涯中总是反复发作。所以，我在 2004 年进行了彻底治疗。我入选了那年的奥运代表队，但在奥运期间的一次事故中被严重烫伤。[①] 所有这些超级可怕的事情都发生在 2004 年。经历这一切之后，我在 2005 年重新回归，跑出了 1 分 57 秒的成绩。我获得了个人最高名次：世界第 6 名。

为自己而努力

你的努力，对自己而言，必须是有意义的。你的进步不能仅仅是让爸妈骄傲，或是让教练和其他人开心，它要与你自己有关。你必须找到那种让你兴奋的、让你努力更上一层楼的、让你心情愉悦的动力。

与做职业运动员时相比，我现在更爱跑步，因为我在按自己的方式跑。跑步的某些方面总是很艰苦的，你可能不得不在寒风中跑步，或者因为跑得

① 黑兹尔在奥运村编发辫时，开水意外溅到了她的背上，受伤的她无法再训练，甚至没有参加第 1 轮的比赛。——作者莫莉

> 你的进步不能仅仅是让爸妈骄傲，或是让教练和其他人开心，它要与你自己有关。你必须找到那种让你兴奋的、让你努力更上一层楼的、让你心情愉悦的动力。

太辛苦而呕吐，不过这些最终都会改善的。但总体而言，你必须快乐地跑步，必须找到跑步对你来说是积极的和有意义的原因。

成功与失败真的是相伴相随的。我常常会在经历了巨大失败之后收获巨大的成功。获得 2000 年奥运会预选赛冠军之前，我曾在 1 500 米跑中排名倒数第 1。要做冠军，必须坚韧，学会释怀。事情如果没有如你所愿，也要总结经验，在下次比赛时把经验转化为动力。

不仅仅是奖牌

> 跑步塑造了我生活的方方面面，也给予了我生命中所有珍贵礼物，包括今天的这份工作（在百慕大担任体育事业发展总监）、学生时期的挚友，还有我的丈夫。

跑步给我最大的收获就是在世界各地比赛的过程中遇到的人和事。运动员和奥运选手的身份塑造了我的女性形象。跑步让我坚强、坚韧，教我做生活的赢家。跑步给了我一个舞台，让我可以帮助年轻人改变命运，让我觉得愉悦。跑步塑造了我生活的方方面面，也给予了我生命中所有珍贵礼物，包括今天的这份工作（在百慕大担任体育事业发展总监）、学生时期的挚友，还有我的丈夫。

扔掉一百万个借口

迪娜·卡斯托

（Deena Kastor）

3 次参加奥运会

2004 年奥运会马拉松铜牌得主

美国马拉松公开赛和大师赛的纪录保持者

伦敦马拉松和芝加哥马拉松冠军

出生日期：1973 年 2 月 14 日

国籍：美国

当前居住地：加利福尼亚州马默斯湖

大学：阿肯色大学

高中个人纪录

3 200 米：10 分 29 秒

大学个人纪录

5 000 米：15 分 52.80 秒

10 000 米：34 分 15 秒

专业个人纪录

5 000 米：14 分 51 秒

10 000 米：30 分 50 秒

半程马拉松：1 小时 07 分 34 秒

马拉松：2 小时 19 分 36 秒

如何开始跑步

我 11 岁开始跑步。在此之前我曾尝试过很多运动，像足球、垒球和滑冰，都没有成功，而且我也完全厌倦了。直到第一次参加青年田径练习，我们在通往圣莫尼卡山脉的小径上跑步时，我爱上了这项运动。我感觉在跑步时非常轻松，能够和队友互动，有冲劲，还有掌控感。

运动生涯早期的挑战

作为女性运动员，我认为自己很幸运，在我之前，曾有那么多女性拓荒者为这些运动奋战。我能想到的有威尔玛・鲁道夫（Wilma Rudolph）、鲍比・吉布（Bobbi Gibb）、凯瑟琳・斯威策和琼・贝努瓦・塞缪尔森。

大学时期，我遭遇了人生最大的挑战。虽然我很荣幸获得了阿肯色大学的全额奖学金，但比赛压力却很大，而且我对自己的要求也非常严格。过大的压力阻碍了我前进的步伐，使我的身体和精神都倍受折磨。

成为职业跑者之后，我才明白个人的认识水平往往会限制自己的发展，也是从那个时候起，我有了很好的自我掌控力，能够在身体和精神上促使自己达到梦想的高度。

我五年的大学运动生涯都被其他人的质疑声音左右着。但实际上，改变是一种有意识的精神行为。在我的思想斗争中，这种转变瞬间完成。

> “如果我们选择不被质疑定义，而是摆脱质疑的束缚去定义自己，那就真正地在展现一种了不起的坚韧品质。”

挫折和失败之后总是会有很好的比赛成绩，因为失败后我们会自我反思，重新定位。如果我们选择不被质疑定义，而是摆脱质疑的束缚去定义自己，那就真正地在展现一种了不起的坚韧品质。

掌握心态制胜法

我第一时间想到的是 2015 年的芝加哥马拉松，那时我获得了平平无奇的第 7 名。我已经过了运动员的黄金时期，去参赛是为了创造美国大师赛纪录。跟以前相比，那次我的准备工作非常糟糕，我差点没坐上去芝加哥的飞机，因为我对是否要参赛产生了怀疑。

丈夫告诉我，尽管我找了很多借口，但还是做了大量的训练。我们都是对的，但只有成绩才能支撑我创造大师赛纪录。所以我不再找借口，而是专心去记住那些成功的理由。那次比赛充满了挑战：水瓶丢失、被绊倒、最后 5 英里被碰撞。每次有可以认输的借口或理由时，我就埋头努力，因为我知道，不断做出积极的选择是前进的唯一方法。

那天，我实现了目标，整个过程都使我感到惊喜。一路走来，我有一百万个选择放弃的借口，而且那些借口放在今天也说得通。我没有那样做，而是坚持心无旁骛，勇往直前，每一步都稳扎稳打。这些想法和步骤构成了我运动生涯中最自豪的时刻，而保持坚忍的意志是最珍贵的一课。

你选择的伙伴

我最自豪的是选择了与优秀的人在一起。我对自己的核心圈子很用心：挑选最优秀的经纪人、最棒的教练，与顶尖的运动员共事，还遇到了最宽厚、最关心我的丈夫和朋友。他们都是我认真挑选的，我愿意为他们做任何事。他们也理解我作为运动员的独特生活方式。我深深敬佩他们的品格，比如富有同情心，特别风趣幽默，而且待人宽厚。我珍惜每一段人际关系，我珍视人际交往中的付出与回报。虽然需要花时间去培养，但在生活中有如此丰富的人际关系让我获益匪浅。

我从 11 岁开始参加跑步比赛，爸妈和妹妹给了我很大的支持。多年来，他们常常陪我参加比赛，给我鼓励和安慰，一起为我庆祝。面对这些支持，幸运和感恩这样的词都不足以表达我的感受。有些为了体育梦想或自己的热爱而努力追求的人，并没有得到家人的支持，我鼓励他们从朋友、导师或者其他可以信赖的成年人那里寻求支持。我们爱的人不可能时刻都能满足我们的所有需求，所以接受生命里各种各样的人际关系会带来何种意想不到的结果，要使生活的其他方面更加充盈，要从其他人那里找到方法。

如果能重来，我不想改变什么，因为尽管有挣扎和失望的时候，我真的相信就是那些经历把我们塑造成了更好的人，让我们做得更好。如果能够利用生命的艰难时刻去自我反思和成长，那我们就永远不会被击败。

为成功做好准备

很多跑者对跑步充满热情，但取得成功必须有更强烈的激情。要想长久立于不败之地，既要重视补充大量的优质营养，又要有充足的睡眠时间，以便恢复身体，这两点同样重要。

“如果系鞋带时都在思考如何实现目标，那么不管你需要什么，通过跑步都能实现。”

跑步的丰厚回报

跑步可以随时为你提供任何东西。我利用跑步集中注意力，专注于热爱的事情，也会穿上跑鞋去解决问题或思考待办事项。如果系鞋带时都在思考如何实现目标，那么不管你需要什么，通过跑步都能实现。

挫折和伤病是前进最大的动力

琼·贝努瓦·塞缪尔森
（Joan Benoit Samuelson）

第一位奥运会女子马拉松冠军（1984）
两届波士顿马拉松冠军
美国马拉松纪录前保持者

出生日期：1957 年 5 月 16 日
国籍：美国
当前居住地：缅因州
大学：鲍登学院和北卡罗来纳州立大学（1977—1978）

专业个人纪录
10 000 米：32 分 07 秒
半程马拉松：1 小时 08 分 34 秒
马拉松：2 小时 21 分 21 秒

职业生涯的开端

我喜欢滑雪，曾经有过参加奥运会滑雪项目的雄心壮志。我在高二时脚部骨折，当时我还在打曲棍球和篮球，为了恢复状态，我开始跑步。我发现跑步对我更有吸引力，跟滑雪相比，跑步更容易，成本更低。参加滑雪比赛费用昂贵，并且在美国的降雪季，还得跑到山区，诸如此类。

高中前两年，学校没有正规的女子田径队。1972 年我还在上高二时，国会通过了《教育法修正案》第九条。于是，随着修正案第九条的推行，机会越来越多，我的职业生涯不断变化。我不断挑战自己，跑的距离越来越长。

骄傲的时刻

我为自己职业生涯的长久而感到自豪，我也很享受这么多年来事业带给我的乐趣，同时我还能和孩子们一起享受这项运动。我为自己在大多数情况下都能重整旗鼓而自豪，即使遭遇挫折或机会不多，我也能取得最后的胜利。1984 年，在奥运会选拔赛举行的 17 天前，我做了一次膝盖手术，很多人认为我不可能复出。[①] 我只知道没有人比我训练更刻苦，我想这一点很重要。[②]

我很好地应对了突如其来的疾病和衰老，努力在自己的事业、服务社会和抚养孩子之间平衡。我自我感觉做得还不错，生活也很充实。我想这也许就是我的事业长盛不衰的原因吧。

---

① 在洛杉矶，塞缪尔森在主场观众的见证下创造了历史，她成为奥运会女子马拉松比赛历史上的第一位冠军。1983 年，她还打破了马拉松比赛的世界纪录。在美国女子长跑历史中，这是非凡的一刻！——作者莫莉

② 她居然能在手术后的第 17 天参加奥运会马拉松的选拔赛，简直难以置信！——作者萨拉

首位奥运会女子马拉松比赛的冠军

1984年，女子马拉松第一次成为奥运项目。那次奥运会在美国举办，作为主场作战，我们得到了很多支持。在离瓦茨街区的洛杉矶体育馆不远的一栋建筑上，耐克公司悬挂了一幅比救生墙还大的、引人注目的壁画①。前一年的秋天，在圣迭戈跑半马时，我就见过那幅壁画。正是因为这幅壁画，我撑过了奥运会选拔赛前膝盖受伤带来的考验和磨难，因为我知道耐克公司信任我，所以他们才会创作那幅壁画。

因为我受伤，很多人不再看好我，因此选择把封面报道留给其他运动员。《生活》杂志本来要对我进行长篇报道，但在我受伤后，他们把我的照片放在了小小的插页上。插页上的我坐在摇椅上，穿着睡衣，小口地喝着马克杯里的茶。这简直是火上浇油！人们把我排除在外反而更激励了我，以失落激愤的心态参加比赛比以冠军的身份参加比赛更容易获胜。在关节镜手术结束后，我在很短的时间内就复出参加比赛，这给所有的竞争对手传递了一个信号：我就是被激怒了才去参加洛杉矶奥运会的。

我认为大多数运动员都有成为奥运冠军或世界冠军的梦想，我和他们并没有什么不同。我很早就梦想作为一名滑雪运动员参加奥运会，腿部的骨折让我崩溃。但幸运的是，为了康复我却与跑步结缘。对于那些经历了伤痛、失去信心或心灰意冷的人，我想告诉他们，我经历的最大挫折和最严重的伤病成了我前进的最大动力，这是最有意义的一课。

创立一项大型公路赛跑

1984年的洛杉矶奥运会上，当我进入靠近终点的通道时，我问自己，如果我成为第一位获得奥运会女子马拉松比赛桂冠的人，我有能力担负起引

① 那幅巨大壁画的主角是塞缪尔森！当时她刚在1983年波士顿马拉松上创造了世界纪录。耐克公司相信在下一年的奥运会上，塞缪尔森也会大放异彩。——作者莫莉

领者的重任吗？当时我没有太多时间去考虑这个问题，但我相信自己会找到答案。比赛后，我向朋友和家人保证，我要回馈马拉松运动和社区，因为在我的训练和职业生涯中，它们给予了我太多的东西。

第一届“从海滩到灯塔 10 000 米赛跑”（Beach to Beacon 10K）[①] 于 1998 年举办。我一直认为自己是在全国最美的乡间道路上训练成为冠军的。一次机缘下，我遇见了一位银行家，他希望我能和银行有些合作。当要离开时，我注意到他办公室有一张他跑完纽约马拉松的照片。我转身对他说："冒昧问一下，你跑马拉松？”他说："哦，是的，我参加过五六次纽约马拉松。”我说："太好了，我有个想法，咱们可以举办一场比赛，对所有人开放，我们可以称之为‘从海滩到灯塔 10 000 米赛跑’。”这项运动很特别，因为我们将世界优秀跑者与为了好玩的业余跑者安排在一起比赛。[②]

① 过去多年我一直想参加“从海滩到灯塔 10 000 米赛跑”，真的跑过后，我发现沿途的风景非常美。今天，塞缪尔森是这项比赛的主席，比赛为她的家乡（缅因州的伊丽莎白角）带来了职业选手，激励了年轻的跑者，把社区团结在一起，并且每年向缅因州的一家需要帮助的慈善机构捐款。这让塞缪尔森的财产更加有意义！——作者莫莉

② 整个社区都会参与这项赛事。当地的家庭为优秀运动员提供住宿，赛后还举办龙虾晚宴，参与比赛的优秀运动员、赞助商和各个家庭都会参加。在那里，每个人都喜欢塞缪尔森！——作者萨拉

身体是最重要的

琳恩 · 詹宁斯

（Lynn Jennings）

3 次参加奥运会

1992 年奥运会 10 000 米铜牌得主

3 届世界越野赛冠军

出生日期：1960 年 7 月 1 日

国籍：美国

当前居住地：缅因州波特兰

大学：普林斯顿大学

高中个人纪录

1 500 米：4 分 18 秒

1 英里：4 分 39 秒

2 英里：10 分 10 秒

大学个人纪录

3 000 米：9 分 01 秒

专业个人纪录

1 英里：4 分 24 秒

3 000 米：8 分 40 秒

5 000 米：15 分 07 秒

10 000 米：31 分 19 秒

我和男孩子一起跑步

跟很多在农村长大的孩子一样，我没有太多有组织的运动项目可以参加。当时，马萨诸塞州的哈佛小镇属于乡村地区，现在其实也是，不过它比较精致，类似于波士顿。上九年级时，我唯一可以选择的体育活动是女子曲棍球或跟男生参加越野跑。我的学校很小，每个班有 45 ～ 50 个孩子。

从来没有女生参加过越野跑。我试过女子曲棍球，只坚持了一天，球棍总是会打到小腿或裙子，这使我很沮丧，所以我去了男子越野队。我跟着男生跑步，没有人觉得奇怪。虽然我天生跑得很快，但一开始我还是跑不过男生。当时也没有受过什么跑步训练，为了跑步，我会在放学回家后，带上我的狗狗奥蒂斯，再返回学校进行跑步练习。

九年级第一个赛季的每场比赛，我不是倒数第一，也是接近倒数第一。在整辆巴士车里，我是唯一的女生，其他都是踢足球和跑越野的男生及教练。我总是拿着一本书坐在前排，紧张不安，孤立无援，就像一个局外人。并不是因为有人阻止我跑步，而是在下车或是在训练场上热身时，总会听到有人窃窃私语："他们队里有个女孩。"而我只是假装没听到。

从那段经历中我慢慢感悟：发生在我们身上的很多事情，终会以完全出乎意料的方式呈现出它们的价值。那时我不参与团队的得分，我可以自由地制订自己的比赛策略和计划。我急于改变现状不想再做倒数第一，每次跑步时我就会一直盯着前面的一个人，在比赛最后阶段，追上一个可怜的倒霉男孩，然后超过他，这样我就不是最后一名。我强迫自己不断超越前边的人，而且逐渐变得长于此道。

在后来的职业生涯中，我正是靠这些技能，完成了那些越野赛。我的眼睛一直盯着前方，尝试超越前面的任何人。在那个最初的赛季，我也学会了接纳并塑造自己跑者的新身份。经过一个夏天的训练，我在开学升入十年级时已在男生越野队中排名第一！那个赛季对我的成长具有非常深远的影响，成为一名真正的跑者。我是一名非常坚韧的田径运动员，我满怀希望能成为卓越的越野跑选手。

参加奥运会首届女子 5 000 米跑和 10 000 米跑比赛

我 15 岁时，父母带我参加了 1976 年的蒙特利尔奥运会，当时女性能跑的最长距离是 1 500 米。1996 年，在我的职业生涯即将结束时，我决定去参加刚刚被列入奥运会的女子 5 000 米跑，我认为自己既然参过 10 000 米跑，那也要试试这个。1988 年女子 10 000 米跑第一次被列为奥运项目，当年我就参加了这个项目的比赛，没想到观念的进步竟然如此漫长而缓慢，太不可思议了。现在大门敞开了，女性可以头也不回奔跑着穿过终点线。那种感觉简直太棒了。

“现在大门敞开了，女性可以头也不回奔跑着穿过终点线。那种感觉简直太棒了。”

在大学遭遇的挫折

我在大学的 5 年充满了坎坷。少年时期，我的家境殷实，高中时我的运动成绩也非常好。大学之前太顺利了，以至于来到普林斯顿大学之后，无数的事情让我不堪重负。

在普林斯顿大学，从某种程度上说，我的跑步运动停止了。就这样持续了 4 年，而且我还被要求休学一年。大四时，我差不多颓废了。幸运的是，当时没有互联网，我不会引起人们的各种猜测，他们不会问：“琳恩·詹宁斯怎么了？”至少不会有人公开这样问。

1983 年我大学毕业，1984 年举办奥运会选拔赛。我想：我要为选拔赛而训练，尽管当时我还没有达到最高水平，但我也要参加。那年女子马拉松第一次被列为奥运会比赛项目，琼妮（琼·贝努瓦·塞缪尔森的昵称）获得了冠军。也是在那一年，女子 3 000 米长跑第一次进入奥运会，我在 3 000 米预赛中名列倒数第一。

那段时间，我没有真正地训练过。我一个人住，对跑步抱着一种应付的心态。越过终点线时，我觉得非常丢脸，我能听到播音员对我的播报："现在跑向终点的是琳恩·詹宁斯，前全国青少年 1 500 米冠军。"这是我 5 年前的成绩。

回到家，我对父母说："我不跑了，我受够了。"那时我还不够成熟，不能很好地规划自己的目标，而且还有很多事情要面对：在普林斯顿第一次参加女队的训练，学业和人际交往方面的花费对来自小城镇的我而言太贵了。这一切阻碍了我的发展。

1984 年夏天，父母雇我粉刷自家的房子。整个夏天我都在梯子上爬上爬下，偶尔会溜进父母的卧室，瞅一眼小电视上播放的奥运比赛。我还记得，自己穿着溅满油漆的衣服站在那里，手里拿着刷子，看到琼妮赢得了金牌。我在高中的比赛中常常打败她。琼妮比我大 3 岁，我们曾参加过同一个运动俱乐部。当时我想，为什么琼妮能获得奥运金牌，而我却只能站在这里给父母粉刷房子？这给了我很大的刺激，让我迅速行动了起来。

刚开始训练的那段时间我找不到方向，没人跟我一起训练。那年秋天，我才开始进行真正的训练。在 21 ～ 23 岁时，我慢慢恢复了状态。25 岁时，我才崭露头角。那时，我打算继续我的职业生涯，在经历了之前的巨大挫折后，我不会让任何事情阻碍我。大学阶段坚持跑步对于所有人来说都比较艰难，我也不会例外，但我不想就此罢休。

不要用参加比赛的方式进行训练

在我职业生涯的早期，杰克·丹尼尔斯（Jack Daniels）在运动生理学方面给了我很大帮助。他知道我是一个人训练，于是对我说："詹宁斯，你每天一定要正确地训练。你在训练时会达到一个水平，但比赛需要更高的水平，你要把最佳的状态留在比赛的时候，所以在每天的训练中，你不用一味追求很好的成绩。"

每天的训练都特别努力的运动员显然缺乏安全感。他们训练过度，而我几乎把自己最出色的表现留给了比赛。我认为过度训练是种陷阱，很多运动员因焦虑而落入其中。我们都有焦虑，这是运动生涯的一部分，但过度训练绝对会葬送职业生涯。我们知道有太多人由于过度训练倒在了前进的道路上，而无法再从事体育运动。

延长职业生涯的经验

我想我很幸运，从生物力学的角度看，我有一个适合跑步的体质。我极少因为伤病而耽误比赛，也真的没有与伤病斗争过。另外我认为这也要归功于高强度的训练和决心，但我从不过度训练而使身体受到损害。

如果有扭伤、撞伤或拉伤，我就会停下来。我明白，如果每周跑 100 英里以上，身体就会开始出问题。所以我没有那样做，每周跑 70 ～ 90 英里对我最有效。

我还做混合训练，在室内、室外、越野和公路上跑步，以及在不同赛季做不同的训练，这些训练让我始终保持活力。我认为这一方面说明我身体的适应力很强，而另一方面在很大程度上也是因为有父母的遗传。即使如此我也非常注意不要过度训练，用正确的方法完成每件事情，比如一定要吃好、睡好。

骄傲时刻

获得奥运奖牌当然让我很自豪，因为这是一件非常伟大的事情。我为自己获得越野世界冠军自豪，我为 4 分 24 秒跑完 1 英里的个人纪录自豪，这让我深有感悟：只有取得了好成绩，我才会觉得被世人认可。

但让我最自豪的还是奥运会上获得的铜牌。奥运会每 4 年举行一次，要通过这个 4 年一度的大考，让一切顺利，我需要真正的魔法。比赛那天不仅需要健康的身体状态，还需要良好的心态。而且你不能早一天、早两天或晚一天，要恰恰在比赛那天用正确的方法赢得奖牌。在这件事情上，很多时候都是碰运气。

> “要通过这个 4 年一度的大考，让一切顺利，我需要真正的魔法。比赛那天，不仅需要健康的身体状态，还需要良好的心态，而且你不能早一天、早两天或晚一天，要恰恰在比赛那天用正确的方法赢得奖牌。”

成为奥运选手是一种特殊的荣誉，潜意识里就像有个灯塔时刻提醒我要认清自己：我是谁，我应该如何做才能保持真实的自己。拥有奥运奖牌，就像拥有一颗北极星，它指引我每天应该以什么样的心态去训练，每天应该具体做哪些项目的训练，日复一日坚持这样做。这个过程本身就是有价值的，有能力做到这些就是财富。

独自训练的力量

我对独自训练感到相当自豪，也非常享受在圣路易斯 – 奥比斯波进行的团队训练。[①] 如果我能回到过去，做些不一样的事情，也许我会选择在团队

① 布鲁克斯・约翰逊（Brooks Johnson）在圣路易斯 – 奥比斯波有一个训练团队，有两个冬天，詹宁斯在那里的训练营中和约翰逊的团队一起跑步。天气暖和时，詹宁斯的教练约翰・巴宾顿（John Babington）把她的训练计划发给约翰逊，在为期 3 个月的训练中，由约翰逊对詹宁斯进行监督。——作者莫莉

训练的环境中茁壮成长。

但在某种程度上，我也非常孤僻和内向，所以我不确定团队训练对我而言是否完全就是财富。我也不确定自己是否完全理解拥有真正亲密无间的训练伙伴的价值。我认为训练伙伴可能会延长跑者的职业生涯，并提升跑者的能力，它不一定对每个跑者都有好处，但我还是希望能多尝试些团队训练。归根结底我认为，独自训练让我感觉自己更强大。我每天独自出门，总是自我激励，这些事情让我变得更强悍。

詹宁斯对年轻跑者的建议

“要爱惜自己的身体，把它看作自己拥有的超凡工具和宝贵财富，并给它最大的尊重。”

要爱惜自己的身体，把它看作自己拥有的超凡工具和宝贵财富，并给它最大的尊重。如果你不尊重自己的身体，不善待它，前行的道路会变得异常艰难。我认为身体是最重要的。

体育运动的魅力不在于你的外表，而在于你的努力，我对此深有感触。我的整个跑步生涯靠的就是努力而不是外表，它帮助我保持真实的自己。

我不害怕失败，我愿意为了追求远大的目标，一次又一次地经历失败，一遍又一遍地尝试。坚韧是我的一张名片，这就是我的人生。

克服障碍

安 · 加菲根

（Ann Gaffigan）

2004 年奥运会预选赛障碍赛冠军

出生日期：1981 年 10 月 5 日

国籍：美国

当前居住地：堪萨斯州堪萨斯城

大学：内布拉斯加大学

高中个人纪录

1 600 米：4 分 55 秒

3 200 米：10 分 27 秒

大学个人纪录

800 米：2 分 11 秒

1 英里：4 分 43 秒

障碍赛：10 分 17 秒

专业个人纪录

800 米：2 分 13 秒

1 500 米：4 分 21 秒

1 英里：4 分 43 秒

3 000 米障碍赛：9 分 39 秒

莉萨·阿吉莱拉
（Lisa Aguilera）

2届美国障碍赛冠军
美国障碍赛前纪录保持者
NCAA 障碍赛冠军

出生日期：1979年11月30日
国籍：美国
当前居住地：亚利桑那州斯科茨代尔
大学：亚利桑那州立大学

高中个人纪录
800米：2分14秒
1 500米：4分42秒

大学个人纪录
1 500米：4分19秒
3 000米障碍赛：9分58秒

专业个人纪录
800米：2分08秒
1 500米：4分16秒
3 000米障碍赛：9分24秒

第一次跨栏

阿吉莱拉： 上初中时，亚利桑那州百年中学的体育主管来到我们学校，向我们介绍了田径和越野赛。从小学三年级开始，我一直在练习体操，于是我对爸妈说："我要去跑步，不过我还要继续练体操。"但后来体操队的所有人都退出了，于是我开始专注于越野跑，整个夏天我都和爸爸一起跑步。

高中时，我参加的是 300 米跨栏。跨栏确实有助于我掌握大学的障碍赛的正确动作。

一个不情愿的跑者

加菲根： 我意识到自己跑得很快，因为在学校每年的 1 英里跑中，我总是打败同年级的所有男生，有时还会打败其他年级的男生，而这是一所八年制的学校。尽管如此，但我爱的是足球，我以为自己会成为足球运动员。

初中时，我们学校开始有田径队，队员来自多所天主教学校。起初我其实很讨厌跑步，但爸妈鼓励我坚持下去，我只想赶快升入高中后去踢足球，而不想参加田径比赛。尽管如此，我最终还是参加了，而且成绩真的不错，所以也无法退出田径队。老实说，有段时间我不喜欢跑步，只是为了完成任务。但我在田径方面的表现却比在足球方面更好，而且向我伸出橄榄枝的田径队的档次比足球队更高。当时我仍然希望可以在内布拉斯加州既踢足球又跑步，可是到了要做抉择的时刻，我清楚地知道自己该去参加田径比赛。

在大学生活开始前的那个夏天，爸爸带我去密苏里大学看大十二联盟区锦标赛，我们走上看台，跟我的新任教练杰伊·德克森（Jay Dirksen）坐在一起。德克森对我说："加菲根，我想让你参加障碍赛，明年的 NCAA 会增加这个全新的女子项目。你踢过足球，而且有多种运动项目的经历，我想让你试试。"这让我非常激动，因为在障碍赛中我可以不只是跑步，这项运动听起来好刺激，而且也不会太单调。

自我感觉无法融入是我难以爱上跑步的原因之一。我能融入足球队，但就是感觉无法融入跑者之中。我不够瘦，也不够安静和彬彬有礼。我更适合障碍赛，在那里，女孩们跑步的方式感觉更适合我的性格。

> 自我感觉无法融入是我难以爱上跑步的原因之一。我能融入足球队，但就是感觉无法融入到跑者之中。我不够瘦，也不够安静和彬彬有礼。我更适合障碍赛跑，在那里，女孩们跑步的方式感觉更适合我的性格。

还有另外两位女性和我一起参加障碍赛，我们在比赛中建立了深厚的友谊。我记得第一次参加障碍的情景，那是在亚利桑那州，我们还没有跳过水池，因为内布拉斯加州太冷了，水会结冰。我以前从未跳过水池，记得自己在水池前热身时，我问另一个女孩："你以前跳过水池吗？"她说没有，然后又说："没关系，实在不行我们可以抓住栏杆爬过去。"

障碍赛拓荒者

加菲根： 我没想到会在 2004 年奥运会预选赛上获得冠军。我一直在想，当我达到冠军水平时，障碍赛就会进入奥运会。赢了预选赛却没有可以加入的奥运代表队，这是我第一次因为性别而无法做某些事，[①] 一直以来男生能做的事我都能做。奥运会没有设置女子障碍赛项目，这让我很震惊。女子马拉松在 1984 年就被列为奥运项目，马拉松可比障碍赛艰苦多了。

障碍赛耗费了很长时间才成为奥运会项目，主要是因为水池。在男子项目中，标准水池长 12 英尺[②]，障碍栏架高 36 英寸[③]。所以在设置女子项目时，

① 2008 年障碍赛跑才被列为奥运项目。——作者萨拉

② 英制单位，1 英尺 =0.3048 米，12 英尺≈ 3.7 米。——编者注

③ 英制单位，1 英寸 =2.54 厘米，36 英寸≈ 91 厘米。——编者注

显然应该降低障碍栏架的高度，跨栏赛的栏架就是这样设置的。除此之外，水池的长度也要缩短，因为女性较矮，无法跳得与男性一样高和一样远。

虽然大多数的障碍物可以调节，水池却不能。水池就是水池。我大一那年，每场比赛的水池长度都不一样。在我打破美国纪录之前，曾经水池的长度是 10 英尺。最后，女性运动员们只能说："我们愿意跳 12 英尺的水池，把我们的项目加入比赛中吧，拜托了！"

作为专业运动员，我们必须弄清楚哪些比赛设置了障碍赛，大家还会互相告知，一起去参加比赛，否则就没有人去了，一切都需要我们共同去组织。

克服训练障碍

阿吉莱拉：教练会让一个人跑 1 号跑道，那里没有栏架要跨越，我会跑 2 号跑道越过栏架，这样两个人可以一起跑。我们会重复跑 1 000 米、800 米，还有距离更长的无氧训练。一切都设定了目标，包括比赛速度。关于按什么速度跑步，教练也给我们设定了连贯的目标。

我们从来没有练习过跳水池，因为每个人都会在跳的时候伤到跟腱。我们练习跳水池的方法，但不会去跳真的水池。如果想要某个人在池子里跳得更远，我们会把注意力更多放在动作训练上。我们在跳远沙坑那里练习跳水池，这样运动员们就不用在坚硬的地面上跳来跳去，我们从来不会在真的水池里重复练习。

为障碍赛跑者提出建议和帮助

加菲根：看到美国女性在世界级的障碍赛中获得成功，我倍感自豪，就好像老母亲对自己孩子的那种自豪。管理 Steeple Chics[①] 网站非常酷，那个平台可以与其他运动员建立联系。最棒的是，我收到过一位家长的邮件，他的女儿想尝试障碍赛，所以他总是向我请教有关问题。[②] 我很高兴看到这项竞技比赛每年都更上一层楼，看到美国纪录持续被打破，看到越来越多的女性投身这项运动。过去人们只要变成了障碍赛的高手，就会弃之而去，投向更光鲜的项目。如今再也不是这样了。看到今天的美国女性取得的世界级的成功，我非常自豪。

---

① Steeple Chics 网站有关于障碍赛的所有基础信息，包括要跑多少圈、起跑线在哪里，还有很多关于跨越障碍物和跳水池的细节与方法。——作者莫莉

② 当埃玛·科伯恩（Emma Coburn，美国职业田径运动员）刚开始参加障碍赛的时候，安·加菲根通过 Steeple Chics 网站给她和她爸爸提供了许多建议并给予鼓励。——作者莫莉

写下自己的目标

雷文·罗杰斯
（Raevyn Rogers）

2021 年奥运会 800 米跑铜牌获得者
2019 年世界锦标赛 800 米跑银牌获得者
5 届 NCAA 冠军

出生日期：1996 年 9 月 7 日
国籍：美国
当前居住地：俄勒冈州波特兰
大学：俄勒冈州立大学

高中个人纪录
400 米：53 秒 02
800 米：2 分 03 秒

大学个人纪录
400 米：52 秒 02
800 米：1 分 59 秒

专业个人纪录
400 米：52 秒 06
800 米：1 分 56 秒
1 500 米：4 分 13 秒

多项运动的开始

我 5 岁时开始跑步。从小学到大学，我一直参加暑期田径赛。一上中学，我就参加排球、篮球和田径。我从来没有参加过越野赛，这 3 项运动延长了我的职业寿命，因为我不只专注于跑步。打排球和篮球使我的技能灵活多变，爆发力变得更强，更善于快速移动和跳跃。脚步也越来越迅速而轻盈，在篮球运动中肌肉的快速收缩产生巨大的能量。我没有跑过很多英里数，即使在大学里也没有。

具有挑战性的过渡期

对我来说，最大的挫折是当我的职业生涯达到一个新的水平时所面临的挑战。从高中到大学，我已经习惯了美国南部地区得克萨斯州的生活方式，习惯了那里的田径运动。到了西海岸以后，一切都得重新开始，对我来说，这相对比较困难。每个人都很优秀，在那段时间里我的信心略显不足。我是因为高中期间表现突出才有幸进入国家青年队的，当时信心满满。上大学后，我必须重塑自己，向其他人证明自己现在依然拥有高中阶段的那种能力。

在高中的时候，我有这种自信。然而上了大学，我没能在第一个赛季进入 NCAA 锦标赛，没能加入那个室内代表队，不得不看着代表队的成员去参加全国比赛，而我却在俄勒冈州的家里，这真的很让人不舒服。我有了自己的时间，我一定要在下个赛季有不同的表现。我必须认真检讨并重新思考我应该如何训练。在大一的时候，我就设定了这个目标，并在未能进入国家队之后重新振作起来，这是一个沉重的教训。作为一名大一新生，我从没有资格参加全国比赛转变到想要赢得全国锦标赛冠军。

作为职业选手，我们会不断遇到挑战并且随时调整。刚上大学时我们都自信满满，而之后随着竞争的增强，会逐渐感到不舒服，此时必须迎难而上，因为你现在站在一个不同级别的舞台上。如今我已经知道如何更好地处理这类情况了。

用日志记录你的成功

我们的赛事教练给了我们一些写作本，鼓励我们记录内心对自己的期望。他们想让我们把自己的目标写出来，还可以自我检讨饮食和睡眠上的问题，以及自己的其他感受，教练要求我们必须每周上报。

这是一种对自己设定的期望进行监督检查的好方法。作为一名运动员，我一直把这个方法带到今天，因为我觉得当你把所想的内容写在纸上的时候，情况是不同的。你必须相信它，才能把它写下来。很多人心中都有一些想法和天才的点子，但从未实现，因为他们从未付诸行动。我认为在写作本上写下这些目标，真的就开启了一个实现的过程。我经常会写下一些对自己的期望。

我总是写下自己的各种目标。这个写作本虽然不是什么宏大的愿景板，但也有类似的功能。我每年都在同一时间这样做，写下我想到的第一件事。我觉得很多人都忽略了第一个想法，但这或许就是你想要完成的。通常，这个想法的出现是有原因的。记录这些长期目标，有助于我留在这项运动中。

到目前为止，我能够逐一核对记录下来的目标。这是一件鼓舞人心的事情，因为在我写的时候，它看起来很疯狂。但当你完成后把它划掉时，则非常令人鼓舞，因为你在进步，此时目标看起来并不是那么疯狂，它们非常现实。

补充精神能量

快乐总会带来意想不到的作用。我意识到，我越来越了解自己，我快乐的时候是我成长最快的时候。过去，当我感到不堪重负的时候，我就会去做水疗和按摩，可以舒缓我的精神。那是一个专门用于放松的地方，也是我曾经常去的地方。我还喜欢一个人吃饭，我喜欢美味的食物，喜欢独处的时光，喜欢享受一顿美食或做一些让我感到平静的事情。跑步需要高度的专注，我们的身边充满了各类大小事务，如果你想一次把它们都处理完，这是不可能的，会有很多事情让你不知所措。你需要花时间发现什么能帮助你放松，才可能有精力去面对纷繁复杂的事情。

过去，当我被压得喘不过气来时，通常紧接着就会出现伤病。当你不开心或压力太大时，你的免疫系统会受到抑制，引发疾病和运动伤害。有很多事情都属于快乐的范畴，当你更快乐时，你会更加懂得享受生活。

当然，人们无法一直都很快乐。如果我感到不堪重负，我就会试着放松心情。例如，我在俄勒冈州肯定会感到更幸福，因为在那里我可以到郊外去徒步旅行或做类似的事情。

尽早提速

萨拉·霍尔
（Sara Hall）

6 次全国冠军
美国历史上第二快的马拉松运动员

出生日期：1983 年 4 月 15 日
国籍：美国
当前居住地：亚利桑那州弗拉格斯塔夫
学校：斯坦福大学

高中个人纪录
1 英里：4 分 47 秒
3 200 米：10 分 10 秒

大学个人纪录
1 500 米：4 分 19 秒
3 000 米：9 分 05 秒
5 000 米：15 分 36 秒

专业个人纪录
1 500 米：4 分 08 秒
3 000 米障碍赛：9 分 39 秒
5 000 米：15 分 20 秒
10 000 米：31 分 21 秒
半程马拉：1 小时 08 分 18 秒
马拉松：2 小时 20 分 32 秒

开始跑步

我是在体育活动中成长起来的。我在 5 岁时开始踢足球，8 岁开始打篮球。通过这两项运动，我很快发现自己的速度超快。我被称为“卓越贝伊”（Breakaway Bei）[①]，因为我总是在跑步竞赛中脱颖而出。

我还发现自己天生有很强的耐力。我和家人一起徒步旅行和骑行时，我经常超过我的姐姐，我发现在这方面我的能力比兄弟姐妹更有优势。

七年级时，我决定参加越野赛，在夏天我就为即将到来的赛季加紧训练。在圣罗莎（Santa Rosa）的房子对面有许多小路，大部分地方都有我的足迹。我很喜欢探险，跑步使我在探险中有很大的独立性。我可以不用乘车就能跑很多地方。

我在七年级赢得了第一场比赛，击败了当时的联盟冠军，爆了一个很大的冷门。在那之后，我迷上了比赛。这种好胜心驱使我挑战自我，挑战极限。我经常练习山地短跑，直到跑不动为止，还练习折返跑。这一切都不是由我的父母或教练推动的，而是我的内心有一股动力，想要不断寻找自己的极限。

害怕失败

我的第一次重大挫折是在高三时。前一年，我以高二学生的身份赢得了富乐客西部地区越野赛的冠军，并在全国比赛中获得第 3 名。第二年，也就是高三，我的目标是要赢得全国冠军。这本来应该是我和莎拉尼・弗拉纳根之间的对决。

① 贝伊是萨拉・霍尔的娘家姓，2005 年她嫁给了奥运会选手、美国马拉松纪录保持者瑞安・霍尔（Ryan Hall）。他们是美国历史上跑得最快的夫妇之一。——作者莫莉

一切是从 LetsRun.com 网站[①]开始的。我偶然看了网站的留言板，看到很多人对我抱有很大的期望，也有人不断批评我。我开始从匿名人士对自己的评判中感受到很多压力。在西部地区的比赛中，我非常努力，比赛进行到一半时，烦躁顿时涌上心头。我最终获得了第 10 名，而在当时，只有前 8 名运动员才能进入全国锦标赛。

这让我很伤心，因为这是我在跑步方面的第一次重大失败。当时在跑步运动中，我只经历过成功。我开始越来越害怕失败。这一点一直延续到大学，因为我是富乐客冠军，同时也拿到了大学颁发的这方面的奖学金，人们对我的期望越来越高。斯坦福大学有好几名富乐客冠军，但作为运动员，他们并没有变得更好。作为富乐客冠军，我感到有很大的压力，人们看着我，好像我最终会像其他运动员一样失败。我会在大学里继续进步并取得成功吗？我总是专注于避免失败，而不是成为自己想要成为的人。

对失败的恐惧一直持续到 2010 年。真正改变这一切的是我的信仰，我从没有像当时那样强烈地感受到上天以及家人和朋友对我无条件的爱。我意识到我不需要通过比赛来赢得任何人的推崇，我被爱是因为我就是我，而与我在比赛中做了什么无关。在我的职业生涯中，我用 5 年的时间才意识到这一点。一旦明白了，我就感到无比的自由。意识到这一点，让我敢于冒险，敢于自由发挥自己的潜能。

坚韧与遗憾

我为自己在这项运动中的坚韧品格感到自豪。我从事这项运动已经超过 15 年了，一路走来经历了很多令人失望的事情。在我职业生涯中有几次本

① LetsRun.com 是首批流量巨大的跑步网站之一。它有一个在跑步界声名狼藉的留言板，上面的留言都是匿名的，而且经常批评运动员。网站上有很多最新的关于跑步方面的文章、比赛结果和丰富的资讯。——作者萨拉

除了一些极其有害的东西。——作者莫莉

以为是时候要离开了，但最终还是没有放弃。因为我觉得上帝在告诉我，我还有更多的东西需要坚持。

我真的很高兴我做到了。在职业生涯的后期，我看到了很多与最初想象不一样的东西，我比以往任何时候都更享受这项运动。我找到了对公路比赛的热爱，并在那里取得了很大的进步。

如果可以重新来过，我要做的一件事就是尽早去提高我的速度。在高中时，我并没有做很多速度训练，而是做了很多有氧训练。当我上大学时，教练害怕我的速度太快会对自己造成损伤。而我认为自己从来没有发挥出自己的最快速度。我将在跑步训练中减少里程，更多地关注速度。

我也会专注于在健身房里锻炼，使自己变得更强壮。人们往往更关注瘦身，而不是力量。我害怕进行肌肉重量提升的举重运动。我希望能关注肌肉的发育。我的教练因为害怕我受伤而忽略了我在健身房的腿部训练。如果有更好的按摩治疗，结合举重和速度的发展，我觉得自己将会在中距离比赛中取得更好成绩，这将有助于我在职业生涯后期的长距离跑的比赛。

向队友求助

在高中时，我与男运动员一起训练，我得到过他们很多的鼓励，我发现这样对我非常有益。在大学里，我想找到一个能让女性真正友好合作和健康发展的项目。我想避免团队之间那种有害而无序的竞争。

我在斯坦福大学真的找到了这种项目。运动员们对跑步非常认真，并且相互支持。他们在学校、生活和运动之间取得了一种健康的平衡，并在训练中相互协作。我感到非常幸运的是，我在大学里能和艾丽西亚・谢伊（Alicia Shay）和劳伦・弗莱什曼（Lauren Fleshman）一起训练。我们经常会在训练和高水平比赛中以前 3 名的成绩呈现。我觉得我们能够互相推动，帮助对方变得更好。

我也非常感谢跑步之外的很多朋友，他们无条件地支持我，在各个方面欣赏我。在生活的其他方面我们保持着良好的互动，这对我来说非常重要。

运动生命持久的关键

保持对运动的乐趣！找到能让你兴奋的项目，并让它变得有趣。如果压力太大或者你需要减压，想办法去解决它。如果是因为远离社交媒体，或者有人对你抱太大的期望，那就设法致函解决或不要让他们打扰你。处理好比赛中的这些紧张情绪，你就可以享受比赛，而不是害怕它。

同时，确保你的饮食健康，摄取足够能量，这样你就能在身体生长的阶段强壮你的骨骼。我把在职业生涯中没有出现应力性骨折归功于我的健康饮食。我只有过一次受伤，那是在我 34 岁的时候。锻炼身体和加强营养是你未来健康的关键。

做不同的事情

玛丽埃尔·霍尔
（Marielle Hall）

奥运选手
NCAA 冠军

出生日期：1992 年 1 月 28 日
国籍：美国
目前居住地：罗得岛州普罗维登斯
大学：得克萨斯大学奥斯汀分校

大学个人纪录
3 000 米：8 分 54 秒
5 000 米：15 分 12 秒

专业个人纪录
5 000 米：15 分 02 秒
10 000 米：31 分 05 秒

快速起步

我记得在五年级时，妈妈给我报名参加了一个青少年田径项目。第一天，我就跟其中一个女孩去跑步，她的父亲最终成为我的第一任教练，她至今仍是我最好的朋友之一。我能轻而易举地跟上这个女孩的步伐，感觉很轻松。我们玩得很开心，她是我结交的第一个除家人以外的朋友。

我小时候还学过跳舞，包括芭蕾舞、爵士舞和踢踏舞。另外，我还踢足球、打篮球、练空手道。我是一个外向的孩子，所以当我意识到自己喜欢跑步时，我就表现得非常积极。

> “我小时候还学过跳舞，包括芭蕾舞、爵士舞和踢踏舞。另外，我还踢足球、打篮球、练空手道。我是一个外向的孩子，所以当我意识到自己喜欢跑步时，我就表现得非常积极。”

作为一名年轻的运动员，我颇有些天赋。因为 800 米跑的优良成绩，我拿到了奖学金，但教练和我周围的人却说：“你不是一个真正的中长跑运动员，你会在一些更长距离的项目上获得更多的成功。”

我认为，小时候，我很难准确表达自己所喜欢的运动项目，总是按照教练的安排去训练，而不是根据自己的意愿和我最擅长的方向去练习。每个人都有自己的想法，谁应该适合哪里，你有什么天赋，这些将推动你走得更远。作为一名年轻运动员，如果这些都是积极的肯定，那么这对提高你的能力和塑造你的形象非常重要。但如果这与你的意愿不一致，则可能对评价你在这项运动中的表现和发展潜能非常不利。你希望身边的教练和其他人对你有一个长远的发展规划，但最重要的是，你要有自己的规划。

坚守信念

我觉得自己在尝试新的比赛项目，或在跑道上自我测试，或接受比中长跑更长的比赛项目时，总有一点儿拖拉。这实际上是为了更多地了解自己对新项目的适应性。当我年轻的时候，我更热衷于听其他人对自己的看法，而不是对自己说：我是那个始终在奔跑并把所有时间都花在自己身上的人。我应该能知道哪些方面是自己擅长的，哪些方面是我可以出类拔萃的地方。

“这就是我想做的，你能如何帮我做到？”这样讲肯定比较好，而不是“你认为我应该做什么？”其他人真的只是在帮忙。他们有时并不完全清楚如何正确处理你在训练和比赛方面的事情。

例如，我在大学的最后一年参加了 5 000 米的比赛。在此之前，我参加过越野赛，我每年都会跑一次 5 000 米比赛，然后专注于较短距离的项目。在整个大学期间，我一直在想，1 英里和 800 米跑对我来说并不是真的有吸引力，但我不知道如何和教练解释，“也许我可以在 5 000 米或更长的比赛中使用我从短距离比赛中获得的技能，因为我认为自己在这方面更有希望”。

我花了 3 年时间思考这件事。一旦我明确说出我想要什么以及我觉得哪项运动对我有益，我就能表现得更好。这是一种自信，是我为自己选择的比赛项目，而不是在我认为自己应该参加的项目和自己适合参加的项目之间摇摆。一旦确认 5 000 米跑是我想要参加的项目，我就会很兴奋。美国一些最好的 NCAA 运动员都在这个项目上，这也是我想参加这个项目的原因之一：挑战就在那里。我真的很努力，我也在跑步比赛中有了前所未有的发言权。我认为这有很大的不同，那年我最终赢得了那场 5 000 米跑比赛。

> “一旦我明确说出我想要什么以及我觉得哪项运动对我有益，我就能表现得更好。”

作为一名美国黑人长跑运动员

我们确实会把一些事情内化：因为每个看起来像我一样的黑人都是短跑健将，所以我应该跑得更快些。[①] 这并不都是教练的错。我也处在这个环境中，感觉短跑项目是我应该参加或是我应该做得更好的项目。

得克萨斯大学是一所我非常喜欢的学校，有我想参加的项目。此外，我可以在校园里享受生活，即使不跑步也是如此。我在访问中与整个田径队在一起，而不仅仅是长跑运动员。我想要多一点这种多元化的体验。

老实说，我想要一个黑人室友。我主要关注东海岸的学校。我确实看过维拉诺瓦大学和乔治敦大学，它们都是拥有传统的长跑项目的学校。但我只是对成为跑步之外的人感到兴奋。我萌生了将跑步作为职业的想法，可我想拥有双重体验：我想加入一支感觉可以成长的优秀长跑团队，又不想牺牲在田径队或训练中与不同类型的人见面的机会。我想尝试一些新的东西。“做点儿与众不同的事”是我高中最后一年的口头禅。得克萨斯大学对我来说就是这样。奥斯汀是一座令人难以忘怀的城市，我喜欢待在那里。

在大学四年级的时候，我赢得了 NCAA 的比赛，这就像一个新的起点，在我的职业生涯中专业跑步成为现实，至此我就可以完成一些只有我和其他几个人真正觉得可能的事情。我真的为自己的成绩和决定感到自豪。我有很多平静、自信且美好的回忆，并对自己在这个世界的位置充满信心。

沟通是关键

我们现在意识到的一件事是，你听到的所有故事给你的感觉都是类似

① 虽然东非运动员在世界长跑运动中占据主导地位，但在美国，从 1 英里到马拉松，无论是专业还是业余级别，长跑基本上都是白人的运动。代表人物的影响是巨大的，对于长跑社团和行业来说，重要的是要表明长跑不仅仅是某类人的运动，它应该适合所有人。——作者莫莉

的：这些事情很遥远，你的比赛项目中没有像我这样的人；或者如饮食失调一类的事件。我们每个人都有某种看法，或者与有这种看法的人在一个团队中。我希望大家能够更开放地讲述自己的经历。我认为这可以帮助我们周围的人成长。我觉得大家都在默默地忍受某种痛苦，而不是彼此多交流，更好地说出你真实的感受。我们都意识到无论你在做什么，都有一个比你所认为的更大的群体关注你，有更多的人支持你，他们希望你做得更好，理解你、讲述着你的故事。我认为，我们不必像现在这样彼此孤立，交流和沟通肯定会使现状越来越好，这一点是肯定的。

想办法让它变得有趣

埃米莉·西森

（Emily Sisson）

2 届 NCAA 冠军

2021 年奥运会 10 000 米跑美国选手

出生日期：1991 年 10 月 12 日

国籍：美国

当前居住地：亚利桑那州菲尼克斯

大学：普罗维登斯学院

高中个人纪录

1 英里：4 分 44 秒

2 英里：9 分 53 秒

5 000 米：15 分 48 秒

大学个人纪录

5 000 米：15 分 12 秒

10 000 米：31 分 38 秒

专业个人纪录

5 000 米：14 分 53 秒

10 000 米：30 分 49 秒

半程马拉松：1 小时 07 分 26 秒

马拉松：2 小时 23 分 08 秒

体育方面的起步

我 12 岁左右开始跑步，大概 6 岁的时候开始踢足球，从小到大我一直热衷于参加体育运动。我有 3 个妹妹，她们也都喜欢各种不同的体育运动。我和最好的朋友在一起的时候，会轮流选择我们要玩的运动项目。通常我们都讨厌对方的选择，她选择排球，我就会选择足球；她选择垒球，我就选择篮球，等等。我们什么都试了！

当我开始跑步时，我就喜欢上了这项运动，但我只是为了保持身体健康。我更喜欢踢足球，我想成为下一个米娅·哈姆（Mia Hamm），我对哈姆很是着迷。不过最终，我还是喜欢上了跑步。很快，我就只想跑步了。爸爸鼓励我继续参加其他社团运动。他说："你需要继续和你的朋友一起做运动。你太年轻了，不能只专注于跑步，你可以在 12 岁的时候再认真考虑它。"

直到高中，我才放弃了其他运动，专注于跑步，因为我必须选择一项体育运动。

我爸爸在威斯康星大学时也是一名跑步运动员，我妈妈是那里的一名大学体操运动员。我爸爸是 1 英里跑运动员，成绩在 4 分钟以内。在转学到普罗维登斯之前，我在威斯康星大学读了大一。

适应大学生活

我一直想去威斯康星大学，因为我从小就喜欢这所学校和校园。那里是我从 15 岁开始就想去的地方。但我真的没有考虑到田径队和教练。当我作为一名新生去那里时，我和田径队有一段很棒的经历。虽然我的队友很棒，但训练根本不适合我。在我大一的寒假期间，我意识到这种方式的训练对我不起作用。我在那里只待了一个学期，就开始考虑转学。我认为，用一学期的时间看明白哪些方法对我不起作用，这让我在转学时确切地知道我将来想要干什么，这让我在第二次选择学校和教练时做到了心中有数。

当你 18 岁的时候，你可能不知道在寻找什么样的教练和项目。① 当我转学到普罗维登斯学院时，我已经明白，这就是我想要的。这是我认为真正适合我的教练风格和训练。这个团队的支持能力还是很强大的。尽管第一年我的表现不是很好，但我认为，从长远来看，这真的帮助了我。

别被伤病压倒

从大二到大四，我的发展进入了平台期，当时我甚至怀疑大学毕业后我是否能继续跑步。但第五年对我来说太好了，不过在此之前，我有一些挫折和伤病，我必须弄清楚如何处理这些问题，才不至于一直痛苦不堪。

对于大学生甚至更年长的运动员来说，伤病真的会让人一蹶不振。这是我和队友们都在努力解决的问题。我在大学时，肌腱炎时常发作。因为年复一年遇到同样的问题，所以我从中汲取了教训。我需要加强什么？我需要做些什么？哪些拉伸动作对我有帮助？此外，我还学会了如何在解决这些问题的同时依然可以继续跑步，而不是让伤病完全压倒我，让我一直失望。当我年轻的时候，在这方面绞尽了脑汁。

几年来我的职业生涯处于停滞状态，我对跑步有点失去兴趣了。当我在 5 年前开始参加公路赛时，激情被重新点燃，我又可以真正享受跑步了。我决定大学毕业后一定要从事这一职业，这促使我在去年取得了非常棒的成绩。

---

① 作为一名前大学运动员和现在的教练，我同意这样的观点，选择学校和项目是作为一名十七八岁的学生所做的最艰难和最重大的决定之一。有很多因素会影响你的大学选择，例如学校、专业、团队氛围、训练、天气、训练设施等。我会询问新生：这是一个无论你是否跑步都能让你感到快乐的地方吗？你能想象自己在这里待上四五年后会依然快乐吗？如果他们不快乐，他们就不会成功，也不会跑得那么好。大多数教练都认同，当你的运动员拥有快乐和平和的心态时，他们的表现会更好。——作者萨拉

勇往直前

有一年夏天，我和我现在的丈夫沙恩（Shane）在爱尔兰参加了几场公路赛，之后我就忽然突破了这个平台期。那是在我大五之前。我们把节奏跑作为训练记录下来，然后我们想："为什么我们不参加这些公路赛呢？"

我以前从未参加过公路赛，在这方面也没有什么压力。学习如何管理压力，是我在大学里必须应对的另一件事。我真的很喜欢公路赛，这是我在体育运动中未曾探索过的全新事物。

当我回到学校的时候，我想以后要参加更多的公路赛。我真的很有动力。那年我没有越野赛，所以我的教练雷·特雷西让我参加了想参加的公路赛。我认为这种进步来自态度的改变和对新事物的尝试。许多年来都是这样：我没有时间，我一直在参加越野赛、室内径赛和室外径赛，年复一年。我发现对我而言这个全新的公路赛真的很有趣，而且与众不同。

保持乐趣

当我年轻的时候，我的父母坚持认为我"需要保持乐趣"，并告诉我不要把跑步看得那么严肃。他们会问我："你是在和你的团队一起训练，还是只做一个好队友？你享受这方面的乐趣吗？足球踢得怎么样了？"很多跑者都是 A 型完美主义者，我在跑步的时候也是这样。父母的这种态度会让事情有所好转。

在整个高中阶段，我们的训练比较保守。我有 6 个不同的高中教练，所以我的训练各式各样！每个教练对我都非常保守，因为我一直是项目的新人。这有助于我随着时间的推移慢慢积累一些经验。在大学里，当我遇到平台期时，肯定有一两年我不知道自己是否想继续做这项运动。也许我应该回到学校从事教学工作，我有过许多类似的想法。

但后来我发现了跑步的乐趣，就再也离不开了。我真的想看看我的潜力有多大。所以我想我已经从中得到了乐趣，而且动力十足，我也想看看能够从中得到什么。

管理心态

我已经学会了处理压力，知道在比赛前如何管理它，以及在关键赛事前如何调整好心态提高成绩，如何保持正确的心态享受比赛过程。

我和做运动心理辅导的同事罗・麦格蒂根聊了聊挑战与竞争的心态。有些比赛我真的很兴奋，想看看我能做什么，我很好奇这会有什么样的结果。而有一些比赛，即使我去参加了，也总是会想：哦，我的上帝，可不要搞砸了。

例如，我在大五赢得了 NCAA 室内和室外的 5 000 米比赛的冠军。在参加室内比赛时，我感到压力很大。我必须得至少赢得这两项比赛中的一个冠军，因为这将影响我签约和获得赞助机会……当室内比赛完成以后，我松了一口气，我并不那么喜欢这种压力很大的感觉。

然而到了户外时，我不觉得有什么压力。我很兴奋，因为这是我最后一次参加 NCAA 比赛。我当时想：让你们来看看我能做些什么吧！这真的很有趣，我赢了那场比赛，而且我觉得这样做更好。所以我认为心态真的可以影响比赛结果。你可以以一种挑战与竞争的心态来对待比赛，但它并不那么令人愉快，它更容易引起焦虑。这种情况仍然时有发生，但我越来越善于处理它。

我过去曾想：不要在任何比赛前把事情搞砸。但现在，只有奥运会选拔赛类型的比赛我还会有点焦虑。但即便如此，情况也不像以前那么糟糕了。我以前总是紧张得睡不着。

后援团队

在大学里，我很幸运有一个非常非常好的后援团队。今天我所有的好朋友都来自普罗维登斯学院的团队。我从小到大搬了很多次家，上大学之前没有那么多朋友。我在队里的朋友们都很棒，他们是如此自信、乐于助人，和她们在一起，我也充满了自信。我觉得这一点在我身上尤为明显。

这是我转学时一直在寻找的东西，我想要一个好的、积极的团队。我曾去过一所学校的招生见面会，那不是一个好的团队。因为我发现了一些有害的东西，我感觉不想待在那里。

能遇到这样的团队，我很幸运。即使我们有冲突，也仍然会尊重彼此，我认为这很关键。你不必和每个人都成为最好的朋友，但你需要尊重他们，懂得他们所经历的和你曾经经历的是有共同之处的。

西森的建议

想办法让跑步变得有趣。这是我现在的工作，所以我会认真地对待它。沙恩经常善意地提醒我：偶尔退后一步，换个角度去看问题。我们已经习惯了努力地工作。他提醒我要懂得享受取得的成就，并停下来享受当下。在跑步中享受过程更有助于长寿。

照顾好自己的身体也很重要。我以前从不做肌肉激活或机动性训练，也不接受这方面的锻炼。现在，这些锻炼对我帮助很大。以这种方式投资你的身体，回报是非常巨大的。

身体的积极性

我记得在健身时，有个人在跑道上走来走去，他说：“你不是跑者。”而我当时的身体状况是我一生中最健康的时候。他说：“你不适合跑步。”就因为我的身材。我经常听到这样的评论，因为我很矮，也很强壮。

我高中的时候缺乏安全感，总想看起来和其他人一样。当我参加世界青年田径锦标赛时，我的朋友说，在网络留言板上，每个人都在取笑我的股四头肌和我的外貌。当时我已经不在乎了，但我年轻的时候在乎过，这些真的曾让年轻的我很困惑。支持我的朋友和其他人对正在经历这些的我建立起自信，提供了很大的帮助。

特雷西在学校里和我谈过一件事：当你看到职业跑者时，你必须意识到他们的身体是通过年复一年的训练才成为现在的样子。我不再那么在意别人对我和我的长相的评论。我总是被告知："哦，你真的很强壮。"我以前很讨厌这种说法。过去我想：不，我想让你告诉我，我看起来像一个跑者！现在我想：是的，我很强壮，我喜欢这样。

“我总是被告知："哦，你真的很强壮。"我以前很讨厌这种说法。过去我想：不，我想让你告诉我，我看起来像一个跑者！现在我想：是的，我很强壮，我喜欢这样。”

为自己挺身而出

葆拉 · 拉德克利夫
（Paula Radcliffe）

4 次参加奥运会
2005 年世界锦标赛马拉松冠军
前马拉松世界纪录保持者
2 届世界越野赛冠军
3 届伦敦马拉松冠军
3 届纽约马拉松冠军

出生日期：1973 年 12 月 17 日
国籍：英国
目前居住地：摩纳哥蒙特卡洛
大学：拉夫伯勒大学

高中个人纪录
3 000 米：9 分 25 秒

专业个人纪录
3 000 米：8 分 22 秒
5 000 米：14 分 29 秒
10 000 米：30 分 01 秒
马拉松：2 小时 15 分 25 秒

各就各位

我的爸爸是名跑者。当我年龄达标后（9 岁），马上就和朋友加入了当地的体育俱乐部。

英国的体育系统是以俱乐部为基础的，通过学校你只能参加少量的比赛，每年只有两三次，其余的训练和比赛都是通过俱乐部进行的。11 岁时在俱乐部遇到的那些教练，在我的整个职业生涯中一直给予我很好的指导。我特别幸运，从一开始就遇到了这些教练，还有我的爸妈，他们不但关心我，也给我很多独立的空间。跑步一直是我喜爱的运动，也一直是我的选择。

大学时期

我读的拉夫伯勒大学是全国顶尖的体育大学。我会在周末回来，去俱乐部训练，之后教练会在周三开车送我去学校。这样效果非常好：教练开车送我，带回我的脏衣服，我妈会把衣服洗好，这样就能随时给我送过去。

大家很欢迎我加入拉夫伯勒的课程，当时有重复跑 1 英里的训练，起跑时会有 5 排的人等着起跑。在学校和俱乐部的交叉训练，和男生们一起跑步，这些方法绝对是很有效的。我就像小妹妹一样跟在男生后面，这让我见识到了不同水平的训练，而且跑步时有人陪，也保证了我的安全。

支持和挫折

回想起我的支持团队，我一直非常感激他们。从一开始他们就对我说：“你必须有自己的资格证，必须有大学文凭，因为只要一次受伤，你的运动生涯就可能终结。”让我一直很开心的是我做到了这点。

要说我遭遇的最大的职业挫折，那就是 2004 年奥运会。①

但从我的整个职业生涯来看，最大的挫折还是 1994 年那次。当时我的左脚第一次出现应力性骨折，这成了我整个职业生涯都得应对的伤病。那时，扫描检查显示情况不太理想。他们给我打了 3 周的石膏，之后我就去跑步，结果还得打 3 周的石膏，然后又去跑步，伤病总是复发。最后治疗耗了 9 个月，但伤病一直没有痊愈。在我整个职业生涯期间都是这样。

我清楚地记得自己哭着去找爸爸，因为有位物理治疗师说："你不要再带着这个伤跑步了。" 在 20 岁左右的时候，谁也不想听到这些。我爸爸说："许多人一辈子都不会参加跑步比赛。" 我说："是的，但我不属于那群人，我必须跑得更好。"

退出雅典奥运会的马拉松比赛让我极其沮丧，因为那次奥运会是独一无二的，而且我是最被看好的选手。当时我的身体完全不听使唤，一点儿也跑不动了。我非常害怕，不知道为什么会这样，那次伤病之前我从来没有碰过壁。我甚至还没搞明白那是怎么回事，也不知道发生了什么。我不明白为什么身体不愿意继续奔跑，为什么双脚无法再交替向前。

我认为自己拼尽了全力，但很可能因为我太想在 2008 年奥运会的马拉松比赛期间进入良好的状态，在没有完全治愈的情况下就参赛，结果可想而知。在 2012 年伦敦奥运会上，我也经历了类似的问题。因为随着比赛的临近，你会觉得奥运会几乎是天大的事，所以会一错再错。

① 2004 年，拉德克利夫因为胃部疾病，不得不退出奥运会马拉松赛，这让她非常沮丧。因为在创造世界纪录并赢得几个重要比赛后，她似乎已经准备好获得第一块奥运奖牌。2008 年她想弥补遗憾，但伤病使她跌落到了第 23 名。2012 年，她第 5 次入选奥运代表队，又因伤退赛。她的经历表明：在每隔 4 年的那个特殊日子里，要获得奥运奖牌是多么不容易。你可能是世界纪录保持者，但你的身体、精神、理念以及运气都必须同时准备好。——作者莫莉

纽约：复出之地

纽约一直是我重回赛场的重要城市，这一切是从 2004 年开始的。雅典奥运会之后，我做了所有能做的体检项目，包括结肠镜检查等，因为当时我有严重的胃肠道问题，在一段时间内必须采用特殊的食谱。我们去了亚利桑那州的弗拉格斯塔夫，我只能抱着“能跑就跑，不能跑就不跑”的态度，事情开始慢慢好转，大概在纽约马拉松开始的前七八天，训练完后我想：马上就要开赛了，我还能参加纽约马拉松吗？

我真的没有想到的是，英国媒体认为我这个时候参赛是很愚蠢的。我当时认为自己很健康（也许不是百分之百的健康），但我特别想参加比赛，享受比赛带来的那种感觉。

那次比赛我获得了冠军。虽然我的状态并不太好，但与 2007 年或 2008 年跑的时间并没有太大区别。① 2007 年的回归是很特别的，我是在完成了一件了不起的事情后复出的，因为那年的 1 月我生下了自己的第一个孩子伊丝拉。

一边当妈妈一边训练

第一次怀孕的第 5 ～ 6 周，因为处在神经瘤手术的恢复期，我没有做跑步训练，但我进行了交叉训练。在这之后的怀孕期间我一直在跑步。我在重要的事情上获得了一些很好的建议，比如要及时补充水分，骶骨区域要有支撑，而且体温不能过高。一直到妊娠中期，我每天都会训练两次，然后开始在早上或任何气温舒适的时候跑步，下午会慢跑或骑自行车。怀孕第 8

① 拉德克利夫多次获得纽约马拉松的冠军！ 2007 年是其中一次，比赛前一天我去看美国奥运会马拉松预选赛，比赛当天我站在中央公园的观众台上，看到还是婴儿的伊丝拉在终点线迎接她的妈妈，真是太酷了。2008 年拉德克利夫也获得了冠军，为了给我的训练伙伴金·史密斯加油鼓劲，我在现场观看了比赛。——作者莫莉

个月时，小宝贝在腹内的位置下降，所以我只能隔天跑，有时每隔3天跑1次，因为她总在我的肚子里跳来跳去，让我非常痛。孕期的最后3个月，我跑得越来越慢。她出生后大概10天，我开始恢复慢跑。

我产后跑步要适应的最大生理变化是母乳喂养，同时髋骨仍在复位的过程中。他们说髋骨需要9个月才能完全恢复到原来的位置，我希望它能复位得更快一些，但最终还是9个月。

怀第2个孩子时，情况更复杂了。我的年纪大了一点，拉斐尔出生后，我患了甲亢，根本没办法好好跑步。当时我非常瘦，感觉一直在吃，却总是非常疲惫，而且很难达到训练目标。医生检查后，对我说：对于产后甲亢，你无能为力，你必须将体内的矿物质和维生素保持在尽可能高的水平，甲状腺激素会自己减少。幸运的是，那年柏林马拉松的前2周，我的甲亢缓解了。

那些骄傲时刻

我很小就开始越野跑，它是我的最爱。2001年，我终于获得世界越野赛冠军，这对我来说真的非常非常重要，因为我一直是第2、第3、第4、第5名，总有人比我跑得快，而且我还不够强壮。2001年那次比赛其实并没有终点冲刺，因为跑道非常泥泞，狂风一直吹打着我的脸。但我在最后赛段获胜了，这让我非常自豪。

8分22秒的3 000米个人纪录对我来说是巨大的成就，因为我想象过自己在10 000米和5 000米项目上可能跑出的成绩，但从未想过能在3 000米项目上跑这么快。我记得跑到最后赛段时，看见计时器上的时间还不到8分钟，我边跑边想：肯定搞错了。

当然，值得骄傲的时刻还包括创造马拉松世界纪录。第一次在家乡跑马拉松我就觉得同样的不可思议，因为我终于找到了最适合自己的项目，而且可以用不同的方式跑完。

为自己挺身而出

要相信自己，珍视自己，为自己想做的事设定目标。要充分尊重自己，如果感觉某些事是错的，那很可能就是错的，所以要敢于发声。这点适用于生活的全部，而不仅仅是体育方面。但我觉得在体育领域，这点也许会被稍稍放大，因为我们的身体更敏感，对作用于身体的事物感觉也更强烈。

月经周期与运动表现

刚上大学时，我一年有两三次月经。当我学习和训练非常刻苦时，月经就会停止。如果休息一段时间，月经就又会回来。当压力不断累积，月经就会停止或推迟。你必须应对这些压力，不能消耗过多的能量而不加以补充。如果你在其他领域承受了太多的压力，就必须稍稍减少训练，直到经期正常。

“你必须应对这些压力，不能消耗过多的能量而不加以补充。如果你在其他领域承受了太多的压力，就必须稍稍减少训练，直到经期正常。”

大概在 1993 年，当时我还年轻，英国田径协会坚持让我服用避孕药。当时我的下一场比赛是世锦赛预选赛，那天我突然来了月经，我吓坏了。万幸的是，我们队有一名年纪稍长的队友艾莉森·韦思（Alison Wyeth），她给了我一个卫生棉，还告诉我：别紧张，没事的。

我觉得那一年被要求服用避孕激素药物毁掉了。医生说，我的雌激素水平没有问题，所以不需要乱吃避孕药这类东西。在那之后，我最想做的就是服用真正低剂量的药物。有几次我在比赛当天要来月经，我努力想避免这种情况，但它并不总是奏效。我在芝加哥创造世界纪录那次，就赶上了生理期。

跑步的持久影响

如果没有去跑步，我认为我不会成为今天的自己。跑步的这些经历塑造了我。在这个过程中你会遇见许多有趣的人，所以你的思维不会狭隘。跑步社群是最开放、最包容的社群之一。

你也学会了如何变得更坚强。如果上学时没有参加跑步，今天我就不会成为这样自信的人。而且我们更加了解自己的身体，这也是跑步给予的巨大奖励。

找到可以真正信任的人①

新谷仁美

（Hitomi Niiya）

10 000 米和半程马拉松赛日本国家纪录保持者

东京马拉松赛冠军

2 届奥运选手

2013 年世锦赛 10 000 米跑第 5 名

出生日期：1988 年 2 月 26 日

国籍：日本

当前居住地：日本东京

高中个人纪录

5 000 米：15 分 28 秒

专业个人纪录

5 000 米：14 分 55 秒

10 000 米：30 分 20 秒

半程马拉松：1 小时 06 分 38 秒

① 本文由东海林美嘉担任新谷仁美的翻译工作

被冠军鼓舞

12 岁的时候，我从电视里看到高桥尚子（Naoko Takahashi）在悉尼奥运会上赢得了马拉松比赛的金牌，印象非常深刻，于是我萌生了参加田径比赛的想法。在此之前，我曾参加过很多其他体育活动，像迷你篮球、足球、游泳及棒操，2004 年我才开始跑步。

一个具有挑战性的时期

2013 年，我从田径场退役了。表面上的原因是我的足底损伤，但是现在回想起来，我不得不退役其实另有隐情。我没有来月经，而且心理状态也不好，我的精神极度崩溃。当时我不知道如何开口寻求帮助，在我所处的环境中，我觉得没有人可以帮助我解决这个问题。

有很多研究表明伤病和能量缺乏之间存在一定的关系，会对身体造成影响，如月经紊乱。以我为例，我先是受了伤，想自己处理，所以我简单了解了一些相关知识，不知怎 么就得出一个结论：必须减肥才能治愈创伤。

事实上，当时最大的问题是，我没有一个可以信任的人来帮助我。就好像我把其他人都当成了敌人。我一直在躲藏，在精神上和身体上都出现了问题。我现在知道那是一个巨大的错误。当我再次开始参加跑步比赛时，我找了一位可以真正信任且观念一致可以与之合作的人，就是我现在的主教练和领队。

“事实上，当时最大的问题是，我没有一个可以信任的人来帮助我。就好像我把其他人都当成了敌人。我一直在躲藏，在精神上和身体上都出现了问题。我现在知道那是一个巨大的错误。”

最自豪的时刻

我为自己的专注而自豪。我专注于某些纪录和时间，并为达到这些纪录而感到自豪，但态度是我最看重的。

世界性问题

我不确定这是否是世界范围内的共同问题，我观察日本的年轻运动员，发现有些选手想跑得快一些，但她们的方法往往是错误的。她们为了让自己的体重变得更轻而去减肥。我觉得这完全是错误的方法，我必须要强调这一点！

和那些相信你的人在一起

埃米·黑斯廷斯·克拉格

(Amy Hastings Cragg)

2届奥运会冠军

2016年奥运会马拉松选拔赛冠军

2017年世界马拉松锦标赛铜牌获得者

出生日期：1984年1月21日

国籍：美国

当前居住地：北卡罗来纳州查珀尔希尔

大学：亚利桑那州立大学

高中个人纪录

1英里：5分06秒

1 600米：5分11秒

3 000米：9分53秒

3 200米：10分43秒

大学个人纪录

1 500米：4分21秒

5 000米：16分02秒

10 000米：33分19秒

专业个人纪录

10 000米：31分10秒

半程马拉松：1小时08分27秒

马拉松：2小时21分42秒

拥抱变化

我在 2007 年成为一名职业选手，第一年的情况很糟糕，我跑得比在大学时还慢。我不知道自己是否有赢得比赛能力，我一直都很累，而且速度越来越慢。最终我做了一个很大的决定，搬到加利福尼亚州的马默斯湖，加入了一个精英训练团体：马默斯田径俱乐部。头两年在那里真的很艰难。海拔的变化确实是一种挑战。

在我的职业生涯中，好几次我都面临着巨大的变化。我总是能毅然走出自己的舒适区，改变原来已经习惯的环境，即使这很艰难也在所不惜。这是关于跑步的最佳选择的决定，甚至这些决定执行起来感觉很可怕，也很难。我认为只要这样调整就可以重新开始。所以在我的职业生涯中，我经历了很多高潮和低谷。

当我离开马默斯田径俱乐部时，我真的渴望进入奥运会马拉松代表队。我最终在 2012 年的奥运选拔赛中获得第 4 名，那是又一个我觉得自己可能要被淘汰或不具备成功条件的时刻。这应该是我状态最好的比赛，我总是认为：有太多的人都比我好。这真是一个很矛盾的状态。但是，离奥运会田径选拔赛只有 6 个月的时间，我只有加倍努力。只要坚持下去再进行 6 个月的训练，加快跑道训练。之后我在跑步中达到一个新的专注水平，并在 10 000 米跑项目中获得进入奥运代表队的资格。①

前进

我认为自己最大的优势是能够在事情真的出现问题时退后一步，审视它并试图找出为什么会这样的原因，然后重新评估，找出摆脱它并向前迈进的方法。我认为这种方式适用于渡过那些真正的困难时期。这并不是我一开始

① 在倾盆大雨中，埃米・黑斯廷斯・克拉格赢得了 10 000 米跑的救赎选拔赛！——作者莫莉

就擅长的，它是我多年来慢慢积累起来的经验。后来，我就逐渐拥有了这种面对艰难困苦自我调节的能力。

最自豪的时刻

我想最自豪的时刻应该是我在 2017 年世界锦标赛上夺得奖牌的时刻。最后 3 英里，我处于第 4 位，有点落后了。就在一瞬间我特别想拿到这个奖牌，但我觉得实在太远了，我不可能赶上第 3 名。杰里·舒马赫教练在我落后的时候突然出现在赛道边上，他说："再往前一步。如果你能再靠近一点，再靠近一点点，你就能在最后 800 米超过她！"

我转念一想，从"太远了"转为"好吧，就再靠近一步"。一旦我能够做到这一点，我想：好吧，我能做到这一点，我可以再近一步，再近一步，也许我会在最后 800 米超过你。

我知道，这是一场我把自己的所有精力都投入进去的比赛。我自豪的不只是奖牌本身。我没有经历过太多的比赛，但在那里我知道我把自己的所有都奉献出来了，或者说没有什么可以让我改变的，就那一次。

"我知道，这是一场我把自己的所有精力都投入进去的比赛。我自豪的不只是奖牌本身。我没有经历过太多的比赛，但在那里我知道我把自己的所有都奉献出来了，或者说没有什么可以让我改变的，就那一次。"

逆境铸就辉煌

我认为，如果没有一次次的奋斗和历经艰辛，我就不会成为现在的跑者。我感觉自己现在已经成熟了许多，当问题出现时，我不会让它真正影响我的情绪。我能够从一个更合理的角度来看待问题，而不是情绪化地去处理。我现在能更多地从教练的角度来考虑问题。我知道该怎样对待别人或者用什么语气去说话。

我花了很长时间去观察别人在不同的情况下如何处理问题，然后才意识到的这并不是世界末日。我相信应该存有那么一点点希望，并坚持下去，这就是我们真正需要的。我们可以从中学习并使用它。从长远来看，这会带来更好的结果。

一个成功的环境

最重要的是和那些相信你的人在一起，他们能在你经历那些艰难困苦时鼓舞你，并帮助你合理地找到渡过难关的方法。作为跑者，特别是作为女性跑者，如果出现什么问题，我们往往会将其内化，并将其归咎于自己。事实上，也许有时只是环境不适合你。这没关系，我们都是不同的个体。在你否定自己或放弃之前，向那些真正关心你的人请求支援，与他们交谈，并试图找出问题的根源，千万不要轻言放弃。

停下来庆祝自己的胜利

卡拉·古彻
（Kara Goucher）

2次参加奥运会
2007年世锦赛10 000米银牌得主
在波士顿马拉松和纽约马拉松登上领奖台

出生日期：1978年7月9日
国籍：美国
当前居住地：科罗拉多州博尔德
大学：科罗拉多大学

高中个人纪录
1 600米：5分00秒
3 200米：10分48秒
5 000米越野：17分51秒

大学个人纪录
1 500米：4分12秒
3 000米：8分54秒
5 000米：15分28秒

专业个人纪录
1 500米：4分05秒
3 000米：8分34秒
5 000米：14分55秒
10 000米：30分55秒
半程马拉松：1小时06分57秒
马拉松：2小时24分52秒

受伤和挫折

在职业生涯中，我受过很多伤，经历了 9 次手术。治愈这些伤病的过程给我带来了很大的挑战，有时我需要休息几个星期，有时则是几个月。康复期间，我努力把注意力放在自己的身体上，而不只是把自己当作跑步运动员。我努力用不同的方法强健身体，尝试花更多的时间和家人、朋友在一起，试图在被搁置的其他兴趣中投入多一些精力。

让我骄傲的事

我认为 2006 年赛季是我表现最棒的时候。那个赛季我终于实现了自己设定的几个重大目标。我最自豪的就是在那年参加了许多不同的比赛：获得世界锦标赛银牌，在半程马拉松中跑出 1 小时 06 分 57 秒的成绩，并两次入选奥运代表队。

后来才明白的事

回首往事，我应该更多地去庆祝自己的胜利。我总是渴望未来的事情，却从未真正花点时间停下来欣赏自己已经取得的成就。但愿以后我认可自己这一路上的成功。

“回首往事，我应该更多地去庆祝自己的胜利。我总是渴望未来的事情，却从未真正花点时间停下来欣赏自己已经取得的成就。”

在我职业生涯的黄金时期，我的支持团队不是很健康。虽然丈夫和家人非常爱我、支持我，但教练阿尔伯托·萨拉扎和团队其他工作人员过多地介入和控制了我的生活。当时他们的控制欲很强，对我非常苛责，我希望任何人都不会有这样的经历。

与拉德克利夫一决高下

2007 年的一场半马上，我和葆拉·拉德克利夫同台竞技，这可能是我参加过的最有趣的比赛。我的计划是尽可能久地跟着她跑，但赛程过半时，我的求胜心被激起了，开始努力超过她而领先。但接着我感觉像要死了一样，而且非常担心她会马上超过我。很多人一直在欢呼鼓劲："加油葆拉！"因为他们以为跑过来的是葆拉·拉德克利夫。这次经历太奇特了。①

成为母亲

我做母亲的经历充满艰辛。这套体育运动系统不是为做母亲的人设置的，我特别需要其他人的帮助和支持，同时我也必须为自己挺身而出，向参赛组织者和赞助商争取更多的利益。对我而言，跑步是一种很好的平衡方式，它让我的生活更有意义。跑步是我逃避的一种方式，是我为自己而做的事情，但是妈妈的身份让跑步更有意义。

延长职业生涯的经验

我认为保持健康的身体意象是非常困难的，有那么多身材完美的纤瘦女性影响着我的观念，让我觉得自己的体形太大了。我努力提醒自己：每个人都是不同的，我也许高一些，没那么瘦，但我很强壮。我必须学会真正地关注自身以及我的身体能为我做什么，而不是和其他人对比觉得像什么。我的建议是，女孩们要有耐心，善待自己的身体。如果能更多地关爱自己、善待自己，你就能长时间从事这项体育运动。不要急于取得进步，每年进步一点儿真的能够积少成多。抓住每一个机会，好好补充能量，善待自己。多年之后，你就会有所进步，一定也能够享受整个运动生涯。

① 那天古彻击败了葆拉，在那个项目上古彻比任何人跑得都快（1 小时 06 分 57 秒）。但是古彻那天的纪录未被承认，因为那是一个不符合条件的点对点比赛场地。——作者萨拉

永远把赌注押在自己身上

萨莉·基皮耶戈
（Sally Kipyego）

2 届奥运会选手
2011 年世界锦标赛 10 000 米跑银牌获得者
2012 年奥运会 10 000 米跑银牌获得者
9 次大学 NCAA 冠军（越野赛 3 次，室外 10 000 米、5 000 米、3 000 米各 1 次，室内 5 000 米 3 个）

出生日期：1985 年 12 月 19 日
国籍：美国（原籍肯尼亚）
当前居住地：俄勒冈州尤金
大学：南原学院，得克萨斯理工大学

高中个人纪录
5 000 米：16 分 35 秒

大学个人纪录
3 000 米：8 分 46 秒
5 000 米：15 分 15 秒
10 000 米：31 分 25 秒

专业个人纪录
3 000 米：8 分 34 秒
5 000 米：14 分 30 秒
10 000 米：30 分 26 秒
马拉松：2 小时 25 分 00 秒

基皮耶戈的开始

在高一时，所有学生都被要求每天早上至少跑 30 分钟。慢慢地，老师、教练和我都意识到我很擅长这项运动。

很长一段时间以来，我都能高水平地完成跑步任务，我为此感到自豪。2001 年，我第一次代表肯尼亚国家队参加越野赛。20 年后，我代表美国队参加了 2021 年奥运会的马拉松比赛。

运动中的教训

在我职业跑步生涯之初，我以一种非常严肃的、全身心投入的方式来对待跑步。但回过头来看，我真希望能放松一些，游览一下我曾经参加比赛的地方。例如，我为了参加比赛在巴黎待了两周，但连主要景点都没去。现在回想起来，我本可以休息一下去参观游览这座城市。

基皮耶戈的团队

我相信，拥有一个强大的后援团队是至关重要的。从高中到大学，再到现在的职业生活，我身边都有一些很棒的人。我的家人可能起了最大的作用。我的家庭是个能让我情绪稳定的地方，只要我情绪稳定，生活的其他方面似乎也就一切安好。

> “跑步需要非常高的自制力和奉献精神，而这两种品质在跑步之外的生活领域也备受欢迎。”

带回家的教训

能够超越自己设定的目标，总是让人很有成就感。我喜欢竞技跑步给我的生活带来的改变。你在跑步中养成的习惯几乎可以改变你生活的其他方面。例如，跑步需要非常高的自制力和奉献精神，而这两种品质在跑步之外的生活领域也备受欢迎。

在旅途中寻找快乐

要全身心投入，百分百努力，永远把赌注押在自己身上。你应该成为自己最大的啦啦队队长。我知道这说起来容易做起来难，但这一切的美妙之处在于，有一天当你回首往事，你会发现自己要比别人走得更远。当你身处其中的时候，千万不要忘记好好享受。

保持冷静，继续奔跑[①]

坂本喜子

（Yoshiko Sakamoto）

苏黎世马拉松和大阪马拉松冠军

出生日期：1979年3月27日

国籍：日本

当前居住地：日本横滨

专业个人纪录

马拉松：2小时35分40秒

① 本文由东海林美嘉担任坂本喜子的翻译工作。

从短跑起步

实际上我一开始跑的是 100 米，因为我更喜欢短跑。有人建议我试试 800 米跑，我对这个距离并不感兴趣，但还是去参加了比赛，另一个女孩超过了我。直到最后 50 米，我绕过她，想要取胜，却被她反超赢得比赛。当时我很难过，为此向父亲哭诉。他说："你没有进行过长跑训练，当然会输！"从那之后，我每天早上都会和爸爸出去跑步。① 我成功了，并最终与一个企业团队签约。

日本的跑步公司

在日本，一个企业团队就是一家公司的代表队。你被一家公司雇用为员工，然后你在代表队中接受培训。我高中时是顶级的跑步运动员，我的高中教练是一个著名且受人尊敬的教练，并与公司代表队有很多联系。所以我了解很多关于代表队的信息，我选择了三井海上保险公司代表队。

加入公司代表队之后，我们整天专注于训练。队员们的水平都很高，有个队员创造了 10 000 米跑全国纪录，还有一些人是奥运会选手。当我和他们一起训练时，我觉得自己差很多。在队里当第 2 名或第 3 名是很难受的。现在回想起来，自己在处理这些问题时还不够成熟。现在我的思想成熟多了，可以更好地处理这些事情。我会继续训练，我知道自己将来会变得更好。

但当时我不能正确处理这些问题。3 年后我离开了公司代表队，辞职后我真的很沮丧。我的高中老师是一名教练，她非常优秀，请我加入她的高中跑步团队，和她们一起训练。我虽然去了，但我觉得这不是我应该去的地方。两个月后，我完全放弃了跑步。

---

① 坂本喜子是日本高中组最好的跑步运动员之一，赢得了全国高等学校驿传竞走大会 5 000 米跑的冠军。——作者莫莉

在这段远离跑步的漫长时间里，我有了3个孩子。生完第3个孩子后，大约过了5个月我就开始跑步。起初我只是不停地慢跑，同时还要兼顾给孩子喂奶。6个月后，我感觉身体恢复正常了。在那段时间里，我只是以非常缓慢的速度坚持每天慢跑1小时。有一天，我试着做了一个1 000米赛跑的计时，结果时间是3分23秒，同时考虑到所发生的一切，感觉还不错。我看到自己在速度方面仍然可以有挖掘的潜力。接下来，我跑了一个驿传接力（Ekiden）[①]。我已经有9年没有参加过比赛了！

坂本想让你知道

我们总是会面临一些困难或问题，每个人都有这样的时刻。重要的是要保持冷静，继续奔跑。要有广阔的视野，而不是狭隘地盯着那些可能出现的问题或不完美的小事情。如果遇到的事情不顺利，不要局限在眼前，要扩大自己的视野。事业的连贯性很重要，坚持做下去！

要享受跑步的乐趣。即使你是一个很有竞争力的跑者，动力十足，能赢得比赛，你也要始终保持对它的热爱，心中充满快乐地去跑步。如果你能做到这一点，就会一直很棒。我交了很多朋友，通过跑步我可以与很多人交流。现在我在给一些中学生上课，我自己还坚持跑步。通过跑步，我有了更好的生活，我有了更多的朋友！

> “即使你是一个很有竞争力的跑者，动力十足，能赢得比赛，你也要始终保持对它的热爱，心中充满快乐地去跑步。如果你能做到这一点，你就会一直很棒。”

① Ekiden是一种长距离公路接力赛，这是日本最流行的跑步比赛形式。——作者萨拉

成为最好的自己

帕蒂·卡塔拉诺·狄龙
(Patti Catalano Dillon)

第 1 位打破 2 小时 30 分马拉松纪录的美国女性
3 次获得波士顿马拉松亚军
4 次获得火奴鲁鲁马拉松冠军
历史上速度最快的女性原住民专业跑者

出生日期：1953 年 4 月 6 日
国籍：美国
当前居住地：康涅狄格州温德姆

专业个人纪录
10 000 米：32 分 08 秒
15 000 米：49 分 42 秒
马拉松：2 小时 27 分 52 秒

第一次跑步

23岁时，我因为想减肥，偶然读到了肯·库珀（Ken Cooper）的一本名为《有氧运动》（*Aerobics*）的书，发现有一章标题叫“慢跑”，当时我不知道慢跑是什么。书上说，慢跑时要穿最舒适的鞋。而我最舒适的鞋也只是一双山寨的地球鞋[①]，就是那种鞋底前高后低的“负跟鞋”。于是我穿上Daisy Duke[②]样式的牛仔短裤，带了大概7件运动衫，骑上自行车来到街边的一个墓地，然后跑了起来。我跑了1小时，有7英里，这是我第一次跑步！

后来进入基督教青年会（Y）[③]，从淋浴喷头流出的水打到脸上的感觉好极了，以前从未体验过。我哭了，我想拥有更多这种感觉，如果通过跑步可以获得，那我就去跑步。

认真起来

不久之后，我偶然遇到了当地的一群跑者，尽管他们并没有真正接纳我，但我还是强行加入了他们的队伍。他们有5个人，年纪大多比我大。一开始我只能跟着他们跑1英里。有一次我跟在他们后面跑步，听到他们在谈论马拉松，说是在波士顿举行，我脱口而出：“我要参加。”

其中一个人是警察，他看了看我说：“哦，好吧！你也许不知道，你必须取得资格后才能参加马拉松。”我问：“什么是马拉松？马拉松距离有多长？”他们看着我，好像我是外星人，但他们十分友善。那位警察告诉我：

---

① 由美国地球鞋公司生产，其鞋底前高后低，使人的重心后移，可以矫正姿势。——译者注

② 20世纪80年代美剧《正义前锋》（*The Dukes of Hazzard*）中的人物，她标志性的装扮就是超短牛仔热裤，现在Daisy Duke已成为女性时尚短裤的代名词。——译者注

③ 英文字母“Y”经常作为“YMCA”的缩写来使用，即Young Men's Christian Association的简称，中文译名“基督教青年会”，它是一家全球性基督教青年社会服务团体，已有170多年的历史。——译者注

“我们男人需要 3 小时才能跑下来，如果是女孩子，我觉得需要 3.5 小时左右。”我当时想：“如果他们能做到，我也能做到。”我很坚强，我愿意努力。

为获得第一次波士顿资格（BQ）[①]而训练

我跑了一次 16 英里。那天我的朋友开着她男朋友的车和我一起测试，我们边抽烟边开车，测量了一圈的长度。跑完后，我看着自己的大腿，心想：“天哪，这两条腿竟然跑了 16 英里！”

然后我请了一周假独自去训练，在山上跑了几趟 10 英里。即使这样，那些家伙还是会把我甩掉，但有一次我跟上了他们。我坚持着，死也要坚持下去。

为了获得波士顿资格，我参加了纽波特马拉松。我不知道正式比赛会发生什么，但据传闻那将是地狱。我想：好吧，当死亡到来时，当身体开始疼痛的时候，我必须更加努力地奔跑，我知道的就这么多。所以发令枪响后，我忘记了身体的疼痛，忘记了大部分跑步的过程，但我记得自己完成了比赛。跑完后，赛场的播报员说：“现在大家看到的是，来自昆西的帕蒂·莱昂斯（Patti Lyons）[②]。”哇哦，我赢了。那天我跑了 2 小时 53 分 40 秒。

有段时间，我是一个喜欢享受安逸生活的跑者。因为受伤或者只是不想在冬天训练，我错过了 1976—1978 年每年 3 月的波士顿马拉松。然后在 1979 年，我决定整个冬天都要跑步和参加训练。我戒了烟，还开始做俯卧撑和仰卧起坐。

我下定决心要取得更好的成绩，后来我的一位教练问我：“你想要什么？”我说：“我想成为最好的自己。”

---

① Boston Qualifier 的缩写，指参加波士顿马拉松赛的资格。——译者注

② 莱昂斯是帕蒂结婚前的姓氏。——作者莫莉

与男生一起训练

我要和那些参加波士顿马拉松的朋友一起从比尔·罗杰斯（Bill Rodgers）[①] 的运动商店起跑。作为“外卡选手”[②]，我还得掌握一些训练和比赛的策略与技巧。我总是想跑在前面，虽然有几次因此而及格，但我还得学会保持耐心。

我非常喜欢训练，也试过几种训练方法：有开头奋力跑，然后收着跑的；也有开头收着跑，中段努力跑，后段全力以赴跑的。我甚至练习过以很慢的速度起跑，这样的训练很有趣，因为你的目标就是训练跑步的方式。这些训练真的帮我赢了一场重要的比赛。

在训练中我也变得强壮了。我开始练习举重，做很多组仰卧推举和深蹲，训练量超过了一般跑者的水平。我每天都做很多仰卧起坐和俯卧撑，甚至比赛当天也如此。当时我一心只想着波士顿马拉松。

寻求控制权

赛场外，我的生活也充满了挑战。当时我还在为婚姻而纠结，我也总是被告知哪些比赛能跑、哪些不能。这真的太难了，尤其是作为第一批签订职业合同的女性跑者之一。我记得在律师办公室，我们都很兴奋，律师把合同放在我面前说：“顺便说一句，不要怀孕。”于是这成了一个难题：我想要孩子，但那时我的丈夫不想要，而这份合同也不允许我要孩子。

我没有选择比赛类型的权利，我不能选择跑多远，也不能参加越野赛和

---

① 美国 20 世纪七八十年代的马拉松巨星，他 4 次获得波士顿马拉松和纽约马拉松比赛冠军。——译者注

② 在体育竞赛中，“外卡”一般是指额外进入冠军争夺赛的“关键名额”，通常保留给在正规比赛中未达原定资格的队伍或个人来争取，所以夺得外卡者就如同拿到败者复活的王牌一般。——译者注

田径赛，他们只希望我做一名公路赛选手。

学习思维可视化

我记得自己当时非常失望，因为赞助商不希望我参加 1980 年奥运会选拔赛的 10 000 米表演赛。那个周末，波特兰还有一场 15 000 米赛需要我参加。我恳求他们也让我参加 10 000 米比赛，但他们认为我不可能同时赢得两个比赛，所以只允许我参加 15 000 米比赛。

坐在前往赛场的大巴上，我非常气愤。有位跑者坐在我旁边，注意到了我的情绪，他说："你打算怎么做？"我下定决心，如果我在这个 15 000 米比赛中表现出色，也许他们会让我跑 10 000 米。这位跑者和我说了"可视化"，他说："如果你把目标具体化、相信它，它就会发生。"

我知道格雷特·瓦伊兹（Grete Waitz）①，她是世界级的长跑选手，跑 15 000 米的用时远远低于 50 分钟，而我的纪录是 52 分 40 秒。所以我决定尝试打破 50 分钟的纪录。我要做些事情来证明自己的实力，证明我可以在那个周末同时赢得 15 000 米和 10 000 米的比赛。当我们下车时，我感觉心情愉悦，兴奋不已，因为我知道我会赢，我能打破 50 分钟的纪录。

那晚，教练看了 10 000 米表演赛，然后过来找我谈话。他告诉我不要太拼，只要保守发挥，获胜就行了。我泄气了，那晚只睡了几小时，然后起床，做了个热身跑②。我洗了个澡，吃了桃子和燕麦片。可是发令枪响后，我真的没办法保守发挥。我想：姑娘们，我可不会等你们了。我以 49 分 42 秒获胜。

在那之后，对我来说把目标可视化就像一颗神奇的药丸。当然，你必须

---

① 挪威名将，1979 年纽约马拉松跑出 2 小时 27 分 32 秒 6 的好成绩，成为女子跑进 2 小时 30 分第一人，在 1978—1988 年 9 次赢得纽约马拉松赛冠军。——译者注

② 指运动员在比赛开始前 2~3 小时进行的低强度慢跑，一般跑 10~30 分钟。——译者注

坚强，必须勤奋，这个过程很有趣。

我还发现，当我压力非常大、非常激动或紧张时，比赛成绩就不会那么好。而当我感到轻松或精神焕发时，即使身体很累，我也能跑出好成绩。我开始觉得这就是乐趣所在。

要做超出预期的事

我曾经也非常焦虑，现在仍然焦虑。如果你在赛前充分准备，对比赛做了研究，你走上赛场时做了应该做的，这样只能算勉强过得去。但如果你做的训练和准备工作超出了人们的预期，而且你总是坚持，那么一定会超越自己。

开始跑步后，我感觉就像第一次可以呼吸了一样。我一生中从来没有在任何事情上努力过，从未尝试过成为最好的自己，当我开始尝试跑步时，一个新世界的大门向我敞开了。

这段挑战自我的过程让我有信心在以后的生活中争取成功。虽然以前从未做过生意，后来我却开了一家健康食品店。我必须学会去银行申请贷款，必须想出一个商业计划，必须跟数字、库存和订单打交道，必须找到店面。我是有计划的，而且我做到了。我的方法就是将目标进行分解，就像在跑步时一样，一步步实现自己的目标。

传统的重要性

我继承了美洲原住民的传统。我的妈妈在 11 岁时就被卖掉了，这影响了她的生活以及她对我的教育。这也是为什么我会如此努力地工作，为了工作四处奔波。我的目标是组织一支完全由美洲原住民组成的奥运代表队，为了实现这个目标，我真的很想让一个奥林匹克发展训练小组去做这件事情。

> “奔跑存在于我们的历史中，存在于我们的仪式中，它是我们种族的人生大事。但原住民正在苦苦挣扎，他们甚至喝不上干净的水，连食物都没有，他们需要更多的支持。”

奔跑存在于我们的历史中，存在于我们的仪式中，它是我们种族的人生大事。但原住民正在苦苦地挣扎，他们甚至喝不上干净的水，连食物都没有，他们需要更多的支持。我和丹尼刚结婚时领养了5个原住民孩子，漫长历史中的深深创伤是会延续下去的。讲起这些，得另花时间再写一本书了。

ATTI TUDE

有态度，
去坚持

设定界限

埃玛·科伯恩
(Emma Coburn)

3 届奥运选手
2017 年世界锦标赛障碍赛冠军
2016 年奥运会铜牌获得者
2019 年世界锦标赛障碍赛银牌获得者

出生日期：1990 年 10 月 19 日
国籍：美国
当前居住地：科罗拉多州博尔德和克雷斯特德比特
大学：科罗拉多大学

高中个人纪录
800 米：2 分 14 秒
1 英里：5 分 08 秒

大学个人纪录
800 米：2 分 09 秒
1 500 米：4 分 06 秒
3 000 米障碍赛：9 分 23 秒

专业个人纪录
800 米：2 分 01 秒
1 500 米：4 分 03 秒
3 000 米：8 分 39 秒
3 000 米障碍赛：9 分 02 秒

悠闲的起步阶段

因为我的哥哥姐姐都是田径队运动员，所以我也报名参加了田径队。我家里有一个规定：孩子要想得到零花钱，就必须在一个学年中参加全部的体育活动。我所在的学校规模很小，在春天唯一举行的体育活动就是跑步。

我很快就在比赛中脱颖而出，甚至在六年级对阵八年级学生的比赛中也是如此，这让我很兴奋。我的姐姐大我一岁，当我们第一次比赛时，她说："不管怎么样，你都不能超过我。"于是我们并排跑了 1 英里，然后在到达终点前我停下来，让她先冲过终点线。事后她对我说："这太难堪了，以后再也不要那样做了。你只要努力跑就行了，去做你该做的事。"

那时候我意识到自己是个不错的跑者，但我并没有爱上跑步。我还同时参与其他运动，跑步只是我随便选的一项活动，并不是我最喜欢的。我曾经同时参加越野赛和排球赛。在州越野赛的前一天晚上，我要先参加排球赛，然后连夜开车赶到科罗拉多州的另一端，去参加越野赛。

与许多杰出的运动员相比，我在高中时的表现很糟糕。[①] 进入大学后，我的跑步成绩也是全队最慢的。我记得当时看过自己所在团队成员的简历，每个人的 1 英里赛跑成绩都突破了 5 分钟，而我的平地 1 英里赛跑成绩是 5 分 8 秒。所以我和大家也许是有点儿不一样，但我在障碍赛方面的表现很出色。那时的高中生没有人真正体验过艰难的比赛。

我在蒙特圣安东尼奥学院比赛中跑出了高中组 1 英里赛跑的纪录，也正

① 我在高中认识了埃玛・科伯恩。她来自一个小镇，我的一位大学队友负责教她和乔・佩维。科伯恩担心大学生活太枯燥乏味，运动员的生活节奏太紧张，不会有什么乐趣。我告诉她，大学只是人生的一步，如果你想努力在高水准上做事，它可能会很紧张，但快乐也是很重要的。科伯恩是一个很好的例子，她对自己有很高的期望，工作很努力，但也很享受这个过程！我喜欢她的故事，这表明你不一定要在高中成为超级明星才能成为世界上最优秀的人之一。如果你坚持下去，努力工作，与适合的人在一起，你就能成功实现自己从未想象过的事情。——作者萨拉

是在那场比赛中，我意识到自己与许多高中女生不同，因为我是在一群身材瘦小的女生中奔跑。当时的我和现在的体形一样，身高 1.7 米左右，但可能比现在的 57 千克轻不到 4.5 千克。而其他女生都身高 1.5 米左右，体重不到 40 千克。作为一个高中女生，这种状况有点儿让人难以置信。

跨入未来

高三那年，科罗拉多州的普通高中赛季结束时，我参加了人生中第一个障碍赛。当时，在新墨西哥州有一个田径比赛，我准备参加 800 米跑和 4×800 米跑。我父亲认为开车到阿尔伯克基只参加一个 800 米跑的比赛是很不明智的选择。他看了赛程表，唯一可以同时报名参加的项目是 2 000 米障碍赛。所以我顺路去了西部州立大学，和他们的一个运动员一起跨栏跑了一圈。我当时就觉得：哦，这个项目很有趣。

我最终跑得很好，不仅获得参加耐克户外全民比赛（Nike Outdoor Nationals）的资格，还拿到了第 4 名。科罗拉多大学的教练马克・韦特莫尔（Mark Wetmore）和希瑟・伯勒斯（Heather Burroughs）在那里看了我的比赛后，想招募我成为他们的队员。我想，他们也许认为，我作为一名高中三年级学生，在跨栏和障碍赛方面的表现还是很不错的。

那年夏天，他们给我打电话，我还不确定是否想在大学里跑步。跑步是如此的艰难和可怕，以至于我都产生了比赛焦虑症。相较于跑步，我更喜欢团队运动，比如篮球和排球。我害怕独自一人参加比赛，这让我觉得跑步着实没有乐趣。于是，他们不再给我打电话招募我了。

几个月后，我在富乐客地区赛上再次碰到了韦特莫尔，这最终使我下定决心在大学里从事跑步运动。幸运的是，障碍赛的资格也落到了我的头上，而且我很擅长这个项目。除了这个项目，我确实没有被其他大项运动项目招收的资格。

克服比赛焦虑症

赛跑带来的身体痛苦对我来说真的很可怕。我在克雷斯特德比特（Crested Butte）长大，那是一个多雪的小镇，真正适合训练的时间只有一个月左右。我在冬天不跑步，而是打篮球；我在夏天也不跑步，而是到处游玩。我只要参加篮球或排球的训练营就可以。而在越野赛季，我不得不去拉练，紧接着会打排球，我们的训练都是在相当寒冷的天气中进行的。

所以，实事求是地讲，每次列队训练都是我最痛苦的时候。我每周跑15英里，在其他运动中我都是一个健康的人，但似乎对跑步比赛总是有点准备不足：我不知道自己的身体是否能承受那么大的疼痛。一旦我在比赛中感到疼痛，我就会退赛或者神情沮丧。我虽然只退出了几场比赛，但这已经成了焦虑的根源：对疼痛的恐惧。

此外，我会感到很大的压力，即使在科罗拉多州最小的分区比赛也是如此。对手所在学校的整个高中也不过100个孩子，甚至更少。在社交媒体面前，在所有这些面前，我发现人们对我的期望也会让我感到恐惧。在高三年级组跨州越野赛的起跑线上，我失声痛哭，因为我就是不想出现在那里。

在高三时，我遇到了乔·博斯哈德（Joe Bosshard），既是我现在的教练，也是我的丈夫。当我退出比赛时，他会问：“为什么？你为什么这么做？怎么了？”我说：“我的脚疼，我的脚底板真的很不舒服。”他会说：“你似乎没有痛苦到必须退出比赛的程度，为什么要这样做？”我说：“我不知道”。

“当我退出比赛时，他会问：“为什么？你为什么这么做？怎么了？”我说：“我的脚疼，我的脚底板真的很不舒服。”他会说：“你似乎没有痛苦到必须退出比赛的程度，为什么要这样做？”我说：“我不知道”。”

博斯哈德是我第一个迷恋且欣赏

的人，他认为跑步很酷，且好处多多。我高中的记忆里，大家都进了热身帐篷，有些人在那里吃麦当劳的炸鸡，大家都在等待自己的比赛结束。博斯哈德在赛场上总有明确的目标，他会将这些目标大声告诉其他人，并且也会全力以赴实现这些目标。这是一件多酷的事情呀！因此，博斯哈德促成了我的改变。随后我开始与私人教练特伦特·桑德森（Trent Sanderson）合作，他是一个超级积极乐观的人。他充分激发了我在跑步方面的潜力，并且完全信任我。

“博斯哈德在赛场上总有明确的目标，他会将这些目标大声告诉其他人，并且他会全力以赴实现这些目标。这是一件多酷的事情呀！”

一个更大的转变发生了：我真的开始相信自己。当我开始为越野赛做必要的训练准备时，我对比赛不再那么紧张。当站在起跑线上时，我不再那么惴惴不安，因为我知道科罗拉多大学的韦特莫尔和伯勒斯已经将一切都准备停当。他们总是能很好地预测你跑步的情况。通过大学一年级的磨合训练，我真的学会了信任他们，并且知道他们不会让我陷入毫无准备的境地。最终，我学会了渴望比赛，甚至渴望比赛的痛苦。我不再害怕。我对一场普通比赛的渴望程度，甚至远远超过参加奥运会，这简直不要太疯狂！

从伤病中学习

我在大学期间一直很健康。大四那年，就在 NCAA 联赛之前，我的臀部开始有些隐隐作痛。我还是去参加了 NCAA 的比赛，并参加了第一轮的短跑比赛，但我的背部真的很疼。随后的磁共振成像检查显示，我的骶骨有应激反应。因为我的固执，我还是坚持参加了决赛，并设法赢得了比赛，但后果很可怕。我不得不放弃几周后的美国锦标赛，也失去了获得 2013 年世界锦标赛代表队的参赛资格。

那是我遇到的对运动生涯有实质性影响的第一次伤病，我失去了获得美国锦标赛冠军的机会。这也是一个很好的机会，让自己远离了赛道。我和博斯哈德去夏威夷待了 3 周，我们故意不去关注外部世界。我告诉自己：要好好享受生活，找到跑步之外的快乐和存在价值，让自己开心。

接下来一次大的伤病发生在 2016 年。跟腱炎在 2015 年一整年和 2016 年的上半年困扰着我，给我带来了许多的悲伤和焦虑。由于肌腱的问题，有时候我好像没有伤病一样，有时候又不能走路。回顾训练的日子，我大部分时间都处于痛苦之中，但那是在奥运会之前。我很固执，坚持尝试所有的康复手段，以利于恢复健康。终于在 2016 年 4 月我得以康复。在跟腱恢复后，我以最好的比赛成绩赢得了奥运会的选拔赛，然后在里约奥运会上赢得铜牌。

现在，我仍然坚持康复训练以保持健康。我做了大量的偏心负荷练习，并发展到偏心超负荷练习。此外，我还对跟腱进行冲击波治疗。但是我必须对负荷练习保持高度的警惕，否则伤病将会再次发作。

回馈社会

在克雷斯特德比特举办的“5 000 米麋鹿跑”（Elk Run 5K）活动真的很有意义，也很酷。通过这次活动我们已经筹集到足够的资金，来支持我们的家乡。很多时候，当我们把注意力过分聚焦于自己和训练本身时，慢慢地就会迷失方向。我们需要跳出自己的生活，抬头看一下那些曾经帮助你获得成功的人并回馈他们，这是件很棒的事情。

你需要在赛场之外寻找到生活的意义和自我价值。无论你用什么方式找到，感觉都会很棒。它可以是学术、联谊、志愿服务或者其他什么方式。对我来说，在高中时，我喜欢的是其他运动、学术俱乐部及参加朋友举办的各种社交活动。我认为自己不仅仅是一个跑步运动员。我想，很多女性专业

“你需要在赛场之外寻找到生活的意义和自我价值。”

运动员的焦虑来源是她们只知道自己是一个成功的 A 型[①]完美跑者。当她们遇到挫折或失败时，她们就会惊慌失措。就好像如果我不是这场比赛的冠军，那我是谁？重要的是，除了赛道，要学会用其他能给你带来快乐的事情来充实你的生活。

给从前的自己提一些建议

如果当初可以做其他选择的话，我希望早期的自己可以不那么害怕跑步，可以更享受它，尤其是在高中时。作为运动员，我总想成为一个真正有竞争力的人。我一直喜欢参加其他运动并赢得比赛。如果我在比赛中获胜，那一定很有趣，但我本该这样享受比赛：在科罗拉多州的一个周六，在一个不知名的地方，在起跑线上排好队，让枪声响起，看看会发生什么。但这些对过去的我来说，从来不是快乐的一部分。我总是在比赛结束时才感到高兴。

如果我可以回去和 16 岁的科伯恩谈谈，我会说：“这不是什么大事。只要尽力而为即可。”我本该相信，一旦枪声响起，我身体的比赛本能会接管一切，我的竞争性会接管一切，我会努力，我会争取做好，但我不需要让比赛成为巨大压力，由此产生紧张情绪。

冠军的支持团队

在我的生活中，有很多面孔从我还是高中生时就一直没变过。我的父母

① 美国学者霍华德 · S. 弗里德曼（Howard S. Friedman）等人通过研究和观察，提出了“A 型人格”和“B 型人格”理论。其中，A 型人格被描述为对时间有紧迫感、乐于参与竞争等，他们往往表现出更加地勇往直前、急性子的性格。

几乎参加了我所有的田径比赛。我的姐姐，除了那场告诉我不要打败她的比赛之外，一直是我最好的啦啦队队长，我的兄弟姐妹们也都是如此。我嫁给了高中男友，他一直是我的支持者，现在也是我的教练，当然还有他的家人。

我确实得到了来自家庭强有力的支持。我认为，很多是只有自己才能做出的选择，比如选择让身边围绕的都是重视和支持我的人，或者选择不与我的一些高中同学成为朋友，因为他们不支持我的事业。

我还设定了非常严格的界限，我周围的朋友都知道，这是我作为运动员必须遵守的：在晚上我不会在他们身边欢聚，我必须在床上好好休息；在周六晚上，我不会出去玩儿，因为周日我要进行长跑。我已经做出了这些选择，并向大家说明情况。正因如此，我的支持团队真的很棒。即使当我建立新的朋友圈时，也会告诉他们我的工作是什么，我的需求是什么。我会说："我不能那样做，因为我必须坚持训练；或者现在是 6 月，我必须要比赛。我将在 10 月成为你们亲密的朋友。"我喜欢设定这些界限，知道应该专注于什么，但很多人都在为这个问题而纠结。

科伯恩的规则

吃饱喝足！

不要害怕在训练中强迫自己，我认为虽然有时让自己处于不舒服的状态会有点恐惧，但如果能好好训练，你应该知道如何选择。

我也非常相信在健身房里进行的力量训练。但每个人都有所不同，所以不是每个跑者都适合这种方法。

此外，重要的是要认识到，没有天上掉馅饼的事，你必须去工作，做出选择并努力得到它。我认为有时也会有一种误解：如果不是马上就能成功，就认为这种方法不适合你。但其实好多事情可以慢慢来，你也必须有耐心。

不要试图一次完成所有事

索尼娅·奥沙利文
（Sonia O’Sullivan）

1995 年世界锦标赛 5 000 米金牌得主

2000 年奥运会 5 000 米银牌得主

2 次世界越野冠军

4 届奥运冠军

5 届 NCAA 冠军

出生日期：1969 年 11 月 28 日
国籍：爱尔兰
当前居住地：爱尔兰科夫，英国特丁顿，澳大利亚墨尔本
大学：维拉诺瓦大学

高中个人纪录
800 米：2 分 05 秒
1 500 米：4 分 35 秒
3 000 米：9 分 01 秒

大学个人纪录
1 500 米：4 分 05 秒
1 英里：4 分 33 秒
3 000 米：8 分 52 秒
5 000 米：15 分 17 秒

专业个人纪录
1 500 米：3 分 58 秒
1 英里：4 分 17 秒
3 000 米：8 分 21 秒
5 000 米：14 分 41 秒
10 000 米：30 分 47 秒
半程马拉松：1 小时 07 分 19 秒

跑步生涯的开始

我的跑步生涯开始于爱尔兰的一家地方俱乐部：巴利摩尔科夫运动员俱乐部，同时也参加学校的田径比赛。我逐渐发现：当你赢一场比赛并享受其中时，你就会动力十足，为了提升成绩而频繁地训练。随着时间的推移，你就学会了设定年度目标和具体的比赛目标，从而让自己达到更高水平。

大学时期：在伤病中磨炼出希望

在维拉诺瓦大学的前两年，我经历了很多次应力性骨折，这让我的大学生涯开始得并不顺利。虽然从思想上我对比赛和团队协作非常积极，但身体却拖了后腿。即便如此，我还是会争取每年至少有一项说得过去的成绩，这会给我希望，让我觉得总有一天自己能跑得更快，能在大学参加比赛，然后加入爱尔兰队，去世锦赛和奥运会参加比赛。

在大一和大二时，我一直在断断续续地跑步。我意识到自己每次都是太急于重新开始跑步，在游泳池和健身房进行有氧运动来保持健康的体态，以此让自己更加适合跑步。但是我经常跑得太多、太快，以致花了比较长的时间才找到了适合的运动方式，让自己得以慢慢恢复训练和比赛。

在大三的室内赛季，我独自在草坪和柔软地面上做了很多户外训练。我认为室内坚硬的跑道不适合我，所以我问教练马蒂·斯特恩（Marty Stern），我是否可以一个人在室外进行法特莱克训练[①]，他同意了。在那个赛季，我和团队进行了如200米跑之类的赛前训练，在大东联盟和地区赛的3 000米跑中获得了冠军，在取得了全国赛参赛资格后获得了第3名的好成绩。这对我来说是个巨大的突破，因为我经历了两年的伤病，而且训练和

① 法特莱克训练是在跑步中插入一系列不定时间、不定距离的加速跑、反复跑及快速冲刺，与慢跑或走步交替进行，运动员可以根据自己的状态决定加速或放松的时间和距离。——译者注

比赛一直处于低谷。

以锲而不舍为荣

我的第一任教练肖恩·肯尼迪（Sean Kennedy）经常告诉我，伟大的运动员总是能从失望中重整旗鼓。1996 年的奥运会是我运动生涯中最艰难的时候，我没能完成 5 000 米跑，尽管在前一年我还获得了世界冠军，而且当时还是奥运会热门夺冠的运动员之一。

经过一段时间的训练，我最终恢复了状态，赢得了 1998 年世界越野锦标赛的冠军。我很自豪自己能坚持下来并再次参加比赛，重新树立了运动员应有的信心。

成功的秘诀

许多运动员过度看重奥运会，在奥运年，他们会更加努力地训练，并拼尽全力。事实上，假如你能在某年成为世界第一，并不一定是那一年内发生了很多改变，而是日积月累的结果。所以你只需要保持相同的训练水平和更轻松的方式训练即可，而不是企图每次训练都必须出成绩。

长跑的成功是通过一系列的训练积累而实现的，为了赢得某年志在必得的重要比赛，需要通过参加其他比赛来做准备。长跑不像火箭发射那么高深，我听很多教练说过，并不需要进行什么秘密训练也能成为世界顶尖的运动员。

领略世界

对我来说，最有意义的事情是环游世界，体验不同的文化，并与世界各地的运动员共同经历一段赛事。在每个跑步的地方，我都留下了特别的回忆。现在，当我有机会重回这些地方并做更多探索时，这些回忆就会变得更有意义。因为在参加比赛时，你能看到的往往仅限于机场、酒店和赛道！

传奇人物的经验

“要有耐心，力量和耐力的增强是需要时间的。如果想常年保持高水平的竞争力，增强力量和耐力是必需的。”

要有耐心，力量和耐力的增强是需要时间的。如果想常年保持高水平的竞争力，增强力量和耐力是必须的。不要试图一次完成所有事情，也不要所有方法都去尝试。如果你没有脚踏实地一步一个脚印地进行训练，基础就会很薄弱，而且每年很有可能都撑不过整个赛季。要学会灵活变通，倾听自己身体发出的信号。要学会适当休息，身体有任何不适就去检查，即使这样会使训练的时间少一些。

找到“过多”的界线

埃米·鲁道夫

（Amy Rudolph）

2 次入选奥运代表队

2 届 NCAA 冠军

出生日期：1973 年 9 月 18 日

国籍：美国

当前居住地：艾奥瓦州埃姆斯

大学：普罗维登斯学院

高中个人纪录

1 500 米：4 分 23 秒

1 600 米：4 分 55 秒

1 英里：4 分 52 秒

3 200 米：10 分 54 秒

专业个人纪录：

1 500 米：4 分 06 秒

3 000 米：8 分 39 秒

5 000 米：14 分 56 秒

10 000 米：31 分 18 秒

一生的热爱

6 岁时，在当地的田径运动会上，我参加了人生的第一场比赛——50 码短跑，而且获得了冠军。我从小就热爱跑步，热爱跑步的全过程。我精力充沛，跑步是一种很好的释放。即使是现在，如果要做什么重大决定，跑步仍然是我理清头绪的绝佳途径。

找到最佳状态

我很幸运，没有在跑步中受太多的伤，让我头疼的是贫血和如何维持高水平的铁蛋白。所以对我来说，我需要更多地去学习如何管理身体，了解身体的承受范围。

看到其他运动员在训练，我通常会想：如果我能比他们多做一点，我就有能力和他们竞争了。这种比较是正常的思维过程，但不一定是正确的。我必须通过艰难的方式找到适合自己的训练方法，达到比赛最佳状态，这就需要不断调整锻炼方法，科学饮食和保证铁的摄入，以获得更好的成绩。

从天而降的 5 000 米赛跑

上大学时，我主要参加 1 英里跑。大四那年，我在 NCAA 室内赛举办期间受伤了。我曾在大三时获得过 NCAA 室内赛冠军，回来参加 NCAA 室外赛时却失败了。所以在赛季结束时，我和教练雷・特雷西坐下来聊了聊，他说：“我觉得你在 1 500 米跑上已经接近极限了，你应该去跑 5 000 米，它将会成为奥运会的新项目。这是个非常好的实战机会，去参加奥运选拔赛吧，看看它是怎么回事，你可以了解自己的实力，这次经历可以为你 4 年后变得更强大成熟做准备。”

我们参加了奥运选拔赛，如愿加入了比赛队伍，我想：“废话少说，我们开始吧！”那次选拔赛的决赛是我第 3 次跑 5 000 米。特雷西建议我去欧洲提升 5 000 米跑的速度，并且练习比赛战术。我们去了斯德哥尔摩，在那里度过了一个特别有意义的夜晚。一切都很顺利，我觉得自己可以永远跑下去。就是在那段时间我打破了美国纪录，简直太让人疯狂了，实际上我的成绩从没有超过 14 分 56 秒[①]。我知道在职业生涯中，有些奖牌我本来是可以取得的，只是没有机会。

少即是多

我学到的最重要的经验之一是“少即是多”，找到“过多”的这条界线是很难的，人们也很难知道如何在训练中不越过这条“过多”的界线而发挥自己的最佳水平。

如果能回到过去做自己想做的事情，我很可能会回到 2000 年。那一年，因为有选手决定参加别的比赛，我的排名从第 4 升到第 3，因而入选了奥运代表队。我是带着使命参赛的，我要证明自己有能力入选国家队，我要在奥运会上大放异彩。准备比赛时，我处于人生的最佳状态，但因为我训练时用力过猛，狠狠地越过了“过多”这条界线，结果在奥运村生病了。机会一旦失去就无法挽回。

> “你的身体是你最重要的资产和工具。如果你学会了如何读懂和倾听它，身体会跟你说你需要什么。身体真的是你行动的最好指南针。”

在奥运会开始前，我本应该更放松一些。你的身体是你最重要的资产和工具。如果你学会了如何读懂和倾听它，身体会跟你说你需要什么。身体真的是你行动的最好指南针。

① 埃米·鲁道夫曾以 14 分 56 秒的成绩打破美国 5 000 米跑的纪录。——译者注

当你急切渴望成功时，很容易会去尝试走捷径，因此你就不会真正地享受过程。对于跑步带给你的一切，无论是个人最好成绩、州冠军、全国冠军，还是与他人建立的友谊，你要好好理解它们，享受过程，享受跑步过程中的一切。

不要强求。要明白跑步靠的是每天的努力，它是一项系统工程，而不仅仅是一项锻炼或一场比赛，你在跑步中收获的一切都是重要的。我认识一些运动员，他们有远大的目标和梦想，但由于各种原因，他们与成功擦肩而过，你永远不知道什么时候会与这项运动告别。要花时间理解关于跑步的一切，看看你的周围，要感恩上天赐予的每个机遇，要享受过程！

别盯着没做到的事

珍 · 莱茵斯
（Jen Rhines）

3 次参加奥运会
5 届 NCAA 冠军

出生日期：1974 年 7 月 1 日
国籍：美国
当前居住地：加利福尼亚州圣迭戈
大学：维拉诺瓦大学

高中个人纪录
1 500 米：4 分 31 秒
3 000 米：9 分 56 秒
5 000 米越野：17 分 56 秒

大学个人纪录
800 米：2 分 11 秒
1 500 米：4 分 22 秒
1 英里：4 分 40 秒
3 000 米：9 分 06 秒
5 000 米：15 分 41 秒

专业个人纪录
1 500 米：4 分 05 秒
1 英里：4 分 33 秒
3 000 米：8 分 35 秒
5 000 米：14 分 54 秒
10 000 米：31 分 17 秒
马拉松：2 小时 29 分 32 秒

心态的变化决定一切

大一那年我经历了巨大的转变。在维拉诺瓦大学的第一个月，一切都很完美，我总是参加聚会，课程也不是很难。我没有很努力，但创造了个人纪录，还在那年的第 1 场运动会上在全队排名第 3，在第 2 场运动会上获得了第 4 名，我跑得还不错。但在越野赛中，我的表现一次比一次糟糕。虽然我们赢了 NCAA 比赛，但我却没有为团队得分。即使这样，我仍然没意识到问题的严重性。

在室内大东联盟锦标赛上，我实实在在地落入了低谷。我不知道自己排在什么位置，但在 5 000 米跑中差不多被队友套圈了两次。当时，我不再随团队去外地参加比赛，因为我获得全国赛参赛资格的概率为零。春假时，队里只有很少的人没有去比赛，而我是其中之一。那时我意识到，自己必须成熟起来，必须自律，要对自己负责。

我想要的结果并没有马上实现。但我从 18 分 35 秒跑完室内 5 000 米提升到了 17 分 12 秒跑完室外 5 000 米。我上大学时，运动员如果要参加 NCAA 联赛，必须进入“自动加入”或“有条件加入”的名单。我的目标就是进入这个名单，满足有条件加入的成绩要求，但最终我还是差了几秒。虽然没有实现目标，但我看到了自己微小的进步，这激励我在那个夏天继续努力。

我的校友索尼娅·奥沙利文和我聊天，她为我拟定了一份暑期培训计划，我严格按照计划执行。我开始强烈地希望自己为团队做出贡献，我的队友在大二时获得了 NCAA 越野赛的个人第 2 名，我也把这项成绩当作自己的目标，然后整个夏天我都努力训练并想象实现这个目标的具体场景。等开学后，我真的实现了那样的跳跃式进步。我们又获得了一个 NCAA 团队冠军，我个人获得第 2 名！在室外田径项目中，我赢得了自己的首个 5 000 米冠军。在十三四个月里，我通过转变心态变得更积极成熟，从一个在锦标赛上被人两次套圈的人成长为 NCAA 冠军。这并不只是因为我在家独自训练，一周跑 90 ～ 100 英里的结果，更重要的是我发自内心地愿意通过自己的努力为团队做贡献。

健康的饮食习惯

高中时，我真的很喜欢跑步，也享受跑步，但在那个年纪，跑步并不是我生活的全部。在富乐客高中越野锦标赛上，我是比较有名的运动员之一，我知道这点，但并不在意。我想：我如果想在这里做得更好，那就得更认真、更努力地训练，就得在这上面多花些时间了。我的很多朋友不是跑者，所以在我高中的社交圈里，没有人太重视饮食或对某些食物有所禁忌。

多年来，特别是作为职业选手，全年的周期性训练是非常重要的。那些年我经历了不同类型的训练，比如，秋天时我们会在加利福尼亚州的马默斯湖进行高原训练。当时我不太注意自己的饮食，每周日我们还会在打折时段去酿酒厂买酒喝。

我认为，在比赛季进行周期性的训练能够促进体能恢复，因此我自己很少在跑步时出现体能不足的情况。在赛季末，会有那么几个星期，你必须得参加锦标赛，这时压力会有点大，这种压力与其他因素一起会让人变得非常瘦。但这个周期很短，马上就结束了，然后你可以休息一段时间，再重复之前的整个过程。我从十几岁就开始这样的训练，所以能在职业生涯中一直坚持这个过程。

我追寻过很多优秀女性的脚步，她们都是我的好榜样。在我大学毕业时，埃米·鲁道夫创造了美国纪录，并且一毕业就入选了奥运代表队，迪娜·卡斯托也在那时候取得了非常优异的成绩。她们所从事的正是我想做的，所以我对她们了解得更多一些。跟她们一起去欧洲参加比赛对我来说是最棒的事情。她们都是我非常敬仰的人，而且她们对待食物的态度就是让自己舒服，身边的人拥有这样的态度对我帮助很大。

莱茵斯的建议

这些年来，我的领悟之一就是，取得成就后要给自己更多的肯定，而不是总盯着没做到的事情，这样可以从心态上为比赛奠定良好的基础。无论处于什么水平，你很容易因为心态而分心。比如，如果我和莫莉・赫德尔一起比赛，[①]我可能会想，她创造了美国纪录，而我没有，却不大会去想我入选过奥运代表队，也许今天是我的胜利日。

“取得成就后要给自己更多的肯定，而不是总盯着没做到的事情。”

我会很快从自己犯的错误中走出来。我是个非常理性且讲逻辑的人，对自己也非常严苛。随着年龄的增长和比赛经验的积累，在比赛中犯了错误或是输得很惨之后，我不会浪费很多时间去生气和自责。我也是逐渐才意识到，那样做会浪费很多时间和精力。

年轻时，我也很固执，不愿意承认错误。后来我意识到，把时间浪费在这上面是没有意义的。要坦诚面对自己，你越快明白这点，就能越快改正错误，然后继续前进。

要对自己有信心，要明白你能得到什么都是由自己决定的，任何人都无法告诉你，你能做什么或不能做什么。我认为能达到这种境界真的能为成功奠定基础。如果年轻女性有这种坚定的信心，无论遭遇什么都能应对。

---

① 哈哈，谢谢，珍・莱茵斯！但说真的，这是个很好的建议，用这种心态面对现实会对你很有用，而且会使你充满力量。我总是容易太过务实，这样会在比赛时让大脑充满怀疑。虽然需要务实一些，但也要关注一些有利于获得成功的事实！——作者莫莉

极致的专业是一种态度

斯蒂芬妮·加西亚
(Stephanie Garcia)

美国国家队成员
世界锦标赛障碍赛决赛选手

出生日期：1988 年 5 月 3 日
国籍：美国
当前居住地：亚利桑那州菲尼克斯
大学：弗吉尼亚大学

高中个人纪录
1 英里：5 分 09 秒
2 英里：11 分 10 秒

大学个人纪录
1 500 米：4 分 13 秒
3 000 米障碍赛：9 分 47 秒

专业个人纪录
1 500 米：4 分 04 秒 63
3 000 米障碍赛：9 分 19 秒 48
3 000 米平坦赛：8 分 52 秒
5 000 米：15 分 16 秒

起跑线

我从小学开始跑步，当时妈妈会带我和兄弟们去当地的一个田径场跑步，我们跑得气喘吁吁。我还能乖乖地在她身后跑上一圈，而我的兄弟们则完全无视赛道，在内场四处乱跑。我真的不知道跑步可以成为一种竞技性的比赛，因为我所熟悉的运动是电视上的大型运动：足球、篮球、棒球。在中学时，学校会把那些在体育课上 5 英里竞赛跑得最好的人选出来，然后在年底进行比赛，这确实让我对“比赛”这个概念大开眼界。在 6 年级，我摔倒了（哈，这是个预示！），居然还得了第 3 名；在 7 年级，我得了冠军；而在 8 年级，我得了第 2。从那以后，我决定放弃当啦啦队队长的梦想，和一些朋友一起加入了高中的越野队，在那里我成为跑得最快的新生。这种在没有任何期望值的情况下，进入一项新的竞赛领域并获得成功的趋势，一直延续到我的大学和职业生涯中！

成功的障碍

我面临的最大挫折是在 2016 年，当时我正在争夺障碍赛的奥运参赛资格，并在比赛的最后一个栏架上摔倒。我的直接反应是把它作为燃料，为我度过夏天的剩余时间提供动力。接着我在奥运会后的巴黎钻石联赛上跑出了我的个人纪录。这个纪录使我成为有史以来第 4 个在该项目上突破 9 分 20 秒的美国女性，这被视为一个目标，就像男性在 1 英里赛跑内突破 4 分钟一样。在那次成功之后，我努力在障碍赛中再次找到那种节奏。当我们为 2017 赛季做准备时，我给自己施加了很大的压力，不断完善我的障碍赛技术，因为那是阻碍我实现奥运梦想的东西，但我越努力专注，我就越焦虑。最终我在 2017 年美国户外锦标赛期间再次摔倒，并在赛事中退步很大。之后我在 2017 年的 1 500 米和 1 英里赛跑中跑出了个人纪录，所以我为自己是一名能够参加多项赛事的全面运动员而感到自豪！

经验教训和骄傲之处

在我田径生涯的高峰期，我学到了很多东西。最大的教训是：极致的专业是一种思维定式和一种生活方式。当然，你的天赋很重要，但拥抱一种积极的健康的生活方式，以及对自己和你的计划抱有坚定的信念，会让你受益匪浅。我本可以更早地倾向于这种生活方式。当我离开大学的时候，我真的不知道成为一名职业跑者到底是什么样子的。简单的说，比如保证 8 ～ 9 小时的睡眠；良好的投资、持续的理疗；持续的运动；做康复训练以保持身体健康；甚至是每天多喝水！至于心态，你应该更聪明地选择自我暗示。你在训练中的想法就是你在比赛中的心态，所以你应该在自己感到疲惫时不屈服于消极的想法，并成为自己最大的宣传人！

能够帮助推动美国女子障碍赛向前发展，我感到非常自豪。在 2015 年北京世界田径锦标赛上，我是美国队第一批进入该项目决赛的 6 名选手之一，这表明美国拥有一些世界顶级的障碍赛选手。我也是第一批在该项目中打破 9 分 20 秒的美国女性之一，这是一个具有挑战性的里程碑。（但可能不会持续太久！）我也很自豪能在美国田径比赛中代表拉丁裔群体，因为在长跑比赛中，黑人、原住民和有色人种（BIPOC）的代表人数仍然不足。

加西亚的建议

保持简单。你不需要过苦行僧的生活，但这种生活有助于你优先考虑良好的睡眠、充足的水分、充足的营养及理疗。与队友、教练、朋友以及和你分享获得冠军时喜悦心情的家人在一起。保持谨慎和渴望，因为一个伤病能够从你的职业生涯中夺走整个赛季，但一场精彩的比赛可以让你踏上新的行程。相信自己胜过一切，因为你是那个需要站在起跑线上迎接竞赛的人，对手永远是你自己。

你只需坚持不懈

莉兹·麦考根
（Liz McColgan）

1991 年世锦赛 10 000 米金牌得主
1988 年奥运会 10 000 米银牌得主
纽约马拉松、伦敦马拉松和东京马拉松赛冠军
3 次参加奥运会

出生日期：1964 年 5 月 24 日
国籍：英国
当前居住地：卡塔尔多哈
大学：亚拉巴马大学

高中个人纪录
800 米：2 分 07 秒

专业个人纪录
5 000 米：14 分 59 秒
10 000 米：30 分 57 秒
半程马拉松：1 小时 07 分 11 秒
马拉松：2 小时 26 分 52 秒

艾莉什 · 麦考根
(Eilish McColgan)

2 次参加奥运会

出生日期：1990 年 11 月 25 日
国籍：英国
当前居住地：英国伦敦
大学：邓迪大学

高中个人纪录
800 米：2 分 12 秒
1 500 米：4 分 27 秒

大学个人纪录
1 500 米：4 分 13 秒
3 000 米障碍赛：9 分 48 秒
5 000 米：15 分 44 秒

专业个人纪录
1 500 米：4 分 00 秒
3 000 米：8 分 31 秒
3 000 米障碍赛：9 分 35 秒
5 000 米：14 分 28 秒
10 000 米：30 分 58 秒

莉兹平稳起步的跑步生涯

莉兹：我 11 岁就开始跑步，当时我的家庭相当贫穷，因此没有太多机会参加体育运动，我一直是那种到处疯跑的孩子。但我喜欢运动，遇到的各种体育活动都喜爱。

我的体育老师是一名马拉松运动员。在课堂上，他不让我们打曲棍球或投球（一种类似于篮球的运动），而是让我们参加越野跑，其他孩子都会中途停下来走着，而我却跑完全程。我没那么优秀，但我从不放弃，总是跑完全程，所以老师建议我加入当地的一家跑者俱乐部。

我从来都不是最优秀的。我虽然获得了苏格兰学校锦标赛的参赛资格，但在团队的 10 个女孩中，我可能只排第 4 或第 5。在我们那个年龄段，相互间的竞争非常激烈，我们团队里有像后来赢得奥运会铜牌的伊冯娜·默里（Yvonne Murray）这样的女孩，还有的女孩参加了欧洲青少年组的比赛，等等。我从来都不是出类拔萃的，但我认为自己是最努力的。

17 岁时，我获得了去美国上学的奖学金。我在爱达荷州上了一年学，在那里跑出了青少年比赛的全国纪录。后来我被亚拉巴马大学录取，在那里的 3 年间赢得了 NCAA 室内比赛的冠军。当时在我的祖国英国，我还是一个默默无闻之人。获得 NCAA 冠军回到家乡后，我在 10 000 米跑比赛中赢得了自己的第一个英国冠军。这让我有资格参加 1986 年的英联邦运动会，这是我第一次参加锦标赛，也是我第一次意识到长跑是我的强项，10 000 米跑比赛对我来说很容易，那种强度很适合我。在 19 ～ 20 岁的时候，我很渴望以跑步为职业。但是我花了很长时间才把跑步变成我的强项，适应比赛，然后开始赢得比赛，并引起人们的注意。

5 000 米跑和 10 000 米跑在全球的诞生

莉兹：我曾经一直处于劣势，因为 10 000 米跑才是我的强项，但在我职业生涯的大部分时间里，我们只能跑 3 000 米和 1 500 米，① 这严重限制了我能力的发挥。在 10 000 米跑出现之前，我没有在锦标赛中获得过奖牌，因为当时的比赛对我来说距离太短了。虽然 1 500 米跑我需要 4 分 01 秒，但我一次能跑 64 圈，我的强项是耐力而不是速度。当能够选择 10 000 米赛跑时，我觉得太棒了。之后我参加了马拉松比赛，对女子运动的发展而言，女子马拉松出现的时机刚刚好。对我而言，马拉松打开了一扇大门，让我接触到了一项水平完全不同的田径运动。

父母也是专业跑者

艾莉什：我猜大家会觉得，因为我的父母都是跑者，我是被迫跑步的，或者我生下来就穿着跑鞋，去田径场跑步是必然的。② 其实我父母几乎不让我参加田径运动，我妈妈（利兹）一直希望由我自己决定是否要从事体育运动。

说实话，我不太记得妈妈比赛的情景，我从没看过她的比赛，家里也没有她的奖牌，她也从不会强迫我坐下来看她跑步的录像带。在我大概十五六岁时，记者们常常会问我同样的问题：“你看过你妈妈的比赛吗？你见过她的奖牌吗？”

可能是因为我们都姓麦考根，我与妈妈的跑步事业的发展路径相似，也是在学校老师的鼓励下参加了当地的越野跑比赛。我只是喜欢跑步，我也从来不是跑得最快的孩子，也没破过纪录，但能跑进前 4 或前 5，我只是喜欢关于跑步的一切。一开始我参加过很多团体运动，比如投球和曲棍球，虽然

---

① 1988 年女子 10 000 米跑第一次被列为奥运项目，1996 年女子 5 000 米跑第一次被列为奥运项目。——作者萨拉

② 艾莉什的父亲彼得参加过 1991 年世界锦标赛的障碍赛跑。——作者莫莉

很喜欢，但我觉得在这些运动中，自己永远无法控制每个人。当你参加团体运动时，要面对的事情非常多，我喜欢跑步的个体性。

上小学时，有人推荐我去参加当地的跑者俱乐部。作为孩子，我觉得这是件大事。实际上，这些俱乐部只邀请前 10 名的孩子，但我觉得，有人邀我加入俱乐部是件很特别的事。我记得我让父母带我去俱乐部，一开始他们有点犹豫。但在我的一再请求下，妈妈对我说："听着，如果你喜欢的话，你可以先去那里待几个月，但你首先应该尝试所有的运动项目，当你找到了自己喜欢的运动，我来当你的教练。"事情就这样自然而然地向前发展，我尝试了跳高、跳远和跨栏，我在苏格兰获得的第一枚奖牌是标枪，当时我还不到 13 岁。跟其他运动相比，我自然比其他人更偏爱长跑，大概十五六岁时，我开始专注于长跑，那时我妈妈做我的教练。

走平稳发展的道路

莉兹：在训练艾莉什时，我很注意分寸，争取不变成强人所难的父母。年轻时，我会一个人去操场训练，常常会看到有些女孩，因为父母给的压力太大，她们总是在哭，不想完成训练项目。她们的遭遇常引起我的共鸣，当时我想：如果我有孩子，我不会让他们做自己不喜欢的事。我一直认为，用训练成年人的方式训练孩子是没有意义的。如果你在 18 岁时还没有离开运动场，那真是件值得高兴的事。我的工作就是让艾莉什享受这项运动，健康成长到 18 岁，然后开始更专业的训练。

> “当时我想：如果我有孩子，我不会让他们做自己不喜欢的事。我一直认为，用训练成年人的方式训练孩子是没有意义的。”

训练是很艰苦的，在艾莉什十五六岁的时候，她去参加国家青年队的比赛，艾莉什和那些每天跑 10 英里的女孩聊天，然后她回来对我说：“我训练不够努力。那个女生做了这个，我也要做。”但现在回想起来，艾莉什从 12 岁开始跑步，一直坚持到加入国家队，像她这样训练的女孩并不多。

艾莉什： 我绝对同意我妈妈的说法。我记得有时回家后我非常生气，因为在比赛中我只获得了第 6 或第 7 名。但有的女孩打破了纪录，或创造了比赛的最佳成绩。当你在 15 岁时，比这些拔尖的女孩慢 20 ～ 30 秒，你往往就会想，“我永远达不到那个水平”或“我就是不够好”，其实这正是所有年轻人的思维方式。你可能还没认识到，每个人的身体发育速度是不同的，所以每个人进步的速度也是不一样的。

> 当你在 15 岁时，比这些拔尖的女孩慢 20~30 秒，你往往就会想，“我永远达不到那个水平”或“我就是不够好”，其实这正是所有年轻人的思维方式。你可能还没意识到，每个人身体发育速度是不同的，所以每个人进步的速度也是不一样的。

到了 20 岁，你也许会发现这些指标的发展趋于平稳了。身体已经停止发育，停止生长。作为女性运动员，你会变得更强壮，你确切地知道自己想做什么，思维方式也随之改变。所以我想说，对青少年而言，压制是件很痛苦的事情。现在回想起来，我是幸运的，其实对于想成为资深运动员的人来说，青少年时期的经历几乎是无关紧要的。青少年不需要打破所有纪录或赢得所有比赛，才可以成为奥运选手。

战胜伤病

艾莉什： 我的运动生涯是从障碍赛跑开始的，因为我平地跑步的成绩不够好，无法进入参赛队伍。大三时，学校很难找到足够的人参加障碍赛跑，没人想在水里跳入跳出！当时我大概 17 岁，报名时我说：“让我参加吧，我会努力为团队得分。”之后我赢得了比赛。我作为障碍赛跑者第一次入选国家队，闯入了奥运会，我的运动生涯就沿着这个方向一直向前。我想，这就是我想要做的。

2011 年，我在跨越障碍物时两次受重伤，脚上的足舟骨骨折，周围的骨头都碎了，医生不得不对我的脚中部进行重新修复，他们给我脚部植入的钢板上有 5 颗螺丝。从我骨折的 2011 年一直到 2014 年，我的脚总是很痛，运动灵活性也很差，只要一跑步就非常痛。受伤之前，我曾经每天跑两次。现在由于伤痛，我没办法按原计划训练了。我的妈妈作为教练很为难，因为她认为我要达到一定的运动量才能提升水平。

所以我们稍微改变了一下训练方式。每天晚上我不再跑步，而是进行 40 分钟的交叉训练，难度不大。经过这样的训练，我再次获得了奥运会的参赛资格。当时我的状态并不是最好的，但已足够进入国家队。在 2013 年或 2014 年，我又恢复了正常的训练。那些年，我经历的伤病不少，包括胫骨的应力性骨折、腿筋损伤等各种问题。

最后一根稻草在 2015 年压了下来。我的踝关节骨折了，穿了 9 个月的“靴子”，但脚踝还是一直没有痊愈。我不得不做手术，那只受伤的脚又被钉了 2 颗螺丝钉。当我重新开始跑步时，同样的事情又发生了，而且比第一次骨折时疼多了。那时交叉训练对我来说非常重要。我开始在早上跑步，如果疼痛在我忍受的范围内，我会继续训练，然后晚上做 0.5 ~ 1 小时的交叉训练。（我从来不会做 1 小时以上的交叉训练，我的首要任务始终是跑步。）

不到一年，我获得了参加奥运会 5 000 米跑的参赛资格。我只通过晚上做交叉训练和每周跑不到 40 英里的训练方式就跑出了 15 分 09 秒的成绩，真让人难以置信。对我和我妈妈而言，这让我们看到了希望，我们似乎找到了适合我的训练方法。是的，我跑得里程数很低，但一周内我还是会有两次高质量的跑步训练，这才是最重要的。如果我能在训练时达到目标速度，就会有助于提升比赛时的状态，而其他的一切都只是辅助。

现在我的里程数已经明显增加，因为我希望能够先参加 10 000 米跑比赛，然后是半程马拉松，最后更进一步的是马拉松。我的目标是每周跑 60 英里，希望明年能达到每周跑 70 英里的目标。不过交叉训练依旧是我训练计划的一个重要组成部分，因为它确实非常有效，也有助于我的康复，而且我受伤也少了。我非常感谢自己仍然可以继续参加平地跑赛事，做我喜欢做的事情。

莉兹：有段时间我确实没有再受伤，唯一一次重伤发生在职业生涯后期。当时我一只脚的脚背受伤而有麻木感，所以他们给我的脚做了一个矫正器。我穿着带有矫正器的鞋子跑了一次 5 英里，结果把膝盖里的一个部位撕裂了，还必须得做手术。倒霉的是，我在做手术时感染了，膝盖无法弯曲，也无法伸直，因此休息了 6 个月，接受了各种各样的物理治疗。

在那之后，我去了佛罗里达州，那里气候温暖，希望有助于我的治疗。在那里，我遇到了物理治疗师杰拉德 · 哈特曼（Gerard Hartmann）①，他每天为我治疗 4 ～ 6 小时，因为我的腿没法伸直。治疗持续了大约 7 个月，一开始除了慢跑我什么都做不了，勉强能冲刺，但跑过弯道后，疼痛得简直命都要没了。从那时到最后完全恢复，我花了整整两年时间。

跑步趣事

莉兹：为了伦敦马拉松，我保持着良好的状态。赛前我去了海德公园，为了准备星期天的决赛在那里练习跑步。我边跑边想：我是最棒的。正当我以每英里 6 分钟的速度奔跑时，不知从哪里冒出另外一个跑步的人，他背着背包，穿着人字拖，像风一样从我身边擦肩而过。我开始追赶他，和他并肩

① 杰拉德 · 哈特曼是当时世界上最著名的物理治疗师之一。他治疗过鲍勃 · 肯尼迪（Bob Kennedy）、索尼娅 · 奥沙利文（Sonia O'Sullivan）、葆拉 · 拉德克利夫，甚至还有摇滚明星博诺（Bono）。在治疗跑步造成的伤病时，重要的是能找到值得信任且知识渊博的医生或物理治疗师。——作者萨拉

跑了大约5英里，然后这个人就飞奔着去上班了。我不敢相信，竟然有人能跑这么快，而且当时我的状态很好，那年还赢得了马拉松比赛冠军。这让我大开眼界，原来有这么多能人异士。

艾莉什：那年我正为里约奥运会做准备，因为我的项目安排在赛程的后期，所以我在比赛快开始时还待在法国，而当时整个英国国家队都已经在巴西，一半队员已经完成了比赛。

当我在健身房做完交叉训练，坐下来给我妈妈发短信，告诉她我最后一组训练的项目时，健身房的电视屏幕上正在播放奥运会，有个法国人走过来对我说："如果发短信是奥运项目，你现在应该在巴西了！多可惜啊。"我抬起头来想：真可笑，你知道什么啊！其实我应该说，"我就是奥运选手，明天就去巴西"，不过他可能会觉得我是个神经病。

梦寐以求的工作

艾莉什：做自己热爱的事情是很有意义的。小时候，我从不相信自己能成为一名奥运选手。睡觉时，我从没梦到自己赢得奥运金牌或成为一名职业运动员。跑步一直是我喜欢做的事情，就像一个爱好。我从不相信跑步可能变成一份工作或职业。我很感谢有机会每天坚持做自己喜欢的事情。

另一个有意义的方面是你在这个过程中遇到的人。我做过最棒的事情之一就是在小时候加入了跑者俱乐部，在那里结交的朋友塑造了今天的我。我认为这是跑步运动最有价值的部分之一：能够结识与你拥有同样热情、同样目标的人。

莉兹：年轻的时候，我没有太多机会，我非常缺乏自信。但田径运动是一种教育，它给每个人出人头地的机会是平等的。在田径运动中，你可以决定自己付出的努力往哪个方向发展，想获得什么样的乐趣以及要达到什么样的水平。

我很感激自己有机会参与这项运动。一开始，我没有想到会依靠田径谋生，因为女性没有这样的先例。田径运动发展迅速，它教育了我，让我从中获得了很多关于耐力跑的信息，而且幸运的是，我能够与很多人分享这些信息，这都是非常有意义的。

我很喜欢做教练，我爱观察艾莉什，原因很简单：我是她的妈妈。看到她的进步，我感觉棒极了。你可以一直学习，一直向新人学习，这也是跑步运动的伟大之处。

麦考根的智慧

艾莉什：要关注自身。我们总是很容易去关注其他人在做什么。年轻时，我身边的女孩训练得都非常刻苦，她们跑得很远、很快。我会想：我要不要也这样做？你甚至开始质疑自己的训练方式，饮食和补充能量方面也会出现同样的疑问。你看到的一些女孩的训练方法也许是错误的，可是你却自我怀疑：是我做错了吗？是我的问题吗？

最重要的是你要坚信自己的方法，并且身边的人能给你正确指导。如果有支持你的家人和优秀的教练，你就成功了一半。重要的是关注自己而不是他人，因为他人的行为你是无法改变的。

“最重要的是享受跑步。作为年轻人，你不需要出类拔萃，你只需要坚持不懈地完成一项项训练任务。”

莉兹：最重要的是享受跑步。作为年轻人，你不需要出类拔萃，你只需要坚持不懈地完成一项项训练任务。如果你能保持健康并热爱你所做的事情，那么当你到了十八九岁时就可以脱颖而出，任何想达到的水平都有可能实现。

不过在你年轻时，一切都是为了保证健康，享受你所做的事情。你永远不要害怕比赛，要享受每场比赛。无论成绩好坏，每场比赛都是一次学习的机会，都会有所收获，从而使你的成绩得到提高。

社交媒体和当今的运动员

艾莉什：和新生代的运动员交流是一件让人开心的事。当我开始跑步时，总是能在电视屏幕上看到葆拉·拉德克利夫。在我小时候，如果可以给葆拉发信息，或者向凯莉·霍姆斯（Kelly Holmes）[①] 提问，那就太棒了。现在因为社交媒体的存在，你就有机会这样做。每天我都会收到十二三岁的女孩发来的信息，我鼓励她们要保证健康，坚持健身，用积极的心态爱自己的身体。体育运动带来的积极作用简直太多了。

> “和新生代的运动员交流是件让人开心的事。”

我非常清楚社交媒体的负面影响，但我认为它的正面影响远远超过了负面影响，负面情绪是因为他人而产生的。我快 30 岁了，内心相对要强大一些，能够承受一些负面的东西并且消除它，然后继续自己的生活。而对青少年而言，负面的东西很难消除，它可能会积聚在他们的心头。

拿自己跟他人对比这件事在年轻女孩中很普遍。看到电视屏幕上苗条骨感的超级名模或影视剧中的人物，她们想当然地认为自己不吃东西或只吃些蔬菜就可以变成那样。她们可能只看一张图片，就能“脑补”出一台戏。但女孩们不知道的是，能参加奥运会而且速度很快的运动员都是用正确的方式补充能量的。这些强壮的运动员需要合理的训练和饮食方法，才能照顾好自己的身体，从而达到更高的竞赛水平，并且还要能够年复一年地坚持。

---

① 英国第一位 1 500 米跑进 4 分钟的女将，曾经在 2004 年雅典奥运会上夺得 800 米跑和 1 500 米跑两项比赛金牌，并创造过多项英国田径纪录。——译者注

年纪越大，就越容易理解饮食和身材之间的关系，但年轻人很难做到。我认为重要的是，我们作为对此深有体会的运动员要把这样的信息传达出去：是的，我们很瘦，将来我也会一直很瘦，我 12 岁的时候很瘦，42 岁的时候也会很瘦，但这只是我的外在体形。重要的是让人们知道如何照顾好自己，并以积极的方式去达到目的。每个运动员都需要用正确的方式补充能量，因为身体是需要能量去完成训练的。

再坚持一年

埃米·约德·贝格利
（Amy Yoder Begley）

2 届 NCAA 冠军
2008 年入选奥运代表队
2009 年世锦赛 10 000 米第 6 名

出生日期：1978 年 1 月 11 日
国籍：美国
当前居住地：佐治亚州亚特兰大
大学：阿肯色大学

大学个人纪录
1 500 米：4 分 12 秒
1 英里：4 分 41 秒
3 000 米：9 分 17 秒
5 000 米：15 分 45 秒
10 000 米：33 分 02 秒

专业个人纪录
3 000 米：8 分 53 秒
5 000 米：14 分 56 秒
10 000 米：31 分 13 秒

如何开始跑步

我从 10 岁就开始参加公路赛，因为在当地的公园里跑步时遇到了一位叫朱莉·曼格（Julie Manger）的女士，她指导我和爸爸跑步，告诉我们附近有公路比赛。上中学时，学校没有参加跑步比赛的女子队，我就和男生一起跑，我喜欢在男队跑步。但有时教练不得不因为我是否应该按照男生计算在团队里而和其他人争吵，因为我不是前 5 名，他们不想让我计算在内，毕竟参加的是男子项目的比赛，我的排名会拖后腿。

八年级时，我们有了女子队。上高中时，我觉得只和女生比赛有点无聊。我从小参加了各种越野赛和俱乐部比赛，去全国各地参加比赛真的很有趣。从很久之前起，一直持续到整个职业生涯，我总会在比赛中遇到几位女性，比如卡拉·古彻和卡丽·托尔夫森（Carrie Tollefson）。

有关饮食的发现

作为运动员，麸质不耐受可能是我面临的最大挑战。不过，寻找训练团队也非常困难，当时我没有太多选择。毕业时，我可以加入明尼苏达女子队或汉森男子队。与今天不一样，当时没有太多选择，因此我经常搬家。

每次遭遇新的伤病，我就不得不去一个新的地方，找一个新的医生，新医生并不了解我的全部病史。上大学时，医生诊断出我的甲状腺有问题，之后病情一直没有好转，我又经历了应力性骨折和明显的肠胃方面的疾病。每次被诊断出的新疾病，从来没有完全康复。最终我被确诊为麸质过敏症，我不再吃小麦制品，后来身体完全康复，这段经历对我非常有帮助。我闭经了 5 年多，尽管我们尝试了所有方法，包括为了确保体重不会过轻，我增重了约 9 千克。我们试了所有的避孕方法，但月经周期一直没有恢复。

不再吃含麸质食品之后，我的月经又回来了。两三周内，我就有了不一样的感觉。之前我都没有意识到是麸质食品造成了肿胀和水肿，我的肠胃问题在一段时间后也有所好转。原来在跑步训练和锻炼时，我每 30 分钟就得去一次厕所。麸质过敏症经过治疗后，我的骨伤消失了，也不再严重脱水了，这种感觉真的很棒。

康复是个缓慢的过程。大概在治疗的第 18 个月，我入选了奥运代表队。一年多以后，我才觉得自己的身体真的有所好转。我的身体恢复到差不多的时候，体内的铁元素保持在较高的水平，对食物营养成分的吸收能力也大大改善。2009 年之后，治疗才真正开始奏效，我真的觉得自己康复了，可以按自己的方式比赛。从那时起，我的潜力才逐渐显露出来。

对奥运选手的不尊重

有人说我入选 2008 年奥运代表队是侥幸，这让我很气愤。我的教练阿尔伯托·萨拉扎（Alberto Salazar）告诉我，能进入奥运代表队是我的运气。① 所以整个 2009 年，有个想法激励着我：我要证明自己有实力站在世界舞台上。我在世锦赛上获得了第 6 名的成绩，这证明了我是真正属于世界舞台的，我有实力来这里，我有能力和世界上最优秀的人竞争。当有人跟我说“你的目标是不可能实现的”，我总是这样回应。

体形不代表一切

因为我的体重，萨拉扎和我总是争论不休。他一直认为我应该减重，我们达成协议，并且还给我请一位营养师。营养师为我检测了骨密度后，为我

---

① 我不确定萨拉扎这样说是为了激励贝格利，还是他就认为贝格利是靠运气进的奥运代表队。是的，在预选赛当天身体健康、准备充分，这其中确实有运气的成分。但贝格利一直是顶级运动员，她与队友卡拉·古彻一起努力训练了两年，古彻也入选了奥运代表队。贝格利一定是从表现出色的队友那里获得了信心，所以相信自己也能做到。听到教练说自己是靠运气，她的心里一定不好受，因为教练是她最信任的人之一。——作者萨拉

制订了膳食计划，并且每周给我做几次进行检查。营养师支持我，还会在教练面前为我打抱不平。

请一位营养专家是很有必要的，他需要有扎实的专业知识，而且要对你的体育项目有所了解。另外他还必须足够强硬，能跟教练据理力争，并为你的健康制订各种计划和目标。

例如，对于康复，什么时候吃和吃什么很重要。在康复期，营养专家要和教练共同制订一天的训练计划，今天是练长跑、高强度间歇训练或其他，等等。根据你的康复情况和对能量摄入的不同需求，训练计划也不同。我们一定要和知识渊博的人一起工作，而且他们能提供给你可以依赖的系统性支持，而不总是说“哦，教练说你应该这样做”。你的父母、丈夫或好朋友可以在这方面给你帮助。

如果一名教练更看重运动员的体形，而不是他们的训练，我真的不知道我们在体育运动方面是怎么取得如此成就的。

一直以来，我得到了丈夫安德鲁和父母的支持。每次想放弃时，他们会告诉我：“再坚持一年。”找到教练之外的支援团队是很重要的，因为平衡各方面的影响是很困难的，你需要一些外部的力量，让你保持理性，打开眼界，因为有时你真的会钻牛角尖。听到你如此信任的人这么说你，是让人非常难受的，你相信他们会帮助你达到某个水平，但他们却对你没有同样的信心，这会让你非常痛苦。在我离开那里 9 年后，萨拉扎仍然会与他的运动员们谈论我的体形，还拿我的“大屁股”说事，而且还会说很多别的可怕事情。[①] 起初，这让我非常生气和难受，但安德鲁说，换个角度想，我应该感

① 2019年，萨拉扎被美国反兴奋剂局禁赛4年。2020年，他违反了《美国安全运动中心的规定》，因为有人指控他作为教练行为不端。他对待玛丽·凯恩的方式体现了我们在女性运动中经常见到的权力关系。十几岁时，凯恩找到了萨拉扎，当时她是一名神童运动员，但萨拉扎开始过度关注她的体重，强迫她突破身体极限，但这种突破方式是不健康的，导致她受伤。萨拉扎还忽视了凯恩的心理健康问题。这种不对等的权力关系、为获胜不惜一切代价的做法，以及对女性运动员身体方面的错误指导，让很多不同年龄的女性早早离开了这项运动。凯恩的经历正是促使我们写这本书的原因之一。——作者莫莉

到自豪，因为我让人印象深刻，即使多年之后他们还记得你。萨拉扎认为我跑不好，但我偏偏跑得很好，我证明了他的所有理论都是错的。

重要的挑战

作为职业教练，今天我在招募运动员时会问他们："你的生活里有没有一个很重要的人，在你决定去哪里时，他们会影响你的决定？" 大多数男性会说，"没有，我不在乎她要做什么"或"有，有这样的人"。而女性会说，"嗯，我男朋友可能会上法学院，所以我会跟着他去他可能会去的某个地方"，或者"我男朋友要去华尔街工作""我的伴侣要去读硕士"。

通常没有什么人的影响力能超越伴侣。从大学生转变为职业跑者，这个过程不是很容易或很顺利。上大学时，运动员在训练和恢复方面的所有需求都能得到满足，但如果跟随伴侣到一个没有团队或系统性支持的地方，他们将会面临比较艰难的职业转换过程。

如果能回到年轻的时候，我会更加重视跑步技术专项练习和速度练习，我会花更多工夫夯实基础，而不是只注重里程数。我也会尝试更多种距离的跑步，在高中和大学期间尝试不同的项目，比只专注于一个项目更有益处。

跑步的奖励

了解女性的跑步历史是很有意义的。退役之后，我不知道自己想做什么工作。所以我做了一个项目，为美国公路跑者俱乐部采访 50 名女性。听着这些女性讲述她们如何开始跑步，如何克服无法逃避的困难，我意识到自己要继续帮助新一代的跑者实现目标。作为教练，我的目标一直是帮助女性从大学生过渡为职业选手，但我要比之前做得更好、更快。我在整个职业生涯中学到的一切都可以为我所用，帮助他人，这是我最享受的事情。

投入多少，就能得到多少

莫莉·塞德尔

(Molly Seidel)

4 届 NCAA 冠军

2021 奥运会马拉松铜牌获得者

出生日期：1994 年 7 月 12 日

国籍：美国

当前居住地：亚利桑那州弗拉格斯塔夫

学院：圣母大学

高中个人纪录

1 英里：4 分 46 秒

3 000 米：9 分 43 秒

大学个人纪录

5 000 米：15 分 15 秒

10 000 米：33 分 18 秒

专业个人纪录

10 000 米：32 分 02 秒

半程马拉松：1 小时 08 分 29 秒

马拉松：2 小时 24 分 42 秒

她是怎么开始的

年轻的时候，我为教堂跑步。我们学校没有田径队。我是爱尔兰天主教徒，所以我妈妈很热衷于让我们去主日学校并接受坚信礼。教堂有一支田径队，我想：嗯，这还不错！比起坚信礼，我更喜欢田径队。

挫折和复出

我受过很多伤。最严重的一次伤到了我的臀部和骶骨。2016 年，就在奥运会田径选拔赛之前，我的骶骨骨折了。我在 8 周内恢复了跑步。但第 2 年我的骨盆也发生了骨折，这次非常严重。我在不知道是否完全愈合的情况下跑了一年，2018 年夏天去医院做了修复手术。

我 6 周不能走路，6 个月不能跑步。那是最难熬的时候。导致这种情况反复发生的原因是饮食紊乱和骨密度低。我也是多次发生骨折才意识到这个疾病的严重影响，我当时并不清楚恢复骨密度需要多长时间。

留在比赛之中

我真的很喜欢跑步，这不需要解释。因为我太喜欢跑步了，所以我总是想尽快恢复训练，盘算着：那好吧，我怎么才能重新投入其中呢？跑步是我寻求饮食紊乱治疗的一个特别大的动力。我意识到，如果我继续对饮食紊乱不闻不问，我就不能再跑步了，这绝对会毁了我的身体。

我认为从根本上说，我只是热爱这项运动，甚至不一定是为了竞争。我喜欢比赛，在一天结束的时候，我真的很喜欢跑步和训练的感觉，日复一日。所以为期 6 个月的恢复真的很煎熬，因为我什么都做不了。

我手术后的第一场比赛是波士顿田径协会举办的 10 000 米跑（B.A.A.10K）[①]。我已经整整一年没有参加比赛了。这次比赛，我创造了一个公路 10 000 米跑的个人纪录，这让我非常惊讶。我终于能用治疗好的髋关节跑步了。看到我再次创造的纪录，对我而言那是一个非常重要的时刻，因为做完手术后，医生还不确定我是否能以原有的水平跑步。这就是很好的证明。我真的很高兴，花了那么多时间终于解决了这个问题。

最自豪的时刻

奥运会马拉松选拔赛是一个值得骄傲的时刻。在我的第一次马拉松比赛中入选奥运代表队是一件大事。即使是一位职业选手，这对我来说也很重要。这是我一直想做的事情。当我在 2016 年大学毕业后受伤时，我不知道自己是否能得到一份签约。当我从大学的伤病中逐渐恢复时，我真的得到了这份合同，我觉得终于可以借助跑步实现自己的梦想了。

经验之谈

我已经学会了不要像跑步那样把事情搞得一团糟。在大学里，我不断地把自己搞得精疲力尽，有时也不一定是伤病。我的训练非常刻苦，以至于仿佛气若游丝。达到临界点时，你就真的不能再跑了。你的身体已经严重透支了。它真的会使你的激素分泌紊乱。

我认为我现在由于伤病休假的情况比较多，对此也觉得很正常。如果有

① B.A.A.10K 是每年为男性和女性举办的超过 10 000 米（6.2 英里）的公路跑步活动，于每年 6 月在美国波士顿举行。在首届比赛中，共有 3 040 人完成了比赛。首次活动由波士顿田径协会（B.A.A.）于 2011 年组织，以长期运行的波士顿马拉松为基础，是波士顿公路跑步赛程的进一步扩展。与协会其他突出的比赛项目不同，不要求参赛者获得资格就可以参加比赛。比赛混合了业余和专业两个级别的跑者，总奖金为 3 万美元。比赛的赛道位于波士顿的后湾社区。它按照循环的形式，从西向东移动，查尔斯街是比赛的起点和终点。——译者注

什么地方受伤了，我不会担心有一两天时间不能跑步。如果在训练中感觉不好，我也不怕减少训练或改变训练内容，因为我意识到不是一次训练就能起到作用。随着时间的推移，训练的连贯性才会产生差异。

这就是帮助我保持健康的原因，现在我已经升级到马拉松比赛。以前，我几乎无法连续训练，因为我总在试图一次性补足所有的体能。

强大的支持团队，强大的运动员

我身边有一支很好的后援队伍，他们是我前进的动力。我一个人肯定不能赢得比赛。我的教练乔恩·格林（Jon Green）是我最好的朋友之一。我们经常保持联系，这是一种非常友爱的关系。此外，我仍与我的大学教练马特·斯帕克斯（Matt Sparks）保持联系，他为我的训练提供了很多好的建议。我的理疗师则用一些热乎乎的东西聚在一起帮我治疗！它们确保我补充体能和营养，虽然我看不到它们，但是它们却能保证我更好地跑步。

我的家人也是情感支持的来源，虽然有时这种爱也会使人烦恼。我妈妈非常喜欢说：“无论你在比赛中表现如何，我们都爱你。”然而，如果做得不好，我总是认为自己一无是处。他们非常支持我，不管我在跑步中的表现如何。这就是为什么我能在这项运动中待这么久，因为在一天结束的时候，我知道他们无论如何都会爱我。而且，他们对跑步一无所知，所以这更弥足珍贵。

保持稳定

不要试图让奇迹在一夜之间发生。它不是一夜之间能发生的，不要对此感到沮丧。在我职业生涯的每一个阶段，当我达到一个新水平时，都有一个调整期。当我高中毕业赢得了富乐客越野锦标赛后进入大学时，我并不成功。这太令人沮丧了。一次又一次不断地投入时间，只是走出去坚持锻炼。

正如德斯·林登所说的“坚持下去”。我觉得这是任何人都可以使用的最好的建议，因为你只需要不断努力。如果你坚持相信你会成功，不管这意味着赢得比赛还是创造个人最好成绩，效果都会显现出来。

这就是跑步的好处：你投入多少，就能得到多少。坚持信念，即使当时进展不是很顺利，或者你在挣扎，或者没有获得更多成功。有时候，你需要做的就是埋头苦干，热爱你的运动，享受你所做的事情，最终你会到达你想要到达的地方。

社群联系

作为职业选手参加比赛，我最喜欢的一件事就是结识世界各地很多很酷的人。我在威斯康星州的一个小镇上长大，以前从来没有这样的经历。能有机会四处旅行，能看到很多其他不在这一行就看不到的东西，这真是太酷了。

能在世界各地有这么多朋友，我感觉很特别。跑步用品显然也很特别，但我觉得更重要的是你在跑步时建立的友谊。跑步使许多人聚集在一起。

每一件事情都很重要

薇薇安·切鲁伊约特
（Vivian Cheruiyot）①

4次奥运会奖牌获得者
4届世界田径赛冠军
2011年世界越野锦标赛冠军
伦敦马拉松赛冠军
1997年世界青少年越野赛冠军

出生日期：1983年9月11日
国籍：肯尼亚
当前居住地：肯尼亚

高中个人纪录
1 500米：4分23秒
3 000米：9分04秒
5 000米：15分42秒79

专业个人纪录
5 000米：14分20秒
10 000米：29分32秒
马拉松：2小时18分31秒

① 从2000年开始为了完成学业休息了4年，2005年重返赛场。

冠军的卑微起点

我每天在学校开始训练，早晨都是跑着去学校，学校离我家有 2 千米的路程。中午我会跑回家吃饭，然后下午再跑到学校上课，放学后再跑回家。最终我每天要跑 8 千米，那是在 14 岁的时候。在此之前，从 6 岁到 14 岁，我经常赤脚步行去学校，因为我的父母没有钱给我买鞋。

我在学校参加比赛经常获胜，父母看到了我的天赋和努力，非常支持我。他们努力工作，帮助我支付运动服、鞋子和比赛费用。我开始在比赛中取得一些比较大的成就。1996 年在北爱尔兰贝尔法斯特举行的世界青少年越野锦标赛上，我获得了银牌。第 2 年我获得了这个比赛的冠军。这是我在大型锦标赛上获得的第 1 枚金牌。

2000—2005 年，我没有参加太多田径比赛，因为我正在完成学业，准备期末考试。我的家人希望我完成学业，所以没有人鼓励我去跑步。我没有足够的时间同时进行训练和完成所有的学业。因为考试的原因，学校不允许我经常跑步，他们不希望我去欧洲参加比赛。他们要求很严格，所以我只能专注于完成学业。我重返赛场的第一个夏天是 2005 年。

女王归来

我为我所做的一切感到骄傲。我最自豪的事情是 2016 年里约奥运会，当时我赢得了 5 000 米跑的金牌。我的奖牌中缺少奥运金牌，这对我来说是一个大目标。我曾赢得过世界越野赛、世界锦标赛和世界马拉松大满贯。我在 2008 年奥运会上的表现非常令人失望。我在 2012 年获得了两枚奖牌，但那是银牌和铜牌。我被看好在 2012 年赢得 5 000 米比赛，但我却病得很重。我真的想在里约奥运会上夺得冠军。

我以良好的状态参加了 10 000 米赛。我在奥运会上跑出了有史以来最快的 10 000 米之一，并打破了世界纪录，但我仍然被阿尔马兹·艾安娜

（Almaz Ayana）击败。在参加5 000米比赛时，世界上没有人认为我有机会获胜。如果你去看里约的那场5 000米比赛，跑到一半时你会认为我已经出局了。

要坚持，禁止使用违禁药物

我为自己感到自豪，只依靠自己的力量而非其他东西。我想这就是为什么我能做23年的运动员。使用违禁药物你哪里也去不了，那不会持久。我想鼓励年轻人去锻炼和训练，并且要保持专注、汲取智慧和坚持。但你不能用药物来帮助你成功。那样，你的职业生涯将被终结，你的名字将被玷污。保持职业无污点是非常重要的。对我来说，重要的是我所拥有的一切是我自己争取来的。

> “我想鼓励年轻人去锻炼和训练，并且要保持专注、汲取智慧和坚持。但你不能用药物来帮助你成功。”

我从初级水平开始，一步一个脚印，每一步都很重要。虽然看起来不会立即奏效。但跌倒后你必须快速爬起来才能做很多事情，然后突然间你就成熟了。

你的道路不需要和别人一样

考特妮·弗雷里希斯
（Courtney Frerichs）

2021 年奥运会障碍赛银牌
美国障碍赛纪录保持者
2017 年世界锦标赛障碍赛银牌
2 届奥运会选手
NCAA 冠军

出生日期：1993 年 1 月 18 日
国籍：美国
当前居住地：俄勒冈州波特兰
大学：密苏里大学堪萨斯分校，新墨西哥大学

高中个人纪录
800 米：2 分 24 秒
5 000 米：18 分 12 秒

大学个人纪录
1 500 米：4 分 18 秒
1 英里：4 分 55 秒
5 000 米：15 分 31 秒

专业个人纪录
1 500 米：4 分 07 秒
3 000 米障碍赛：8 分 57 秒（美国纪录）

从体操运动员到田径明星

在成长过程中，我一直知道自己很擅长跑步。我在小学2年级时1英里赛跑成绩是7分10秒。但由于某些原因，我并没有真正坚持下来。我想这是因为体操的缘故：体操是我真正的激情所在。我7岁开始参加体操队的训练和比赛，我的大部分时间都花在了这上面。

我的父母非常重视让我参加各种运动和比赛活动。初中时，我不仅打排球，还打垒球，同时在田径队跑步。体操馆绝对是我花时间最多的地方。在高中，我全身心投入到体操和足球中。我真的很幸运，因为田径队允许我不用参加训练就可以为他们比赛。那时我主要参加的是接力赛。

直到高三，在我决定放弃体操转而参加越野队时，我才真正找到长跑的感觉。那时我真正爱上了跑步，我感觉自己可以把对体操的热情转移到跑步上。

大学时代

直到大一，我才完全专注于跑步。进入大学前的一个夏天，让我认真跑步是困难的，因为我根本不知道自己该做什么。有人给我发了一个训练计划，但我无法完成。大学一年级是学习跑步非常重要的一年，我必须在这一年学习关于这项运动的所有内容。

密苏里大学堪萨斯分校对我来说是一个很好的起步地点。初来乍到的我，成绩并不是最好的。幸亏我可以向一些优秀的学长学姐学习。其中一个女孩像团队里的“妈妈”一样，她不介意我跟着她团团转，尽管她也只不过是高年级学生，而我是一个刚来的新生。

由于长跑是一个较小众的项目，所以我能够得到更多一对一的教学，从而有很充足的时间来学习如何跑步。

我当时正投身于一个时长四五年的训练计划。开始的时候，我每周跑35英里。我想如果我参加的是一个人数比较多的运动项目，那可能并不适合我，因为我将被投入更多根本吃不消的里程训练中。在身体上，我不可能应付得了。

人们对转学的看法总是多种多样。但对我来说，在新墨西哥大学的第五年，就像收获了另一个家庭或另一段很棒的经历。这段经历让我得到了真正的发展和成长，也让我在一个强大的团队中获得了经验。

刚到新墨西哥大学时非常紧张，因为我已经习惯于在两分钟内成为焦点，而且在密苏里大学是一对一的教学。现在我加入了一个团队，在这个团队中，我的5 000米比赛排名是第4。我的训练开始变得艰难，如果想达到真正想要的水平，就必须全身心投入到这些训练中去。

> “因为我已经习惯于在两分钟内成为焦点，而且在密苏里大学是一对一的教学。现在我加入了一个团队，在这个团队中，我的5 000米比赛排名是第4。”

我一报到就立即投入到了训练中。这个过程当然会有泪水，但我必须提醒自己，被推着走是为了变得更好，我会通过这种方式找到自己的极限。

走向职业化

我想，假如我直接从密苏里大学堪萨斯分校到鲍尔曼田径俱乐部，将会是一个更艰难的过渡。任何时候，当你向更高层级迈进的时候，都会有一个学习的过程和对新环境的适应。你必须在挑战自己和尊重这些已经训练几年的老选手之间找到平衡，她们拥有的一些经历可能是你从没体验过的。从新墨西哥大学毕业后，我想自己已经掌握了这种平衡的方法。

但是在加入鲍尔曼田径俱乐部之前，我从来没有真正关注过速度。而我当时正在努力与谢尔比·霍利亨（Shelby Houlihan）和科琳·奎格利（Colleen Quigley）一起比速度，他们的速度太快了。我只能说："哦，好吧，我总有一天会达到的，只需要不断努力即可。"

誓不放弃

在迄今为止的职业跑步生涯中，我非常幸运一直很健康，这与我当体操运动员的时候相比，是一个巨大的变化。我认为，体操生涯改变了我对自我照顾的理解。在跑步方面，我很快就取得了一些成功，我在大学一年级参加了世界青年锦标赛，第二年我参加了全美的径赛，随后参加了全美越野赛。

大三的时候，室内赛季来临，我甚至没有参加全国的比赛，年中我找到教练说："我不知道自己是否想再做下去。"这都是因为我仍然没有参加过 NCAA 的室内联赛。

这是一个非常关键的时刻，因为我必须致力于做这件事并且要做到最好。我一直爱的是获奖这个结果，而不是跑步的过程。我不得不在学校中度过整个大三的下半学期，因为我意识到这不仅仅是一个职业纪录和全美冠军的成绩和奖项，这更多是推动自己成为最好的自己的过程。我认为这是我需要克服的最大困难之一：一定要把自己转变成对训练过程的热爱，对成为一名跑步者的热爱，而不是对大众追捧或奖项的热爱。我一直在努力做到这一点。

信任是关键

在世锦赛上赢得一枚奖牌，这绝对是我迄今为止最大的成就。不管结果是什么，最重要的是信任：信任我的教练杰里·舒马赫（Jerry Schumacher），信任这个项目，信任那年经过努力取得的成绩，因为那是特别起伏不定的一年。我正转到一个新的小组，更换到一个新的级别。

我也学习在比赛中如何信任自己，因为我想你已经明白，就像在高中时那样，你了解自己的竞争对手，你感觉很自信，轻松领先了。最终，你觉得你属于这里。然后你进入大学，需要重新了解周围的一切。然后同样的事情又发生在国际层面。这对我来说是一个很大的收获：信任是任何项目顺利进行的关键。

有时候，当你成功了，你必须学会如何在看不到结果的情况下继续努力。每当你进行锻炼或比赛时，你可能需要提醒自己，事情不一定要非常完美才能回到起点。我获得了奖牌，因为我一直坚持在赛道上训练，无论道路上出现什么坎坷，我都相信自己能够到达终点并为之随时做好准备。

依靠团队

莎拉尼·弗拉纳根和埃米·黑斯廷斯·克拉格（Amy Hastings Cragg）总共有超过 20 年的专业跑步经验。很难得的是，她们并不惮于分享自己所获得的经验。我觉得自己只需要尽可能多地吸收这些经验。埃米莉·因费尔德（Emily Infeld）也是如此，她曾有过几次伤病。根据她分享的经验，我避免了这方面的损伤。

就障碍赛而言，我记得曾观看过队友埃文·贾格尔（Evan Jager）在 2016 年奥运会上的比赛，学习了他对比赛的控制。他遥遥领先并实现了他的愿望，取得了他想要的奖牌①。我希望在我的职业生涯中也能这样。

现在和新加入的年轻运动员一起分享，这真的很有趣。例如，当卡丽萨·施魏泽（Karissa Schweizer）加入这个小组时，我和她很快亲密起来，因为我们都是在美国的中西部长大。能够和小组里的新运动员分享我积累的一些经验，这种融洽的感觉无与伦比。

① 埃文·贾格尔想要的是一枚奖牌，但他最终赢得了银牌！——作者萨拉
这和考特妮·弗雷里希斯在 2021 年奥运会上获得银牌的情况非常相似！——作者莫莉

我真的很幸运遇到这些能真正团结在一起的女性跑者。我们不仅有一些备选队员，同时还有莎拉尼・弗拉纳根这样已经获得耀眼成就的前辈，她总是愿意跟大家分享她的成功经验，使我们一起前进。回想 2018 年，我认为那是自己最自信的一年。

走自己的路

你要走的道路不需要和别人一样。这是我成长为一名运动员的关键所在。我认为，特别是在社交媒体上，能看到其他人在做什么，能吸取经验教训，这很棒，但这并不意味着你必须像他们那样去做。做你自己，按你自己的时间线去达成你的目标。

善待你自己

乔·佩维

（Jo Pavey）

5 次参加奥运会

2007 年世锦赛 10 000 米铜牌得主

2014 年英联邦运动会金牌得主

出生日期：1973 年 9 月 20 日

国籍：英国

当前居住地：英国德文郡

高中个人纪录

1 500 米：4 分 27 秒

专业个人纪录

1 500 米：4 分 01 秒

3 000 米：8 分 31 秒

5 000 米：14 分 39 秒

10 000 米：30 分 53 秒

战胜挑战

学生时期，我的成绩还不错，但之后我与伤病抗争了大约 6 年。我从未放弃跑步，但陷入了“停止—开始—停止”的循环，也就是跑上几个星期或几个月后，我总是因为受伤，必须暂停几个月。我的丈夫加文和我决定暂时辞掉工作，去做环游世界的背包客。我们有个理想，没有和别人说过，那就是在旅行的同时努力训练，看看我的能力是否能提升到高水平的田径队的层次。我们跑过很多非常美丽和让人振奋的地方。回归赛场后，我第一次参加了 1997 年在雅典举办的世界锦标赛。

加入世锦赛的参赛队伍后，我的膝盖严重受伤，需要手术治疗。但手术非常失败，致使我有两年半无法跑步，我感觉自己的运动生涯刚开始不久，可能就要终结了。专家说我可能再也不能跑步了，而重回赛场唯一的希望就是继续做手术。

我下定决心要重回赛场，因为参加奥运会是我儿时的梦想，我非常渴望实现。我开始慢跑，但膝盖非常痛，而且老是肿得很严重。可我知道，我必须坚持，我希望膝盖最终会好起来，因为留给我的时间不多了。当我的身体已经恢复得差不多可以去参加奥运会预选赛时，我开始了训练。我会在跑步训练中加入几小时的水中慢跑，而且几乎所有的跑步都是在优质的草地上进行的，然后逐渐尝试每周去田径赛道上跑一次。最终我获得了 2000 年奥运会的参赛资格，感觉我的梦想就要实现了。但我从来没有想到自己会那么幸运，能 5 次参加奥运会！①

佩维的建议

要享受跑步！永远要把它放在心里最重要的位置。14 岁时，我非常享

① 乔·佩维是英国著名的跑者，2000—2016 年 5 次入选奥运代表队！——作者莫莉

> “如果能回到过去，我要改变年轻时从事体育运动的方式，并遵循一个更长远的发展规划。这样年轻时经历的那些运动伤病也许就能避免。”

受跑步，因为可以为了实现目标而努力拼搏，可以结识很多朋友。但我也感到很多压力，有的可能是自己造成的。回看过去，我觉得应该正确地看待跑步，应该把那个层次的运动更多地看作通往高水平运动生涯的跳板。如果能回到过去，我要改变年轻时从事体育运动的方式，并遵循一个更长远的发展规划。这样年轻时经历的那些运动损伤也许就能避免。

想长久地保持成功，就需要倾听自己的身体，逐渐地加大训练强度，而且不要太早尝试长距离、长时间的训练。执行训练计划时，要理智而灵活，量力而行，这样才是安全的，才能帮你远离伤病。不要盲目地强迫自己完成训练项目，要将训练的重点摆在优先位置，而不是执着于高强度的训练。

我还想说，要善待自己。成长和发展会耗费你的大量精力，而且有时你想要的跑步成绩是很难实现的，这些都是很正常的。所以要给自己时间，让自己逐渐变得更强大。如果你还有考试等其他压力，那会很艰难，所以要善待自己，享受跑步，因为未来你还有很多时间。

自信必须来自内心

伊丽莎白·克兰尼
(Elise Cranny)

12 次参加 NCAA
2021 年奥运会 5 000 米跑选手

出生日期：1996 年 5 月 9 日
国籍：美国
当前居住地：俄勒冈州波特兰
大学：斯坦福大学

高中个人纪录
1 500 米：4 分 08 秒
1 英里：4 分 40 秒

大学个人纪录
800 米：2 分 04.53 秒
1 500 米：4 分 09 秒
1 英里：4 分 31 秒
3 000 米：8 分 58 秒
5 000 米：15 分 20 秒

专业个人纪录
1 500 米：4 分 02 秒
3 000 米：8 分 30 秒
5 000 米：14 分 48 秒
10 000 米：30 分 47 秒

如何开始跑步

我是在高一开始真正接触赛跑的。贾森·哈特曼（Jason Hartman）[①] 是我所在的尼沃特高中（Niwot High School）的越野赛助理教练，他让我真正认识了赛跑的世界。他向我介绍了耐克全国越野赛和新百伦室内全民比赛等赛事，让我对这项运动的可能性和跑步世界中存在的机遇有了更大的期待。在哈特曼成为我的教练之前，我一直认为州冠军赛就是自己能达到的最高水平。他把我带入了职业跑步的世界。

艰难过渡

我在高中时一点儿没受过伤。然而，在大学期间我却有 4 种不同的骨骼伤病 ，并反复发作。在我感觉开始恢复，自己又能像以前一样跑步的时候，新的伤病就来了。我有 6 ～ 14 周没有跑步，都是因为骨伤。对我而言，最困难的不是伤病，而是在两年多的时间里，我不能连续训练。正当我开始获得动力的时候，我又会因为新的伤病而失去所有。

比起跑步受伤，最大的挑战是内心的焦虑。在进入大一的时候，我真的很害怕增加“大一 15 磅”，害怕我的身体也会发生变化。我确实试图控制自己的饮食，阻止身体的正常发育。当我开始受伤时，这个问题变得越来越严重。回想起来，我真的很感激那些伤病，因为它们迫使我解决这些问题。这使我能够在大学毕业后仍能继续跑步，并成为一名更加健康和强大的运动员。所以我需要改变自身的饮食习惯，吃更多的健康脂肪，并让我的月经恢复。在我第一次受伤之前，我没有定期的月经，而这影响了我的骨密度。

最艰难的挑战之一，是处理因伤病而产生的内心焦虑——失去对自己作为一个人和一个运动员的信心。我经常怀疑自己是否还能像以前那样优秀，

① 哈特曼是一名优秀的马拉松运动员。他在 2012 年和 2013 年的波士顿马拉松比赛中获得第 4 名。——作者莫莉

或我的身体是否能适应训练和跑步。当我第一次来到斯坦福大学时，我努力把跑步和我的身份分开。

2020 年 1 月，我作为职业选手第一次受了伤。从这次受伤中得知，我还没有完全恢复。我必须走出焦虑：因为我如果不能跑步，那种失落会让我感觉自己毫无价值。除了跑步之外，我必须关注自己是谁。

如何克服

在面对挑战时，依靠队友和家人走出困境，对于我们来说是很有必要的。真正敞开心扉，坦诚相待，去做一些在跑步之外让我真正感到快乐的事情。我在斯坦福大学花了很多时间去做这些事情，这确实很重要 。因此，无论是和朋友一起喝奶昔还是做义工，都能让我关注于其他人，让我从自己的思绪中走出来。这让我远离了经常伴随着伤病和挫折而来的消极或无益的想法。

对我帮助很大的另外一件事是，花时间了解导致我受伤的原因，以及如何避免再次受伤。我总是在整个恢复过程中确立目标，就像我在整个赛季或临近比赛时那样。

大二的时候，我的主要目标是让月经恢复正常。当这是我的目标时，我就可以确定在一天中做出的每一个决定是否有助于实现这个目标。以这种方式确定目标之后，我在没有比赛的时候，也能把它作为一项挑战来关注，并有助于强调有规律的生理周期对我的重要性。

骄傲的时刻

我最自豪的事情之一是在高三时赢得了新百伦室内全民赛 1 英里跑的冠军。我的 1 英里赛跑从没有突破 5 分钟，直到两周前，哈特曼让我在海拔

7 000 英尺的空军学院跑了 1 英里，我跑了 4 分 58 秒，这是我第一次突破 5 分钟。

哈特曼必须说服新百伦公司的赛事总监，才能让我进入 1 英里赛跑的最快组别。他试图解释从 7 000 英尺高度的海拔转换，他们犹豫不决，认为对我而言，参加最快组别是一个很大的转换。但是他们还是让我参加了比赛，我最终赢得了冠军，并比原来快了 18 秒，跑出 4 分 40 秒的成绩，创造了新的比赛纪录。我以前从未去过纽约，也从未在倾斜的室内跑道上奔跑过。

我为那场比赛感到骄傲，因为当我在其他选手身旁排队的时候，我并没有去想其他人在做什么，也没有去想这场比赛对于小组赛里那个女孩来说是卫冕冠军之战。我没有想太多，也没有让自己输在起跑线上。我只是让自己置身比赛之中，好像没有什么顾虑。而这一切很快得到了回报！这是我仍在努力的事情：挑战每场比赛，不要想太多，不要把竞争对手放在神坛上。你不能让自己在比赛开始之前就被打败。

> “挑战每场比赛，不要想太多，不要把竞争对手放在神坛上。你不能让自己在比赛开始之前就被打败。”

学到了什么

我希望在自己的跑步生涯早期就能够明白并理解规律月经的重要性。这一点我怎么强调都不为过。我和很多队友，特别是那些在我之后进入斯坦福大学的年轻队友，都谈到了规律的生理周期、正常身体变化和发育的重要性。特别是在高中后期和大学的大部分时间里，这是女性发育的一个重要时期。你必须面对自己的身体成长并变得强壮。如果让我回到过去，我就不会反抗这种变化。我将专注于获得健康的脂肪和正确补充能量，并为成功做好准备。我不会担心身体的变化或发育，因为我知道如果想跑步并有一个长期的发展规划，这是很正常的事情。

不要太陷入与同龄人就体重和体形的比较游戏中。我希望在大学时期能够更早地学会关注自己，而不是与他人比较。我应该专注于自己的发展，以及对这一发展过程中经验的总结。我将帮助其他可能正在挣扎或经历同样事情的人。这个世界上不是只有一种体形、一种食谱或一种成功的方法，你必须找到适合你的东西。

在大学期间，我也曾耗费很多精力与高中时的自己进行比较，而不是试图努力向前。对我来说，与自己 15 岁时的样子相比，或与自己在高中的表现相比，大学时的状态都是不健康的。大学是与中学完全不同的情形，你必须独立生活，需要自己洗衣服，有些事情需要你自己做决定，你要适应自己身体的变化。这不是一个层级的比较。

我也在努力不以时代和结果来定义自己，不把我的自我价值，甚至我的体能或我的训练情况与比赛成绩或训练结果挂钩。我认为比赛结果和表现不需要如此黑白分明。我们可以从每场比赛中学习和吸取很多东西，而不是让自己被一场比赛的结果或一次训练所定义，这也使我们更容易在这项运动中找到乐趣。

我希望在大学里做的另一件事是与我的教练更好地沟通。我没有向他们敞开心扉，没有让他们知道我在受伤之前或者在受伤期间的痛苦挣扎。他们是为了帮助你，帮助你发展成为一名优秀的运动员。他们能做到这些，唯一需要你配合的就是你能坦诚地告诉他们你的真实情况。

广泛地支持

我身边的所有人都是我的支持团队的一部分。首先，我的家人一直是这个支持团队的基础。他们让我承担起自己应有的责任，并帮助我改变错误的观念和一些不良习惯。我记不清妈妈有多少次唠叨：吃健康的脂肪和恢复月经非常重要。也许在当时，这些听起来令人恼火。她不厌其烦地提醒我。但她越是这样说，我头脑中的错误观念就越根深蒂固。幸亏有她的助力，对我负责，提醒我要关注长期目标，持续与我沟通，支持我去拓宽自己的视野，而不是只专注于眼前的事情。

我的队友们也一直是我的支持团队的一个重要部分。在大学期间，依靠队友确实是很重要的，因为我们都在经历类似的事情。当你与队友息息相关并分享你经历的事情时，就会在更深层次上获得共鸣。

朋友也是我的支持团队的一个重要部分。特别是那些在跑步界之外的朋友，因为他们真的帮助我去关注跑步之外的自己，以及我的形象。

成功的秘诀

对我来说，最重要的事情是超越自己，成为更重要事业的一部分，就像成为一个团队的一员。这包括鼓舞周围的人并允许他们挑战你，从而把你推动到一个新的高度。

在这项运动中，你要信任你所接受的训练和你的教练，这是必不可少的。你得到了世界上最好的训练，但如果在比赛中不相信他们，你就无法最大限度地发挥自己的潜能。

要怀有感恩之心！我真的很感谢我能拥有这样的天赋、才能和机会，让我从事这项运动。我也感谢支持团队中的每个人。所有这一切让我日复一日地实现自我。我不希望浪费我的天赋。

最重要的是，始终要将心理和身体的健康置于成绩和比赛之上。我越来越意识到，如果没有一个健康的心理和身体，你不可能表现出最佳的状态。即使你做到了，也不会是以一种快乐的可持续的方式实现的。

要善待自己，因为你对自己说的话会成为你的故事。我劝告女孩们要注意她们对自己说话的方式。用你与朋友交谈的方式，或者希望朋友与你交谈的方式来和自己沟通。感受你内心的力量、激情、喜悦和自信，并坚持下去。永远不要让任何人夺走这种说话方式。要专注于培养这一点，因为我认为，对于这项运动的长期成功，这些都真的非常非常重要。

一定要赞美自己一路走来所取得的进步，无论多么微小的进步，因为这样可以使你获得长期成功的动力，并在实现这些小目标的过程中找到快乐。

我非常欣赏的前职业铁人三项运动员西丽·琳德莉（Siri Lindley）经常谈到，我们应该这样爱自己，以至于我们只允许自己思考快乐、积极的事情。因此，按照同样的思路，爱自己，只用善意的、温暖的、振奋的、有成效的方式来和自己交谈。因为你的自信必须来自内心。要学会欣赏自己，爱自己！

> “感受你内心的力量、激情、喜悦和自信，并坚持下去。”

看看你身边的人

珍妮·辛普森

(Jenny Simpson)

3 届奥运选手

2011 年世界锦标赛 1 500 米跑冠军

2016 年奥运会 1 500 米跑铜牌获得者

4 届 NCAA 冠军

鲍尔曼奖赢家

1 500 米跑 NCAA 纪录保持者

出生日期：1986 年 8 月 23 日

国籍：美国

当前居住地：科罗拉多州博尔德

大学：科罗拉多大学

大学个人纪录

1 500 米：3 分 59 秒 90

3 000 米：8 分 42 秒 03

5 000 米：15 分 01 秒

专业个人纪录

1 500 米：3 分 57 秒

3 000 米：8 分 29 秒

5 000 米：14 分 56 秒

平庸日子里得到教训

进入大一时，我是被特别录取的。[①] 我立即进入校队，因此我被寄予厚望，我将为团队做出贡献，成为一名真正优秀的运动员。我在赛季初的比赛中跑得非常好，并且处于一个极好的发展轨道上。教练马克・韦特莫尔（Mark Wetmore）告诉我一些成为全美最佳运动员的条件。在大一成为全美最佳运动员可是一件大事，这绝对是我力所能及的事情。我参加了全国比赛，虽然表现还可以，但我跑得并不出色，没有获得全美最佳的荣誉。我搞不明白为什么自己一整年都跑得那么好，而在最重要的一天，却只获得了一个普通的成绩。

这件事告诉我，如果你想成为一名运动员，你的上升轨迹总会有下滑的时候。但在一个重要的日子里历经这些并吸取教训，这让我多少都会感到惭愧。但生活还要继续，这也是团队精神的一部分。还有其他队员跑得比预想好，所以我的平庸成绩并没有毁掉团队的分数。我不得不恭敬地退后一步，为那天其他获胜的队员而不是自己进行庆祝。

团队中的等级

在高中时，没有其他专业水平的女性可以和我一起训练，但我的教练会毫不犹豫地让我和其他人一起训练。至少在我看来，不会陷入谁属于哪个等级中的情况。我真的很佩服他们的方式，他们从来没有给我这种压力，好像我应该属于某个类别，我不应该越界。

当我进入大学的时候，我就是这样处理问题的，我认为这就是事实，我原来的生活就是这样的。团队或等级制度内部的各种类型的竞争，我在社交

---

① 珍妮・辛普森是佛罗里达有史以来最好的长跑运动员之一。她赢得了 7 次州冠军，并多次进入富乐客决赛。我们都毕业于科罗拉多大学，她打破了我的几项学校纪录！ 她让所有人都大吃一惊并在大一时赢得了 NCAA 障碍赛，她真的让我们大开眼界！——作者萨拉

中甚至不知道这是一种社会现象。因此，我也没有想方设法去驾驭它，或去迎合一些人和事。现在回想起来，肯定人们会说：嗨，作为冠军你完全可以做这个或那个，或说这个或那个。事实上，幸好我当时懵懂无知。我只是不知道我不应该试图打败自己的前辈队友，因为当我还在高一的时候，有一些高年级学生比我慢，所以我就想打败他们！

实践出真知

我不会在训练中做出有可能伤害自己的事，也不会每天都出去拼命地跑，这不是锻炼的目的。但我确实有意在练习中尝试做一些令人惊异的事情。因此，如果我想跑一个 1 500 米，并以 2 分 10 秒以内的速度跑完 800 米，那么我最好先在训练中做到这一点。我觉得那是一个可以冒一点风险的地方。到了比赛的时候，我认为他们不会要求你做原来你没有做过的事情，我只需要在不间断的情况下正常完成这一切就可以！我害怕计时赛，但我喜欢比，因为我认为它们是除锈比赛①的替代品。我知道，比赛时压力很大，竞争也很激烈，而我却可以在这种情况下做得更好。

在比赛中最大限度发挥你的潜力

在比赛中，重点不是要发现你的能力，而是要确切地知道你的能力。1 500 米跑就是一个很好的例子。有时 1 500 米跑比赛会以完全慢跑的方式进行，这是因为每个人都在打量彼此，他们害怕其他人超越自己，都在玩棋逢对手的游戏。但是，当人们跑得太猛时，请问谁能保证，你有能力跑得比你一生中任何时候都快 5 秒？在实践中，是什么告诉你可以做到这一点？并

① 除锈比赛（Rust-buster race），一般是从基础训练过渡到为重要赛事做准备的特定训练时期的比赛。在这个时间节点上，运动员已经具备了足够的体能和训练基础，可以在不伤害自身的情况下参加比赛，但离运动员的巅峰状态还很远。——译者注

不是说有梦想和努力就不好，但我觉得在实践中要确切地找到自己能力的边界所在，然后才去做。如果我可以做得更好，你将在最后 200 米时发现这一点。但我绝对不会在前 400 米时就让你发现这一点。

跑步与人际关系

在训练和比赛中与其他女性竞争是可以的。但它有时却会使你的人际关系变得困难。有些时候，你必须退一步并道歉，或者你必须依靠友谊，说："嗨，事情感觉很奇怪。为什么感觉怪怪的？我做了什么，我怎么才能做得更好？"我认为，作为一个富有竞争力的、野心勃勃的、上进心强的女人，与人相处更加困难。但这没关系，你可以驾驭这些，同时仍然拥有真正具有竞争力的、健康的、充实的人际关系，只是需要一些努力。

和谁在一起真的很重要。这对你的友谊、你生活中指导你的人，以及你最终要嫁的人都非常重要。你生命中的所有重要关系以及你周围的人，最终不是提升你就是毁掉你。

> 我想如果我可以给年轻人一个建议，那就是看看你身边的人，他们是否会把你带向你最终想要的方向？你是否以同样的方式提升你的朋友？

硬币的反面是你必须偶尔停下来，考虑你自己是什么样的朋友。我想如果我可以给年轻人一个建议，那就是看看你身边的人，他们是否会把你带向你最终想要的方向？你是否以同样的方式提升你的朋友？

努力别给自己太多压力

金·史密斯

(Kim Smith)

3 次参加奥运会
4 届 NCAA 冠军
创造了 3 000 米跑和马拉松等项目新西兰的纪录

出生日期: 1981 年 11 月 19 日
国籍: 新西兰
当前居住地: 马萨诸塞州阿特尔伯勒
大学: 普罗维登斯学院

高中个人纪录
800 米: 2 分 14 秒
1 500 米: 4 分 39 秒

大学个人纪录
3 000 米: 8 分 49 秒
5 000 米: 15 分 09 秒

专业个人纪录
3 000 米: 8 分 35 秒
5 000 米: 14 分 39 秒
10 000 米: 30 分 35 秒
半程马拉松: 1 小时 07 分 11 秒
马拉松: 2 小时 25 分 21 秒

体重问题

当你看到很多大学和高中运动员的体形时，你知道他们是有问题的。我的体形一直很小，所以我能想吃什么就吃什么，我猜其中部分原因是由基因决定的。但是年复一年地看到那些大学和高中运动员的体形时，你会明白，减肥短期内是有用的，但长期来看肯定是无益的。

补充能量对于远离伤病是非常重要的，特别是与骨骼相关的伤病，你肯定不想反复地受伤。所以年轻女孩需要学会补充能量，跑步前后都不要限制饮食。这点是我跑步生涯的重要经验。

我从不担心自己的体重，也不太关注饮食，主要是吃饱。我喜欢吃，所以这从来不是问题。埃米・鲁道夫一直是我很好的榜样，她常去拉萨尔面包店买一个长条面包并在一天内吃完。身边有许多饮食紊乱的年轻女性跑者很难做到这一点。这也是饮食问题会进入大学体育队并蔓延开来的原因。

年轻时的健康危机

2005 年的春天，我在新西兰的家里，当时我刚刚结束大学的最后一个赛季，正打算去参加英联邦运动会。可我的跟腱部分撕裂了，所以我就没有参加这次运动会，我想这是导火索之一。此外，我服用的避孕药因为会引起血栓而退市了。

在我正准备飞回美国时，突然间我无法正常呼吸，医生发现我的双肺有巨大的血栓。我在医院住了一周，他们允许我在心脏的损伤治愈后去跑步。那次发病让我的心脏有一些中度受损，所以医生不得不对我进行监测，以确保我的损伤变为轻度后才能跑步。医生说我可以尝试跑步，但不确定我是否还能恢复到以前的跑步水平。医生虽然无法确诊，但认为我可能患有遗传性的凝血障碍，所以终生都得服用血液稀释剂。

那年夏天，我重回赛场。我非常努力地训练，很快就恢复到原来的水平。复出后的首场比赛是欧洲的一场小型运动会。我 3 000 米跑的成绩是 8 分 50 秒。能跑这么快，让我很惊讶。

在压力下比赛

因为跑步受伤，并且不能在受伤期间跑步，对我来说这是一件无法忍受的事情，我特别不善于处理这种情况。我现在明白，在受伤期间跑步没有任何效果。要是能回到过去，我会接受更多的物理治疗或其他的治疗方式。

> “这样我的压力就特别巨大，感觉除了获胜，其他任何结果都是失败。每次比赛，我都希望赛季尽快结束，这有点悲哀，其实比赛也有让人开心的地方。”

大学期间，我的最后一场比赛是 NCAA 的越野锦标赛。前一个学年，我已经获得了室内 3 000 米、5 000 米和室外 5 000 米的冠军，所以对于越野锦标赛，我承受着很大的压力。每个人都希望我赢，都觉得这对我来说并不是件难事。这样我的压力就特别巨大，感觉除了获胜，其他任何结果都是失败。每次比赛，我都希望赛季尽快结束，这有点悲哀，其实比赛也有让人开心的地方。但压力实在太大了，[①] 我只希望完成任务，结束比赛。在奥运会和其他更大型的比赛中，我可能都没有感受到那么大的压力。我没有那么紧张，大概因为我不是最被看好的选手。那次比赛是我感觉压力最大的一次，正是因为大家都期待我会赢。

确保你能发现乐趣。与那些能让跑步变得更有趣、更愉悦的人在一起。要努力不给自己太多压力。

---

① 金・史密斯背负压力，超过了赛场上的所有人，并以 18 秒的优势获胜。——作者萨拉

不要拿自己和别人做比较

乔塔·克拉克·迪格斯
（Joetta Clark Diggs）

1988—2000年，4次参加奥运会
1985—2000年，除1年外每年均突破800米跑2分钟的限制

出生日期：1962年8月1日
国籍：美国
当前居住地：宾夕法尼亚州

高中个人纪录
800米：2分03秒

大学个人纪录
800米：2分01秒

专业个人纪录
800米：1分57秒

乔塔的旅程

我爸爸想让我们跑步，[①] 他认为长跑可以塑造性格。当时没有美国黑人会参加中长跑。爸爸认为，其他人能做的事情，黑人也能做到。12 岁时，我参加了越野跑、1 500 米跑和 800 米跑的比赛。高中时，没有人能在 800 米跑中打败我。

有几次我在街上跑步时，被警察拦了下来，他问我要去哪里。那时我爸爸还不是什么名人，[②] 当我把这件事告诉爸爸和当时还在世的妈妈杰塔・M. 克拉克（Jetta M. Clark）时，他们找到了那些警察说："我们是这个社区的居民，不要打扰我们的孩子跑步。"社区的其他人也都认识我，他们也对警察这样说。

在怀疑中奋力前行

在 1988 年奥运会时，兴奋剂泛滥是众所周知的。我当时第一次加入国家队，非常兴奋，但我在 800 米跑的第一轮就被淘汰了。对我来说，这是一个毁灭性的打击。我想放弃这项运动，因为我看不到未来的方向，而且我要读研了，我必须面对这样的问题：是继续训练还是工作？是再坚持一年，还是在这个年龄放弃一切？

最终我又坚持了一年。1989 年我取得了很好的成绩，成为世界顶尖的运动员之一。虽然还有别的工作，但我依然坚持跑了很多年。

当你处于崩溃的边缘时，就是你必须深入思考和切实地分析一切的时候

---

① 乔塔和妹妹黑兹尔・克拉克（Hazel Clark）来自美国"田径第一家庭"。她们的嫂子吉尔・迈尔斯・克拉克（Jearl Miles Clark）获得过世界锦标赛 400 米冠军和奥运会选拔赛 800 米冠军，也是美国纪录保持者。——作者莫莉

② 1989 年，乔塔的父亲，传奇教育者乔・克拉克（Joe Clark）作为电影《铁腕校长》（*Lean on Me*）中主人公的原型，由摩根・弗里曼饰演。——作者萨拉

了。请扪心自问：我是因为内心受到伤害而放弃，还是因为没有了进步的空间？在那些艰难时期，你必须有一个很好的应对方法：认真分析，主动出击，做好规划并贯彻到底。也就是说，你要审时度势，主动制订行动计划，考虑周密，然后执行。这样做可以有效地避免情绪影响我们的工作。

“休息”的故事

我看到很多高中生训练非常刻苦，他们会提前进行大学或公开赛级别的训练，而且教练大多也是专业级的。在我的高中时代，我们完全不知道有这种层次的训练。

我想告诉这些运动员：休息很重要。你必须休息，必须知道什么时候可以休息。有的运动员可能会说：“我真没用，没有拼尽全力。”但真的，如果你的身体已经处于蓄势待发的状态，如果该做的训练都做了，你实际上可以休息 5 天，这样会让自己感觉神清气爽。尤其是当你经过多年坚持不懈的训练后，身体已达到了应有的状态，休息一下是完全没问题的。

休息之后，你会跑得更好，因为你的身体得到了恢复，大脑也得到了休息。但有的教练和运动员经常不想休息，或者只休息一天。很少有劝人休息的谚语，人们总是会说“一分耕耘，一分收获”，或者“不努力，就回家”。但是我要说，“没有好好休息，就没有好成绩”，还有“休息好，才能成绩好”。

“很少有劝人休息的谚语，人们总是会说“一分耕耘，一分收获”，或者“不努力，就回家”。但是我要说，“没有好好休息，就没有好成绩”，还有“休息好，才能成绩好”。”

运动的长久之道

我一直很健康，并且幸运的是身体的适应力很强。以前我们没有进行过真正的交叉训练，没有泳池训练，没有反重力跑步机，也没有按摩治疗。我想我的身体能够承受那样的训练，是因为天生的底子好，遗传基因发挥了作用。

在内心，我很享受跑步，感觉这是一种乐趣。我有时成绩不错，但即使成绩不好，落后于其他人，我仍然会去参加国外的比赛，享受跑步带来的乐趣。大约从 1991 年起，我进步得很快，但我仍然记得在此之前那种挣扎的痛苦，所以我不会把自己现在所获得的一切视为理所当然，我珍惜每一刻。

成功者的智慧

不要着急，一步步地学习、成长和发展。要最大限度地发挥自己的才能，然后再接再厉。不要拿自己和别人对比。不管别人告诉你或者对外宣称他们做了什么样的训练，这些其实并不重要，因为这是他们的方式，你可能并不需要。要欣赏自己的才能，发挥自己的才能。

还有，要善于和教练沟通。跟教练说“我想做这个”或“我不想做这个”。比如，在比赛中你可能想跑 1 000 米，但教练可能想让你跑 400 米，这时你们就要进行沟通。

对于高中生来说，父母必须做他们的后盾，不能把孩子送到教练那里以后就不闻不问。如果出现问题，父母要第一时间分析和解决，不管是因为孩子累了，还是健康或情感出现问题，父母都要第一时间觉察。

要明白自己为什么做这件事，你的目标是做第一名，成为联赛冠军，还是团体冠军？不管原因是什么，自己都要弄清楚。

长跑是一项关于信仰的运动

玛拉·鲁尼恩
（Marla Runyan）

2 次参加奥运会
5 届残奥会冠军
泛美运动会金牌得主

出生日期：1969 年 1 月 4 日
国籍：美国
当前居住地：马萨诸塞州波士顿
大学：圣迭戈州立大学

高中个人纪录
100 米：12 秒 02
200 米：26 秒 03
400 米：59 秒 2
跳高：1.70 米

大学个人纪录
400 米：55 秒 2
800 米：2 分 15 秒 78
跳高：1.78 米
七项全能：5 168 分

专业个人纪录
200 米：24 秒 2
400 米：54 秒 59
跳高：1.80 米
跳远：5.91 米
七项全能：5 769 分
800 米：2 分 03 秒 18
1 500 米：4 分 02 秒 95
3 000 米：8 分 39 秒 36
5 000 米：14 分 59 秒 20
10 000 米公路赛：31 分 46 秒
20 000 米公路赛：1 小时 05 分 52 秒
半程马拉松：1 小时 11 分 19 秒
马拉松：2 小时 27 分 10 秒

从小就有多项运动天赋

在成长过程中，我练过体操和足球。在我大概 10 岁时，爸妈给我报了课外的儿童田径项目。我在 440 码的泥土跑道上参加过短跑比赛。我练过跳高，也爱跳高。在我们家的后院，爸爸用废木材、PVC 管和旧床垫为我搭了一个练习跳高的地方。我会在那里跳上几小时，直到后来个子长高了，一跳会直接越过跳高垫子落在草地上，才不在那个简易的地方跳。

高一时，我加入了足球二队（JV soccer Steam），但我的视力开始下降，无法看清足球。① 所以我参加了田径项目，包括短跑、接力和跳高。我在高中也跑 400 米，高二那年的成绩不到 60 秒。我害怕跑 400 米，因为身体会非常痛。高中毕业，我作为跳高运动员被圣迭戈州立大学录取，我想自己再也不用跑步了。我的计划是在阳光灿烂的圣迭戈，把草坪躺椅和阳伞拿到跳高场地，坐着观看那些可怜的短跑运动员忍受着一遍遍的艰苦训练。

我其实很怀念跑步，所以这种想法并没有持续多久。我问跳高教练能不能让我参加跑步比赛。我借了一双跑鞋，用 59 秒跑完了 400 米。短跑教练让我参加 4×400 米接力，于是，我又变成了田径运动员，一部分时间训练短跑，一部分时间训练跳高。

成为一名长跑运动员

1996 年，为了训练 800 米跑（我想应该是这个原因），我搬去了俄勒冈州的尤金。我做过膝盖手术，足部也受过伤，还患上了足底筋膜炎和髋关节滑囊炎，伤病接踵来袭。教练和我分道扬镳，随着运动员的离开或退役，训练小组也解散了。1998 年，我再次受伤，没有教练，每天只是在健身自行车上度日。当时我快 30 岁了，其实可以退役，去找一份真正的工作，但我还没有准备放弃。

---

① 玛拉患有黄斑变性，失去了大部分视力，但这丝毫没有影响她前进的步伐。——作者莫莉

最终，我在尤金找到了一位新教练，还有几位一起跑步的女孩，我还发现了一项新赛事：1 500 米跑。1999 年的一次偶然机会，我在普雷方丹经典赛（Prefontaine Classic）① 上第一次跑了 1 500 米，因为赛事主办方说我的速度不够跑 800 米，就给了我 1 500 米的参赛资格，或者我想跑 800 米也行。我决定跑 1 500 米，最后获得了第 5 名，找到了自己擅长的新项目。那是突破性的一年，我获得了世锦赛 1 500 米的参赛资格，并在决赛中获得第 10 名，另外还获得了泛美运动会 1 500 米的冠军。这些成绩成了我职业跑步生涯的开端。

但在 2000 年奥运会预选赛开始的 8 周前，我再次受伤，原因是髂胫束综合征，我无法屈膝。我去看了几位按摩师，在 1 500 米赛跑第 1 轮比赛的前一周，我只能进行几轮间歇性训练。我甚至不知道奥运会预选赛是否值得参加。但我还是参加了，而且奇迹般地入选了奥运代表队，即使我有 5 周没有训练。

更多不一定更好

我职业生涯中的挫折源于没有完全恢复和营养缺乏。我不断加大训练强度，追求极限，我坚信自己应该更努力。我常常会跑得过多，或者在训练中跑得过快，而且不愿意休息。

另外我也没有补充足够的水分。我平时很少感到口渴，所以造成补水不及时，饮水量不足。那些非常简单的事情，如果我能做到就好了，包括休息、补充更多的水分和营养。我相信自己应该有更好的成绩。我相信我从未发挥出自己真正的潜能。

① 该项赛事每年由俄勒冈田径俱乐部举办，地点在俄勒冈州的尤金市。——译者注

伤病后的复出

大部分受伤的时候，我通常会休息 4 ～ 6 周。我会在各种设备上进行交叉训练，包括椭圆机、室内单车等，还会经常去做软组织按摩和脊椎按摩。我还会做固定的拉伸锻炼，也会使用放松肌肉的泡沫滚轴来锻炼。之后一段时间，我不会一出门就跑步，而是在低强度跑步前必须进行拉伸和滚动的练习。

除了在战胜髂胫束综合征后获得 2000 年奥运会的参赛资格外，另外几次复出也让我印象深刻。2002 年，我刷新了 1 500 米、3 000 米的个人纪录。那年 1 月，在经历应力性骨折后，我刷新了马拉松的个人纪录。2006 年，在我女儿出生后的第 7 个月，我用 15 分 14 秒完成了 5 000 米跑，在女儿出生后的第 13 个月，我用 2 小时 31 分完成了马拉松。

那些骄傲时刻

有两场比赛最令我自豪。

第 1 场比赛是 2000 年奥运会的 1 500 米预选赛，当时我第一次入选奥运代表队。我竟然跑出了 4 分 06 秒的成绩，要知道我已经有 5 周没有训练，而且跑步超过 10 分钟膝盖就会痛，然后全身无法动弹，这颠覆了我对训练和比赛的所有认知。我甚至无法正常做比赛热身，跟短跑相比，慢跑时情况更糟，我可以踮起脚尖短跑，但无法进行简单的慢跑热身。

第 2 场比赛是 2002 年的纽约马拉松，那是我的马拉松首秀。我的目标是 2 小时 28 分，没想到的是，我以 2 小时 27 分 10 秒获得了第 4 名。准备这次比赛的过程充满乐趣，因为当时马拉松对我来说是个陌生的项目，跟其他比赛相比，我采取了更保守的方法应对它。我没有给自己太大的压力，这样反而令我享受了过程。

运动教会我的事情

我领悟到长跑是项关乎信仰的运动，你必须对自己的努力有信心。你不能用比赛前的跑步成绩来证明你的能力。你会为了某个时刻训练几个月、有时几年，与此同时你必须坚信自己付出的所有努力都会获得回报。你在比赛那天的表现是在任何其他时刻都无法复制的。参加比赛就是精心准备后的那一刻的绽放。

长跑运动员通常会取得很高的成就，因为我们相信目标一定要实现，所以会努力，甚至过度努力。但有时我们也会失去信仰，开始相信那些并非完全正确的观点，而不是相信自己。为了与自己的信仰系统保持一致，我们很容易过度训练，但信仰系统不一定是建立在事实或科学的基础上的。无论是相信必须达到某个体重，或是在训练时跑出某个成绩，或是每周要达到某个里程数，这些我们相信自己必须做到的事情，会牢牢吸引我们的注意力，以至于忽略了身体发出的信号。

训练毕竟是基于理论或概念。我们开始把自己的最佳成绩与某个训练或体重联系起来。我们让自己相信，只有达到这些数值，才能实现自己为之奋斗的比赛成绩。但现实是，比赛成绩是我们所有努力的结果，包括数月甚至数年的努力、我们的康复状态、身体的含水量以及营养状况，所有这些都影响着我们的表现。

重要比赛之前的那些热身赛，我的状态最好。因为热身赛时我不会给自己太多压力，我允许自己更好地休息和补充营养。我会在热身比赛时刷新个人纪录，然后必须为了真正的比赛努力维持这种状态。

你可能会想，我一定早就明白了这些道理，但我总是不断重复相同的错误。如果能回到过去，我会花更多时间休息，摒弃一些妄想，让身体更好地恢复。我还要更相信自己，相信自己的努力。

必须做到的事

拥有一个能给你无条件支持的团队是很重要的。在生活里，你需要那些能长久给予你支持的人，即使只有一个这样的人也行。你需要有人与你患难与共，在你经历成功时，有些人际关系是有条件的、短暂的。真正关心你、在意你的目标的人，无论成功失败都一直在你身边，这些人对于长久的成功是至关重要的。

要为自己奔跑，你不应该认为跑出好成绩是为了被他人接纳或重视。真正关心你的人和无论发生什么都在你身边的人，对于你来说，他们才是真正重要的。

> “要为自己奔跑，你不应该认为跑出好成绩是为了被他人接纳或重视。真正关心你的人和无论发生什么都在你身边的人，对于你来说，他们才是真正重要的。”

注意那些毫无根据的观念，跑步既是一门科学，也是一门艺术。要明白什么对自己有效，什么对自己无效。要有耐心，对长跑运动员而言，不存在立即的回报，长跑是项关乎耐心、关乎信仰的运动。

要记住挫折是暂时的，是这项运动的一部分。挫折会让你更了解自己，至少在你重回跑道时，挫折会让你的心里充满感激。

要享受过程。不能因为一次比赛的结果，就不去感受幸福。相反，你要享受过程，从起跑线到终点线都要这样。当你回忆跑步的那段时光，你会惊讶于那些最有意义的时刻，要珍惜每个时刻，相信自己，相信你的努力。

P O W

E R

有力量，去改变

成功植根于热爱

金 · 康利

（Kim Conley）

2 届奥运选手

出生日期：1986 年 3 月 14 日

国籍：美国

当前居住地：亚利桑那州弗拉格斯塔夫

大学：加州大学戴维斯分校

高中个人纪录

1 600 米：4 分 52 秒

3 200 米：10 分 58 秒

5 000 米越野：17 分 47 秒

大学个人纪录

1 500 米：4 分 22 秒

5 000 米：16 分 17 秒

专业个人纪录

5 000 米：15 分 05 秒

10 000 米：31 分 35 秒

半程马拉松：1 小时 09 分 44 秒

让希望永存

我大学毕业时没有成为全美冠军，也没有参加 NCAA 锦标赛。我怀揣着大学后成为一名职业跑步运动员的梦想，但我认为在全美范围内跑出好成绩是实现这一结果的先决条件。最终，我的教练和家人帮助我看到了前进的道路，即使没有加入职业运动队。

我继续留在加州大学戴维斯分校，[①] 成为该项目的助理教练，并继续认真地训练。虽然没有什么神奇的突破，但我继续刷新个人纪录，在大学毕业的第一年将我的 5 000 米跑的最好成绩提高到 15 分 51 秒，在大学毕业的第二年又提高到 15 分 38 秒。

突破了

大学毕业后的第三年，我在 5 000 米比赛中跑出了奥运会 B 级标准的成绩，从而开启了我的赛季。突然间，我的个人纪录离参加奥运会的资格只有 5 秒之差，那是我第一次考虑自己有可能进入奥运队伍。

那年春天，在 2012 年奥运会选拔赛上，我以 0.04 秒之差获得 5 000 米赛跑第 3 名，并以 0.21 秒的优势超过奥运会标准。在不到 1 秒的时间里，我成为一名奥运选手。

家乡的自豪感

2014 年，美国田径锦标赛在加利福尼亚州萨克拉门托举行，赛场就在戴维斯城外，离我长大的地方只有两小时路程。感觉就像一次主场比赛，看台上坐满了我生命中每个阶段的家人和朋友。在他们的摇旗呐喊中，我赢得

① 金·康利是加州大学戴维斯分校获得荣誉最多的长跑运动员。——作者莎拉

了我的第一个全国冠军。在艰苦的 10 000 米比赛的最后 1 米，我击败了乔丹·哈赛（Jordan Hasay）。

爱的教训

我不后悔今天所走的路。当我高中毕业时，我没有被主要的一级联赛项目招募，大学毕业时，我也没有得到赞助商的赞助，但我学会了专注于过程并寻求稳定的发展。16 年来，这种心态使我的个人纪录不断突破，最终站在国家级的赛场上参与竞争。

“成功植根于热爱。高水平的跑步需要自律和承诺，但如果你热爱你所做的事情，那么你就不会觉得你在强迫自己努力工作或做出牺牲。”

成功植根于热爱。高水平的跑步需要自律和承诺，但如果你热爱你所做的事情，那么你就不会觉得你在强迫自己努力工作或做出牺牲。

激励他人的回报

2016 年，我在几年后偶遇一位前大学队友。他告诉我，他一直想上法学院，但最初没有在大学毕业时申请，因为他对自己没有信心，不认为自己有成功的条件。2012 年看到我在奥运选拔赛上的表现后，他受到鼓舞，开始追逐自己的梦想。因为他看到我沿着自己选择的道路前进并取得了成功，即使在成为奥运选手的道路上遇到了那些阻碍我成功的障碍。

我那天看到他时，他刚刚从法学院毕业，正处于他一直想要的生活的起点上。这个故事对我意义重大，因为从表面上看，体育似乎是微不足道的。当我得知我的每一次成功或失败都可能帮助别人获得灵感或拥有应对挑战的动力时，我就会想：对奥林匹克的追求是一项值得努力的事业。我相信体育的力量，我很感激能够围绕它建立职业生涯。

挫折更能让你重获动力

妮基·希尔茨

（Nikki Hiltz）

2015 年美国国家队成员

世界锦标赛决赛选手

出生日期：1994 年 10 月 23 日

国籍：美国

当前居住地：加利福尼亚州圣迭戈

大学：俄勒冈州大学和阿肯色大学

高中个人纪录

800 米：2 分 09 秒

1 600 米：4 分 42 秒

大学个人纪录

800 米：2 分 05 秒

1 500 米：4 分 09 秒

1 英里：4 分 32 秒

专业个人纪录

800 米：2 分 01 秒

1 500 米：4 分 01 秒

发现这项运动

我在加利福尼亚州中部的海滩小镇圣克鲁斯长大，每到夏天我都在海滩上参加一个叫作“初级救生员”的项目。“初级救生员”是一个夏季项目，目标是教 6 ～ 17 岁的儿童如何成为海洋救生员，主要在加利福尼亚沿岸的海滩上举行。每年夏天，当地的海滩都会举行两次小型比赛。我很早就爱上了救生员的比赛，在这些比赛中我最喜欢的项目是长跑。7 岁时，我迷上了跑步。我喜欢赤脚在退潮后的硬沙上奔跑；我喜欢奋力向前，看我能跑多远；我喜欢把一点点能量留到最后，看看一旦终点线在望，我还能跑多快；我喜欢为比自己更重要的东西而跑。代表我的家乡参加这些海滩比赛，让我感到非常自豪。

我还喜欢长跑，因为这是救生员比赛中唯一一项让男孩和女孩同时起跑的项目。我这个小小跑者喜欢这项比赛，重点在于只要打败你周围的人，而无关性别。但与此同时，当比赛即将结束，我们都被送进为男孩和女孩分开的终点通道。赢得比赛是如此令人满意，我的对手竟然是所有的男孩。可以肯定，我 7 岁的时候就迷上了长跑。

足舟骨的斗争

像所有的运动员一样，我不得不经历并面对我的那份伤痛。高三那年，就在越野赛季开始前，我发现右脚有一块叫做足舟骨的骨头出现应力性骨折。在做了磁共振成像检查后，医生告诉我，我的骨折其实相当严重，如果我想再次无疼痛地跑步，就需要做手术，用一颗小螺钉穿过骨折处。

此前几个月，在青少年田径赛季中，我在加利福尼亚州的比赛中赢得了 1 600 米的冠军。之后，我打算去全国各地的大学参加招生见面会，以便能进入大学跑步。我当时 17 岁，觉得我的跑步生涯才刚刚开始，所以当医生发出这个最后通牒时，我很容易就做出了决定：把手术安排在第二天。手术后，我打了石膏，拄了 2 周拐杖，然后穿了 10 周的步行靴，总共有 12 周不能跑步。在这期间，我依然参加了大学的招生见面会，并决定未来 4 年我将在哪里跑步和上学。我记得在所有的见面会中我都拄着拐杖，但仍然很开心！在我受伤期间，我要做一个重大的决定——选择心仪的大学。大学就在我眼前，我对未来充满了期待。

我喜欢这项运动的原因之一是，总会有另一场比赛或另一个赛季即将到来，面对一个个设定的目标总能满载而归。我记得在这段时间里，我拥有了一些洞察力。当然，受伤的那一刻真的很糟糕，但与此同时，挫折总是让我看到我是那么的热爱这项运动。我认为有时我们不知道自己有多爱或想要什么，直到它从你身边被夺走。也没有什么比挫折更能让你重新获得动力。

跨越社群的桥梁

我职业生涯中最有价值的部分是组织了一个虚拟的“自豪 5 000 米赛跑”活动，所有收入都捐给了特雷弗项目，这是一个为某些特定青年人提供危机和自杀预防服务的全国性组织。对我来说，当感到孤独和失落时，跑步总是我可以求助的方式。通过“自豪 5 000 米赛跑”，我将两个项目联系在一起，这比我赢得的任何州冠军、全美荣誉或奖章都更有意义。此外，“自豪 5 000 米赛跑”已经为特雷弗项目筹集了超过 7.5 万美元，这是一个重要的、令人难以置信的拯救生命的组织。

你可以做得更好

阿吉·威尔逊

（Ajeé Wilson）

2017 年和 2019 年世界锦标赛 800 米跑铜牌获得者

2012 年世青赛 800 米跑冠军

奥运选手

美国 800 米跑前纪录保持者

出生日期：1994 年 5 月 8 日

国籍：美国

当前居住地：宾夕法尼亚州费城

高中个人纪录

800 米：2 分 00 秒

专业个人纪录

400 米：00 分 53 秒 63

800 米：1 分 55 秒

1 500 米：4 分 05 秒

她是如何开始的

我 9 岁时开始参加有组织的田径运动。我以前踢过足球。我的妹妹先进入了田径队，她回家时会说："哦，我的天哪，这太有趣了。"她讲了很多故事。我也想加入！我们只是绕着篮球馆跑了几圈，所以不是很认真。

直到高二，我才开始认真起来。我一直在踢足球和打篮球，但我的父母说："你必须选择一项运动。"所以我选择了田径。我在田径方面肯定比足球好。另外，我不喜欢输球，也不喜欢在足球中无法控制输赢。我喜欢田径运动的个性化，但我仍然珍惜足球的队友之情。

我在初中也曾跑过越野赛，一直跑到高中。这确实不是我表现最好的时期。参加越野赛只是为了保持身材。我记得在阿斯伯里公园（Asbury Park）的 5 000 米跑比赛中，我曾经跑了 18 分 06 秒。

铁娘子

我在跑步过程中遇到的最长期的挑战是保持身体中的铁含量。回顾我早期的职业生涯，铁含量长期严重影响着我。我没有那么努力地训练，但如果我感觉不好，我就把它归咎为忙碌。我想：哦，这是因为我在这个俱乐部，我在做这个，我在做那个，我在做其他运动。

随着年龄的增长，我意识到自己实际上存在缺铁问题。我在 2016 年赛季时第一次感觉事情不对劲，我的表现糟透了。我的铁蛋白值为 12，我的能量为零。我不得不更加注意自己的饮食，确保通过食补来保持我的铁含量。这并不是我最擅长的事情。

分享美食对我来说是一种乐趣。在成长过程中，食物是我们家庭生活的一个重要组成部分。享受食物而不因此有压力的那种感觉是我的最爱，我通常不想对我的饮食过于严格或过于一丝不苟。直到今天，我仍然要注意保持我的铁含量。我运动的核心是将运动负荷与身体的恢复、正确的营养补充两方面协调起来。

我现在通过补铁剂和饮食来解决缺铁的问题。很奇怪的是，我的身体在铁含量方面总是时好时坏。现在我每隔一天就服用一次补铁剂。

自我感觉恢复的时间大概是 3 周。但我第一次被诊断出这个问题时，用了 5 ～ 6 周才恢复训练。我认为现在我恢复得很快，只是因为我能更早地发现这个问题，而且我知道症状是什么样子的，如出现小皮疹或感觉不能呼吸。

最自豪的时刻

2017 年世界锦标赛铜牌和 2017 年美国纪录，二者并列为我最自豪的事情。对我和我的教练来说，目标是赢，尤其是当我的状态变得更好的时候。这两场比赛是我参加过的竞争最激烈、最令人兴奋、最充满激情的比赛。它们给我带来荣耀，但最重要的是我之后的感觉：好吧，酷，我们再来一次！这就是为什么它们对我来说很特别。

赛前氛围

我不喜欢被炒作，也不喜欢太活跃。我的方法是，想尽可能地感到自信。在美国纪录赛之前，我们刚刚在全国赛上表现得很好。我在家里做了一次计时跑步，用时 1 分 56 秒，所以在我的脑海里我知道我能做什么。①

我在比赛前担心的主要问题：我能做到吗？我感到一种平和、矜持的自信，因为我不想过度焦虑，我觉得这就像 2017 年世锦赛之前发生的那样。

① 低估了，这是一个非常好的测试成绩，因为它接近当时由吉尔・迈尔斯・克拉克（黑兹尔和乔塔的嫂子）保持的美国纪录。——作者莫莉

我和我的教练聊天，他说："你已经准备好了。如果你在还有 300 米时感觉良好，就去争取胜利。"

他总是说，"你可以做得更好"，即使是在我最好的比赛中，即使是在美国纪录之后。所以当他说，"你已经准备好了"，这给了我巨大的信心。

2017 年的世锦赛上，在还剩 300 米的时候，我有点太兴奋了，我提速得有点早。所以，特别是从那以后，我一直努力保持冷静，因为我知道当我太兴奋时，我有做过头的倾向。

在我最好的比赛中，我兴奋不已，感觉不到疼痛。直到比赛之后，我才缓过来：天哪，太疼了。

在我最好的比赛中，我兴奋不已，感觉不到疼痛。直到比赛之后，我才缓过来：天哪，太疼了。

可靠的朋友

我曾在高中和大学毕业后不久与奥运会 10 000 米跑选手玛丽埃尔·霍尔一起训练。从某种意义上说，她是一个很疯狂的人，再高强度的训练也不会让她叫苦。我从没见过她在赛后累趴下。与此同时，教练却在对我大喊："请你尽快离开赛道！"

支持体系

我的教练德里克·汤普森（Derek Thompson）这么多年来一直是我的职业生涯与生活的核心。总的来说，他对我的影响最大。

他有点像电影里的主角，而配角们以不同的方式做各自的事情。所谓"配角"是指我的父母、兄弟姐妹，还有我的田径队。我的田径队包括汤普森的妻子杰姬（Jackie）和另一家当地田径家庭的成员泰勒夫妇。这些年来随着队员的加入和离开，田径队发生了很大的变化，但我们仍然保持着良好的联系和关系。在赛道外得到的支持能让我更好地投入到我应该做的训练中，因为我知道在赛道的外面有很多与比赛和我的表现无关的事情。

不仅仅是一个跑者

在对你现在所处的位置、你的目标是什么，以及需要多长时间来实现等方面保持平衡和洞察力是非常重要的，要有耐心去做这件事。

另外，不要害怕失败。这是我们在整个职业生涯中必须要做的事情。在自我鞭策、自己的期望值和努力训练之间有一个平衡点，然后加以均衡。这可以防止你过度训练或养成对自己造成长期伤害的坏习惯。

在过去，我害怕的是除了田径之外失去了自我意识。高中的时候，我退出田径运动大概 3 周，因为我想加入一个课外俱乐部：性格委员会。我们的任务是欢迎学生，帮助他们在新学校尽快适应。我们全年都为新生和其他班级举办活动，帮助他们相互了解。有一个比萨派对和一个冰激凌派对，所以我想：我需要加入这个俱乐部。

他们每月或每两周在放学后聚会一次。我妈妈说：“如果你参加这个俱乐部，你就会错过田径比赛，所以你不能加入。”我不想百分之百只专注于田径，所以我退出了。我想：“如果我不能加入俱乐部，我就不跑了。”就这样僵持几周之后，妈妈说：“好吧，你可以加入俱乐部。”

很早以前我就意识到，如果田径是唯一的关注点，是我的全部，也是我认为自己有价值或擅长的全部，那我会多么不快乐。大多数时候我都是超级专注的。我妈妈会在周末开车来看望我一小时，这只是一个短暂的放松，但却让人兴高采烈。这就是这项运动可持续性的方式。

我在桑科法心理治疗室做志愿者。它为社区中曾经被监禁的人或曾经被监禁者的家人提供心理治疗。

> “很早以前我就意识到，如果田径是唯一的关注点，是我的全部，也是我认为自己有价值或擅长的全部，那我会多么不快乐。”

田径运动给我带来的机会和地位，使我能够以有意义的方式进行回馈，这是所有这些事情中最有价值的部分。田径运动占据了我日常生活很大一部分时间，我把它放在首位，但我的原则是：如果你需要我的帮助，而我能做到，我会尽我所能地出现在你面前。

还有一些比较简单的活动，比如和高中球队谈心活动，或在当地越野赛上颁奖。对我来说，这些都是很重要的。这让我回想起我在高中的时候，那些优秀的学长会返回学校，他们的事迹让我深受鼓舞。我也想做出一番这样的成就。现在好多高中生很崇拜我，这种感觉很特别，也有点奇怪，不知道该说些什么。我所能做的就是讲述我的现实生活，讲述我的故事，希望这些能启发他们，或者他们能从中得到一些帮助。

别把自己束缚在一个模式里

阿莉西娅·蒙塔诺

（Alysia Montaño）

2011 年和 2013 年世界锦标赛 800 米跑铜牌获得者

奥运选手

2 届 NCAA 冠军

7 届美国田径协会冠军

出生日期：1986 年 4 月 23 日

国籍：美国

目前居住地：加利福尼亚州伯克利

大学：加州大学伯克利分校

高中个人纪录

400 米：55 秒 03

800 米：2 分 08 秒

大学个人纪录

400 米：53 秒 01

800 米：1 分 59 秒

专业个人纪录

400 米：52 秒 09

800 米：1 分 57 秒

从家庭体育活动到奥林匹克梦想

我进入跑步领域是一件非常自然的事情。我喜欢各种各样的体育活动。我不仅踢足球和打篮球，而且我的家人也会组织一些家庭体育比赛。我们的家庭体育比赛包括：游泳比赛、家庭夺旗橄榄球、家庭篮球赛或家庭足球赛。对我来说，体育运动就是这样开始的，和玩耍密切相关。

我的高中教练说服我参加越野赛。我和他的儿子贾斯廷（Justin）是非常好的朋友，贾斯廷在上高中的那个夏天去世了。教练说："贾斯廷很想和你一起参加越野赛。"我在越野队度过了一段非常愉快的时光。我喜欢这种友情，尽管这不是我最喜欢的运动，但它让我想起了我和家人的关系。之后我选择直接去踢足球了。我喜欢踢球，因为我就想那样做。时至今日，我并不认为自己是一名纯粹的跑者，我喜欢称自己为一名运动员。

微笑着获得州冠军

在大一时我就参加了州田径赛。那是我第一次跑了两轮 800 米的比赛，怎么回事？整个赛季我只跑一场比赛，明天还要去跑步吗？我接受了挑战，但我做得并不好。我想我差不多是最后一名。第 2 年我的成绩好一点，好像是第 6 名左右，然后第 3 年是第 4 名。

我真的想在大四时赢得比赛。我怀疑自己是否准备好了。我的教练说："你完全可以做到。"教练感觉我很紧张，就告诉我说："当你在第一个 100 米处转弯时，看着我们微笑。我们会在直道上再次出现。如果你需要再做一次，那就再微笑一次。"

我当时排在倒数第 2 名。我的教练说："这是个好位置。你可以看到所有人！"我慢慢地追上了其他人，我当时很开心。之后，在还有最后 100 米的时候，我发现自己以相当大的优势领先，最终我赢了。我所担心的一切都与我的体能无关。

成为领跑者

我所克服的挑战之一是，不要试图按照别人画出的条条框框去做：一个跑者应该成为什么样的人才足够优秀。在大学里，我最终专攻800米跑，我不喜欢自己的跑步方式。从战术上讲，开始的时候大家都在一起跑，之后每个人都会在最后200米的时候冲刺，结果只有一个人是冠军。我觉得自己在冲刺阶段仍然精力充沛。我向表弟提及此事，他说："哦，为什么你在起跑阶段不更快一点呢？"我辩解道：你不了解800……等一下，我为什么不呢？！

我觉得必须认识并发挥出我的优势，不需要将自己束缚在一个模式里。也许我在800米跑比赛中的优势将会改写比赛的方式，使我有可能做到最好。

我找到教练询问，我是否可以在训练中那样做。我知道自己可以在400米比赛中跑出50秒，其他女性能吗？我在用力起跑后的600米跑训练中感觉很好。我们继续练习了这种战术。然后我在NCAA的比赛上使用了这个方法，教练被吓坏了。他告诉我，当我在那次比赛起跑后跑得那么快时，他担心我会搞砸整件事。但我冲出去了，感觉很好。我只觉得我的状态更好了，跳出条条框框，放开步伐，赢得了胜利。

我的挑战使我认识到了自己的优势，以及它是如何根据目的的不同而采取不同的方式。我有能力在自己所做的任何事情中选择与众不同的道路，这世上就没有放之四海而皆准的真理。当然，在训练中我们为了取得进步还是需要做一些典型的训练。但当涉及具体执行的时候，你可以创造自己的故事，可以做出必要的改变，让自己感到更轻松，并期待获得最好的成绩。

“我的挑战使我认识到了自己的优势，以及它是如何根据目的的不同而采取不同的方式。我有能力在自己所做的任何事情中选择与众不同的道路。”

别把我困住

我不喜欢用“后悔”这个词，我喜欢循序渐进。但我想也许应该按自己的意愿，而不是依据专长来选择比赛，不要让经纪人支配着你一次又一次地参加你不喜欢的同样的运动项目。你没必要这么做。人们可能想让你按照原有的思维方式去选择比赛，有时候这种状况会持续一段时间，但你总得找机会去突破。障碍不是永久的！在某个地方一定有一扇窗户或一扇门。如果你不想维持现状，就没必要原地不动等着别人替你选择。

在体育中茁壮成长的关键点

我需要快乐，有时需要适当换一种运动方式。我需要经常改变一下环境氛围，我不喜欢一遍又一遍地做同样的事情。我不是一个停滞不前的人。

从技术支持的角度看，我需要有灵活多变的能力。从专业角度来看，我需要有人提供更多女性健康方面的专门服务。我们有物理治疗师，但是有专门研究女性健康的治疗师么？我认为，这些方面的服务从物质和精神上都会改变我的比赛。我想这就是我在生育小孩之后，还能继续保持高水平比赛成绩并感到很舒服的原因，因为我的教练并没有让我觉得不能在追求田径事业的同时拥有自己的家庭。我需要那些善于变通、善于改变及在需要帮助时能给予我鼓励和支持的人。

放眼全局

这可能会变得很难，但一定要让训练充满乐趣，不要把比赛看得太重要。很明显，在锻炼的时候，你要像一头饥饿的野兽寻找食物那样集中注意力。所有其他的事情其实并没有那么重要。

社群真的很重要，拥抱你的朋友，即使他们的目标与你不同，但也不要让社群支配你。有时候你的同龄人可能不像你那么认真，他们可能会拖累你，使你放弃跑步而去做其他事情。你是自己成功的缔造者，千万不要忘记这一点。

把这段运动生涯当作一本书来思考，确保你写的是有趣的部分。这里会有一部分你甚至无法控制，会让你哭泣。但在书的结尾，我想让年轻女孩们想一想，如果你们是这本书的主角，当故事结束时，你们会有什么感觉。你们会喜欢这本书吗？把你的生活想象成一本真正的好书，你会想读，你不想放下，你是它的作者。生活会有潮起潮落，但要享受这个过程。

“把这段运动生涯当作一本书来思考，确保你写的是有趣的部分。这里会有一部分你甚至无法控制，会让你哭泣。但在书的结尾，我想让年轻女孩们想一想，如果你们是这本书的主角，当故事结束时，你们会有什么感觉。”

在逆境中成长

这是一个老生常谈的问题，但克服困难后总是会有回报的。虽然我不希望发生任何困难，也希望事情一直都很容易，但它总是让我重新调整，并在经历挑战之后有一点点清晰的思路。这些比赛帮助我找出我做得不够好的地方，以及我想在训练过程中增加的东西，以确保我能够继续寻找幸福。

我的目标是幸福。当困难与挫折发生时，我会感到沮丧，之后我就会克服。这些困难与挫折引导着我采取措施，这些措施不仅会转化为我跑步方面的能力，而且还会转化为我在日常生活中的应对方式，让我变得更优秀。这对我来说是很有意义的，尽管当时我并不想经历这些困难！

学会与自己竞争

马德琳·曼宁·米姆斯
（Madeline Manning Mims）

4次参加奥运会
1968年奥运会800米跑冠军
800米跑前世界纪录保持者
1968年奥运会800米跑金牌得主
1972年奥运会4×400米接力赛银牌
10次获得美国国家级赛事冠军
800米跑前美国纪录保持者

出生日期：1948年1月11日
国籍：美国
当前[①]居住地：俄克拉何马州塔尔萨
大学：田纳西州立大学

专业个人纪录
400米：52秒2
800米：1分57秒
1 500米：4分14秒04

① “当前”是相对于英文版首次出版的时间而言，即2022年3月。——编者注

快速启动的跑步生涯

我上高中时，所有学生都得参加总统体能测试[①]，那是我第一次接触跑步。当时我很害羞，不愿意参加任何运动，但在体能测试中各项分数却很高。有一天来了个女孩，每项测试的分数比我还高。我问体育老师："我可以再考一次吗？"她说："你想考多少次都可以。"于是连续3周我每天都参加测试！最后，我不仅是全校女孩中体能最好的，而且在全美范围内也是数一数二的。他们问："你为什么不参加体育队呢？"我说："你们有什么队？！"

我们学校有女子排球、篮球和田径项目的体育队。1965年，我被克利夫兰康乐部女子田径队的教练选中，第一次参加了全国锦标赛，也是从那时我才明白，原来跑步不仅仅是学校这个层次的事情。最终，我成为世界上第一个在440码[②]短跑中打破55秒纪录的女孩，达到了世界水平。我17岁参加了学校女子田径队，高三那年去苏联、波兰和联邦德国参加了比赛。

努力训练

虽然我非常努力地参加训练，但却没有太喜欢的运动项目。不过有趣的是，通常你最讨厌且觉得最难的训练项目，最终你却会爱上它。

有一次我们做坡道跑训练，需要上坡跑，快慢交叉跑，再跑下来，我们如此循环往复了20次，身体实在是太痛了。我非常烦躁，于是痛下决心一定要掌握这项训练。当我可以爬坡20次时，我知道自己已经进入了状态。

---

① 为提升儿童健康水平，美国总统艾森豪威尔于1956年创建"青年健身总统委员会"，并推出"总统体能测试"，测试项目包括冲刺短跑、中长跑、引体向上、跳远和仰卧起坐，得分超过85分的孩子会被授予"总统健身奖"。——译者注

② 现代短跑起源于欧洲，最早被纳入正式比赛是在1850年的牛津大学运动会上，当时设有100码、330码、440码跑项目，后来为了规范项目设置，将赛跑距离由码制改成米制。"码"是英制长度单位，通常1码=0.9144米，440码约为402米。——编者注

后来我在塔尔萨担任中学教练时，我也让孩子们做这种坡道跑训练。很多孩子非常不情愿做这个项目，但通过这项训练，他们发现自己变得越来越强壮。

我开始跑步时，美国的大多数教练还不知道如何训练女性跑 800 米。而在坡道跑训练中，你必须有耐力，还得有很好的自然跑速，才能应对距离和坡度。

在后来的训练中，跟我合作的第三位教练开始让我做大量的健美操、跳跃和重量训练（重量不会太大，着重加强力量的训练技巧），我的用时越来越短。另外教练还会让我在赛道上进行配速训练。后来我达到了一种状态，每跑 100 米就能知道这 100 米所花的时间，因为我的身体会有感觉。

大部分时间我都是自己训练。当时我的教练任教于俄克拉何马州的布罗肯阿罗的一所学校，我会去那边的赛道上跑步和训练。有时教练会让男生和我一起跑，但男生讨厌这样，他们会说："我们才不想和那个女孩一起跑，她打败了我们所有人！"

成为第一位打破 2 分钟纪录的美国女性

我第一次尝试在 2 分钟内跑完 800 米是在一次奥运会选拔赛上。我跟其他女孩说："欧洲的女孩正准备打破 2 分钟的纪录，她们能做到的，我们也能，最重要的是我们必须一起努力。"

因为她们不想尝试，所以我就自己刻苦训练。我想，上帝赐予我这项天赋，而我为什么要在这里等其他人？我要不断努力，打破纪录。最终，我成功了。不管跑 1 分 59 秒还是 2 分 03 秒，我的痛苦都差不多。

战胜挫折，卷土重来

1976 年，我第 3 次进入奥运代表队。奥运会开始前的两三周，我创造了 2 000 米长跑的世界纪录，我期待着在奥运会上同样获胜。

大家可能都知道，在比赛中浑身无力是怎样一种情景。只要做运动员的时间足够久，你肯定会在比赛中出现这种状态，你只希望这种事情不要发生在奥运会上！但这样的事情还是发生了。在半决赛上，我感到浑身无力，进入最后 200 米时，对手看到我没有加速，纷纷超过了我。

走下赛道时，我的大脑一片混乱。一位队友到热身区来看我，她坐到我旁边，搂着我说："虽然不知道该说些什么，但我想告诉你，因为有你，我才坚持跑下去。在我人生最黑暗的时候，好几次都是你伸出援手，给我帮助，真正地改变了我，使我重拾了信心。米姆斯，我非常爱你，感激你。"那一刻，我感到心中的神好像真的来到我身边坐下，用胳膊搂着我。我的心情豁然开朗。

触底反弹，创造纪录

那场比赛后，我以为自己的运动生涯就此结束了。之后有人问我是否愿意参加苏联对美国的比赛。我要赚钱支付房租，所以我去了。

在人群中，我又遇到了那个在奥运会比赛后给我安慰的朋友。她问我感觉如何，我说："我来比赛只是为了赚点儿钱，而且我还从来没有在比赛的时候发挥到最佳水平。"

她的关心好像在我心中点亮了一盏灯，突然间，勇气充满我的身体，我决定要用这次比赛致敬自己的跑步天赋。排名第 1 的选手跑了 1 分 56 秒，我以 1 分 57 秒获得了第 2 名。[①]

① 这个成绩打破了米姆斯的个人纪录，同时也创造了当时的美国纪录。——作者萨拉

不仅仅是跑步

通过跑步，我实现了人生目标。1968 年，我在赛场上遇到了一个女孩，她叫薇拉·尼科利奇（Vera Nikolić），来自南斯拉夫（现塞尔维亚）。

一年前，我们俩曾经同台竞技过。在那场比赛还剩最后 100 米时，我从她身边跑过，忽然感到身体一侧剧烈疼痛，她用手肘把我撞到了内场。我马上跳起来，追上了她。因为在终点时我的身体比她更往前倾斜一些，所以我赢了比赛。她非常生气和沮丧，不让别人把银牌挂在她的脖子上。当主办方宣布我是这次比赛最优秀的女运动员时，她把奖牌扔向人群，然后就走了。

一年后，在墨西哥城奥运会的半决赛上，我又一次遇到了她。在跑出 300 米后，她居然走出赛道，想要自杀。后来我才明白，她压力很大，因为她的国家还从未获得过奥运冠军。奥运会快结束时，有人告诉她："你得带着金牌回来，其他奖牌都不行。"所以在那次比赛的跑道上，她的精神崩溃了。

两天后，在去决赛的路上，我看到薇拉站在她的宿舍外，看起来毫无生机。我决定和她聊聊，想好好鼓励一下她，即使她不会说英语，我也不会说她的语言。我喊她的名字，她没有回答，我就继续喊。最后，我追上她摇着她的肩膀说："薇拉，薇拉！"她用那双黝黑空洞的眼睛看着我。我试着对她说："你还年轻，可以重新开始，千万不要放弃。"我没有得到任何回应。最后我说："我不知道你是否能听懂，但我想告诉你，上天创造了你，让你成为世界上最优秀的运动员之一，这属于上天的赐予，你不能随意丢弃。回家休息吧，然后重新开始，在生活中找到心中的信仰。"泪水从她的眼睛里夺眶而出，我抱了抱她，然后去参加奥运会决赛。

一年后，我在德国参加比赛，有个人来找我，他说："米姆斯小姐，我是薇拉的教练。"我问他薇拉过得怎么样，他流下了眼泪，最后说道："离开墨西哥城后，我们带她去了一家精神病院。我每天都会去看她，坐下来和她聊天，但直到一个月前她才有了回应。我当时正坐在那里说话，她打断我说，‘教练，米姆斯在去决赛的路上来看过我’。”教练继续说道：“薇拉知道你要去参加决赛，但你仍然折返回来找她，这是唯一让她重新开口说话的原因。”接着我听到有人在叫我，我转过身，看到的正是薇拉，她跑过运动场，对我说：“我找到了信仰！”从她的眼中我看到了对生活的热情。

从那一刻起，我突然明白：这与奥运会无关，奥运会是锦上添花；这与我的胜利无关，也与我的速度、名望或奖牌无关，这是关于在正确的时间、正确的地方，将承载生命的话语带给那些徘徊在死亡边缘的人。那时我完全明白了人生的真谛。

无论你现在做什么事情，我们的存在还应该有更高的价值。关于你是什么、你是谁的问题，答案可以有很多。

成为有色人种女性的榜样

几年后，我在一项世界田径锦标赛的赛事中担任随队工作人员。肯尼亚队的一位代表对我说：“你在高中跑步时，我们就注意你了，那时你还打破了 440 码短跑的世界纪录。后来你在墨西哥以绝对优势获得冠军，当时我们都很惊讶，感慨道，‘我们真应该也发掘一下自己国家女性的跑步天赋，也许她们也能拿奖牌’。在你的影响下，很多来自不同种族的女性选择了中长跑，你为她们打开了一扇大门。”

米姆斯的建议

要学会与自己竞争。上天给了你独特的天赋，最重要的是：你要完成自己的使命，然后回馈社会。

命运掌握在自己手中

谢丽尔·布里奇斯·弗拉纳根·特雷沃吉
（Cheryl Bridges Flanagan Treworgy）

马拉松世界纪录前保持者
第一位获得公立大学体育奖学金的女性

出生日期：1947 年 12 月 25 日
国籍：美国
当前居住地：北卡罗来纳州伯灵顿
大学：印第安纳州立大学

专业个人纪录
马拉松：2 小时 49 分 40 秒

莎拉尼·弗拉纳根
(Shalane Flanagan)

2017 年纽约马拉松冠军
2008 年奥运会 10 000 米银牌得主
4 次入选奥运代表队
世界越野赛铜牌得主

出生日期：1981 年 7 月 8 日
国籍：美国
当前居住地：俄勒冈州波特兰
大学：北卡罗来纳大学查珀尔希尔分校

高中个人纪录
1 英里：4 分 46 秒
2 英里：10 分 24 秒

大学个人纪录
1 500 米：4 分 11 秒
3 000 米：9 分 00 秒
5 000 米：15 分 20 秒

专业个人纪录
5 000 米：14 分 44 秒
10 000 米：30 分 22 秒
马拉松：2 小时 21 分 14 秒

她们跑步生涯的起点

谢丽尔：1966年我高中毕业，当时还没有允许女性参加的体育运动比赛项目。我的父母年轻时都很擅长体育，完全不输现在的年轻人，我爸爸会跳高，我妈妈被允许打网球和曲棍球，但他们的运动项目仅此而已。我一直想从事体育运动，每学期都按时上体育课。我读了一篇关于传奇人物比尔·鲍尔曼（Bill Bowerman）[①]的文章，他在澳大利亚做过教练，曾带领队员们在山上徒步和慢跑。我想，我也要做这些。当时没有人会在街上跑步，人们觉得那样非常非常奇怪，我会在乐队练习结束后出去跑步，会尝试在赛道上跑几圈。高中越野和田径队的教练看到后，询问我有关跑步的情况，他邀请我和田径队一起训练。

> “当时没有人会在街上跑步，人们觉得那样非常非常奇怪。”

作为经受过性虐待的人，[②]我觉得跑步可以对女性的生活产生非常大的影响。把命运掌握在自己手中，能够让女性变得更有力量，没有人可以把只属于你的技能从你身上夺走。无论面对什么样的侵害，跑步都能给女性带来力量。当时女性在很多方面遭受压制，而跑步则可以赋予她们力量。在跑步时，我想说的话会自然地萦绕在脑中，并常常以书信的方式写给那些在现实生活中不敢反抗的女性。跑步不仅有利于我的身体健康，而且赋予我力量，获得了力量的我才能吓退那些施虐者。我把自己遭受性虐待的过往说出来，因为有一点对我们女性来说非常

---

① 1964年，比尔·鲍尔曼联合自己的学生菲尔·奈特（Phil Knight）创立了蓝带体育用品公司（Blue Ribbon Sports），也就是耐克的前身。——译者注

② 在安比·伯富特（Amby Burfoot）所著的《那些最早开始跑步的女性》（*First Ladies of Running*）一书中，谢丽尔讲述了自己遭受继父性侵和辱骂的经历。通过体育运动，谢丽尔发现和磨炼了自己身体的力量，不再意志消沉。也许有一些女性正在经历同样的创伤，谢丽尔的故事也是为她们而讲的。——作者莫莉

重要，那就是感到羞耻的不应该是受害者。

> 在跑步时，我想说的话会自然地萦绕在脑中，并常常以书信的方式写给那些在现实生活中不敢反抗的女性。跑步不仅有利于我的身体健康，而且赋予我力量。

开始跑步前，我面对虐待心情沮丧，体重不断增加，我的应对方式就是吃东西，试图以此为自己疗伤。那时，我有幸读到了比尔·鲍尔曼的一篇关于跑步的文章。我想，我也可以去跑步，于是开始在放学后绕着操场跑圈。

莎拉尼：我在博尔德长大。在跑步这项体育运动中，博尔德的地位很不一般，在 20 世纪七八十年代，那里是跑者的圣地。1972 年慕尼黑奥运会马拉松冠军弗兰克·肖特（Frank Shorter）就是博尔德人，那里有特别多的跑步爱好者，跑步似乎就是生活的必需品，这是我当时明白的一个道理。我在跑步的氛围中长大。在某种程度上，你的见识决定了你的认知，也决定了你的人生目标。看到门口堆着一大堆鞋子，看到所有人都在跑步，我觉得很正常。当时我妈妈在博尔德的一家跑步用品商店工作，商店老板就是弗兰克·肖特，我妈妈就在商店后面给我喂奶。所以，在一定程度上，跑步已内化在我心中。

我试过打篮球，但不是很擅长，我踢过足球，还学过游泳，一直坚持游到高中，而我从未参加过室内田径赛。冬天，我不怎么跑步，因为室外天气比较寒冷。这个季节我一般滑雪或在室内游泳。直到大学一年级，我才开始常年跑步。

成为一个拓荒者

谢丽尔：我们开始参加跑步比赛时，社会上各种形式的巨大羞辱纷纷袭来，因为我们做了普通女性不会做的事。我虽然很害羞，又缺乏自信，但我完全不觉得在外面跑步有什么不妥，可是其他女性没有这样做。对于女性该有的样子、该做的事情，社会有个约定俗成的规范，我们既要努力符合这个规范，又要做运动员。为了迎合他们的期望，为了不让他们那么讨厌我们，我们周旋着、解释着，并且努力做好自己。

在我身边，很多女性遭遇的阻碍比我还多。我常常会调侃释放压力，但这确确实实是现实中存在的很严重的问题。20 世纪 60 年代充满了性别歧视，有一头长长的金发[①]，这让我能做很多女性做不到的事情，因为我符合男人对女性的想象。因为我更“像”女性。因此更多的大门向我敞开，让我能做自己想做的事，跑步让我感觉良好。这就是当时我们身处的真实环境。

“我能做很多女性做不到的事情，因为我符合男人对女性的想象。因为我更“像”女性。”

莎拉尼：当时确实是这样，她其实想说自己是个美女。

① 我们发现了一篇关于谢丽尔的旧报道，标题是《美女谢丽尔尝试跑步》，文中列出了她的很多信息，包括三围。报道还说：“谢丽尔可以做空姐的。”这让我们很震惊。——作者莫莉
谢丽尔告诉我们，报道出来后她联系了一两个资深的体育记者，并得到了他们的道歉。这些记者称：“我们真的不知道如何来报道女性运动员。”谢丽尔认为：“这个社会只知道用单一的方式看待女性，这些记者是在努力尝试用社会可以接受的方式来报道我们。”——作者萨拉

如果不存在，那就去创造

谢丽尔：当时没有运动内衣，根本没有那样的东西。你得翻遍衣橱，看看哪些衣服适合跑步，因为所有的运动衣都是为男性设计的。当时没有女性会跑步，没有人认识会跑步的女性。我现在还记得奶奶的话："那些短裤太短了。"我说："要是再长点儿，抬腿就会很费劲。"当时没有记录女性跑步的照片，我们被远远地挡在主流世界之外。

我有 3 项运动内衣的专利。我从小就会缝纫，上大学时，我的大部分衣服都是自己做的。当时我设计了一款内衣，一家紧身衣公司帮我生产，我与他们签订了生产合同，但后来这些人想把我的专利权骗走，他们通过转让公司把我的内衣款式卖给了其他紧身衣公司。几经周折，我终于可以在百货公司和一些跑步用品商店销售我的产品了。内衣的销量不错，我还设计了 C 罩杯、D 罩杯，还可以做更大尺寸的运动内衣。

早期的比赛

谢丽尔：我开始跑步时，只有城市里有田径队，我就开车去了印第安纳波利斯（Indianapolis）。但那里只有短跑项目，他们试图让我成为短跑运动员，而实际上我没有短跑的速度，甚至连起跑都不会！于是我不断提升自己，可是他们只允许我参加半英里的比赛。

1965 年夏天，有人介绍我参加越野赛，我当时想："太棒了，这才是我该参加的比赛！"越野赛的距离为 1.5 英里，刚开始参加这个项目确实有些难，因为我没有任何经验，双腿也没有这方面的训练，所以这也是我必须提升的地方。

上大学时，除了我之外，没有女生会去跑步。那时我和男生一起跑步，一起比赛，这些都是在得到允许的前提下。当时女性可以参加的越野赛很少。然后我去了印第安纳州的特雷霍特，我的教练说服学校给了我一笔体育奖学金，这在当时是前所未有的。①

大四时，我们队差点获得全国田径冠军。那次比赛是由得克萨斯州圣马科斯举办的第一届女子大学生全国锦标赛，我们队只有 4 个人，每个人都获得了三连胜，而且在团体赛中获得并列第二的成绩，这真是太棒了！其他田径队大多来自得克萨斯州，大约 24 个女孩。我们都非常享受那次比赛。

为打破马拉松世界纪录而训练

谢丽尔：在我跑马拉松之前的那个夏天，俄勒冈大学的教练比尔·德林杰（Bill Dellinger）给我提供了指导。我当时不是为了参加马拉松而训练，而是为了越野赛。我知道 23 岁可能应该是退役的年纪了，因为没有人在这个年纪还会再参加越野赛。但我真的很想登上顶峰，所以我写信给史蒂夫·普雷方丹（Steve Prefontaine）② 的教练比尔·德林杰："你能帮我吗？"他将训练计划邮寄给了我。起初，他让我每周跑 100 英里，我不明白每周跑那么多就应该放慢速度，以至于感觉自己要死掉了。其实每周跑 70 英里更适合我，在这种强度下，我的状态更好，表现也更好。

莎拉尼：高中时，我曾自己制订训练方案，当时我会看妈妈（特雷沃吉）是怎么训练的，然后根据她的方法来制订我的方案。我想，德林杰让我怎么训练，我就怎么训练！

谢丽尔：德林杰从未在现场看过我跑步，他是在没有观察过我跑步的情况下，给我制订的训练计划。训练结束时，他要求我完成的一些项目，在以

---

① 1966 年，历史上第一个由公立大学设立的女性运动员奖学金颁发给了谢丽尔。1973 年，得益于《教育法修正案》第九条，迈阿密大学按规定设立了一组奖学金项目，涵盖高尔夫、游泳、跳水和网球的 15 项奖学金。今天，美国三分之一的体育奖学金由女性获得。——作者莫莉

② 美国历史上最著名的长跑运动员，曾创下从 2 000 米到 10 000 米之间的全部 7 项美国长跑纪录。——译者注

往任何时候我都无法做到。这样训练的优点在于，他是在模拟比赛，要求我必须全力以赴，通过训练让我体会比赛结束时的感觉。按他的方法，我打破了个人纪录。他总是让我采取递减法，让我在距离减少时跑得更快。在1971年圣诞节那天的训练中，我打破了5分钟跑完1英里的纪录，我从来没有跑得这么快。

如何延长职业生涯并充分挖掘潜力

莎拉尼：我觉得，在某种程度上我的训练有些过度了，但我也不知道有什么更好的办法去改变，因为有段时间我没有真正的团队训练环境。由于不经常受伤，我一直没有中断训练，所以身体有些疲劳，这种情况既是福也是祸。我持续地努力训练，没有充足的时间去好好休息，因为我不允许自己享受这种奢侈。我觉得很多时候，我们总是在追逐一个又一个目标，有了一根胡萝卜，还想再要一根。

后来因为膝盖手术，我的身体得到了很好的休息，总体来说我感觉好多了！看看我现在指导的运动员，他们真的很会休息，而我只愿意稍微休息一点儿时间，接着我又会想办法偷偷多进行一些训练。因为痴迷训练，当我知道自己需要放松时，就是无法放松。终于在2017年，我因为背部受伤被迫休息了很久。然后在获得纽约马拉松冠军之前的6个月，我的训练效果非常好，这不是因为我更努力了，而是因为我休息好了，这样我才能很快将训练提升到一个新的层次。“压力 + 休息 = 成长”，这个公式确实有效。

> 我现在认为，有时给自己太多的压力很可能是不健康的，很容易把训练中的快乐赶走。

一直到最后，我在更多的时候还是把训练看作工作而非乐趣。现在我发现，我的运动员在训练时充满欢乐，而且似乎没有那么紧张。很明显，在压力水平较低时，他们真的很有竞争力。我现在认为，有时给自己太多的压力很可能是不健康的，很容易把训练中的快乐赶走。过去我的脑子里总是认为“我没那么高的天赋”，这样就有理由继续训练，就算累了也不停下来。

每次讲述自己的运动生涯时，我一般会围绕这样一个主题：当我遭遇挫折后，总会迎来某些关键时刻，就会取得职业生涯中最重要的一些运动成就。比如，高中时的富乐客比赛，大家都预测我会赢，我却没有获得参赛资格，甚至到高三也没能获得。大二时，公众认为 NCAA 越野赛冠军非我莫属，我的压力非常大，因此比赛成绩非常糟糕，我对自己失望极了。当时在赛场上，我真的停下奔跑的步伐，开始走路！大学毕业没多久，我的脚需要做手术。这时谁又能想到，一个在高中时从未参加过富乐客全国赛，一年前还在赛道上走路的女孩，最终却会在大学两次获得越野赛的全国冠军？

走出低谷后，我获得了奥运会的参赛资格。在接受脚部手术时，有人告诉我，我的跑步生涯可能会就此终结。但是在康复后，我创造了室内 3 000 米和室外 5 000 米的美国纪录。在 2008 年北京奥运会上，虽然在比赛前食物中毒，我还是获得了一枚奥运奖牌。我的下一个重要时刻就是赢得纽约马拉松比赛的冠军，而在此之前我的背部严重骨折。我也不知道为什么，自己运动生涯里的一些突出成就都是在经历挫折后取得的。我认为挫折会让运动员重新审视自己的目标，审视自己实现目标的欲望有多强烈。虽然这些挫折都不是意料之中的，在当时也非常难熬，但由于某种原因，挫折能将运动员的能力提升到一个新的水平。至少对我来说，重新审视目标始终给我很大帮助，如果在失败时进行内省，则会更加坚信自己的目标，这样也是有益处的。

我竭力把这些经验告诉受伤的运动员。当你处在不得不退后一步的时刻，如果能保持专注，立志再次成为出色的全能运动员，这样就会带来意志上的改变，让你面对挫折时更加坚强。如果你能将挫折看成一种优势，即使当时不觉得它是优势，这种心态也会给你帮助。

> “补充营养、力量训练、保养身体，这些当时我们都没做，我们就是跑步。”

谢丽尔：补充营养、力量训练、保养身体，这些当时我们都没做，我们就是跑步。如果不够，我们就再跑。我们没做过任何的重量训练，我不记得几岁开始做仰卧起坐和俯卧撑。我们也不懂营养。

当时能进训练室是件了不起的事，我们能做的最了不起的事，就是扭伤脚踝后，用冰块敷一敷，这在当时可就算是新闻了！我曾在美国健康体育娱乐舞蹈联盟在伊利诺伊州的一场全国会议上做一名演示员，当时他们想出了一个办法，就是用一杯冰水敷在受伤的部位，以前从没有人这样做过。所以说，时代在发展，过去有许多事真的就是那样不可思议。

让我自豪的事情

莎拉尼：大多数情况下，我是个很能坚持的人。作为运动员，我想取得好成绩的渴望从来没动摇过，而且长久以来我一直坚持自我激励。每天都保持着相同水平的动力和专注是非常困难的，但我坚持了很久，这并不容易，所以我引以为豪。

最让我骄傲的是获得了世界越野锦标赛的奖牌，那可能是我跑得最艰难的一次，也可能是我发挥最好的一次比赛。

谢丽尔：对于自己在马拉松比赛中创造的世界纪录，我的心情很复杂。我没有为那场比赛进行训练准备，那天是碰巧参赛，创造马拉松比赛的世界纪录也不是我的目标。我有自己的目标，但从未真正实现过。我认为满足自己的需求更重要，找到一种方法去做自己喜欢做的事情，对我来说最重要。

我最好的一次表现可能就是获得 1969 年世界越野锦标赛的第 4 名，那场比赛在苏格兰举办，赛道非常崎岖。我比新西兰的瓦尔·鲁滨逊（Val Robinson）落后了 1 秒，要不然美国就能包揽全部奖牌。莫琳·迪克森（Maureen Dickson）获得第 2 名，多丽丝·布朗（Doris Brown）获得第 1 名，我获得第 4 名。

跑步趣事

谢丽尔：这个经历现在觉得很有趣，但当时并非如此。我在印第安纳州的特雷霍特上大学时，教练努力想给我找一些跟我水平相近的比赛。他咨询了一些中学，问他们是否能让我参加高中男子的比赛。后来学校终于允许我参加，但有个条件，发令枪响 3 秒后我才能起跑，因为他们不想让我挡了其他男生的路。我觉得很好笑，难不成我能做什么防碍他们，比如去把别人扑倒？我愿意等 3 秒再起跑，但我进行了完美地反击，那年我的成绩总是在前 3 名，而且一路都在赶超前面的人。

运动生涯中获得的支持

谢丽尔：人们一旦看到我的努力，就会加入支持我的阵营。我并不是为了炫耀什么，而是必须证明自己，而且必须坚持这样做。虽然我还是个新人，但我觉得，与我一起训练和比赛的人对我都很尊重，这些尊重给了我支撑，他们会为我挺身而出。如果长跑时有疯狗追过来，他们都会想办法保护我。我想他们明白，我并不是为了标新立异，我跟他们一样，只是想跑得更快。

一旦人们了解了你，了解了你的目标，看到了你的敬业精神，大多数人都会支持你。但也有一些例外，有一次在圣路易斯－奥比斯波，我一大早就去跑步，外面没有人。有个警察看到我没有按照当地的交通规则从人行横道

“我认为，像我这样在女性跑步领域的拓荒者，一直以来都得到了男性跑者的鼓励，只有那些不知道我们在做什么的人，才会因为我们打破常规而感到不安。”

过马路，以乱穿马路为由把我拦了下来！我认为，像我这样在女性跑步领域的拓荒者，一直以来都得到了男性跑者的鼓励，只有那些不知道我们在做什么的人，才会因为我们打破常规而感到不安。

莎拉尼：与妈妈相比，我有太多的优势和经济支持，我有资源，有心理治疗师，还有医生，我真的觉得自己占尽优势。但有件事我认为最重要，那就是我的丈夫愿意放弃他当时所追求的一切，全力支持我的事业，这对我来说意义重大，他给予我持续不断的全方位的支持。在我没有陪练时，他做过我的陪练。在我职业生涯早期，因为我的教练住在佛罗里达州，他还做过我的教练。丈夫的全力支持使我能够真正专注于自己的事业，这一点至关重要。

跑步成为家庭的纽带

谢丽尔：看着莎拉尼在职业跑步中的发展，我真的很难形容那种感觉。莎拉尼，她是我的女儿。但看到她的成就，我好像不认识她了，只是远远地感到敬畏和钦佩！真的很难不为她骄傲，很难不拿她来炫耀，很难不去问大家是否认识她，要解释这种感觉真的太难了。你懂的，我们都太爱自己的孩子了。

“那次是青奥会选拔赛，我们是为了她的妹妹玛吉而去的，我说：“莎拉尼，你既然来了，也去跑吧。”后来，玛吉没有晋级全国赛，但莎拉尼晋级了！”

如果有人谈论莎拉尼，我就很爱凑过去，而且是偷偷靠近，为的是努力听清他们的对话，而对话的内容总是让我又惊又喜。我回想起莎拉尼小时候第一次和我们参加越野比赛的情景。我当时非常兴奋，那次是青奥会选拔赛，我们是为了她的妹妹玛吉而去的，我说："莎拉尼，你既然来了，也去跑吧。"后来，玛吉没有晋级全国赛，但莎拉尼晋级了！下一个赛季莎拉尼决定要跑越野。她热爱的事情我也热爱，这是一种独特的纽带。

莎拉尼：如果你和父母都爱跑步或有类似的共同点，你们之间便会有一种独特的纽带。这种纽带可以全面提升亲子关系，因为你们有共同点，子女会为了提升能力而听取父母的建议。我认为，如果父母和子女有共同热爱的事情，这会给亲子关系增加一些真正独特的元素。

> "如果你和父母都爱跑步，你们之间便会有一种独特的纽带。"

高中时，我会听取妈妈的建议，因为当时我还没有遇到一个真正强大的教练式的人物。我的很多训练计划都是自己写的，然后我会让爸妈看一下，我们还经常在吃晚饭的时候讨论。后来我上了大学，成为一名职业运动员，对自己的教练完全信任，让他为我做决定。但是对于让我倍感压力的事情，我依然会举棋不定。此时我首先更相信自己的直觉，其次相信我的教练。当然了，父母也会给我很多建议，但我也尊重自己与教练的关系，我们需要共同努力和共同做决定。

而我认为最酷的事情发生在我去参加世界越野锦标赛的时候。我的爸妈都参加过这个比赛，因此他们知道其中的难度。在我拼尽全力获得第9名后，他们的反应是："我们知道这是你做过的最难的事情，我们以你为傲。"他们知道参加这个比赛是什么感觉，只是旁观他们就能感受到肌肉酸痛、头昏脑涨，胃里翻江倒海，这些感觉他们都能体会到。

别浪费任何时间[①]

加布里埃尔·格鲁尼沃尔德
（Gabriele Grunewald）

2014 年美国室内 3 000 米冠军
室内世界锦标赛团队成员
2012 年美国奥运会选拔赛第 4 名

生卒日期：1986 年 6 月 25 日—2019 年 6 月 11 日
国籍：美国
学院：明尼苏达大学

高中个人纪录
800 米：2 分 14 秒
1 600 米：5 分 08 秒

大学个人纪录
800 米：2 分 06 秒
1 500 米：4 分 13 秒
5 000 米：16 分 46 秒

专业个人纪录
800 米：2 分 01 秒
1 500 米：4 分 01 秒
1 英里：4 分 27 秒
3 000 米：8 分 42 秒
5 000 米：15 分 19.01 秒

---

① 本文由她大学时期和大学毕业后的教练加里·威尔逊（Gary Wilson）与丹尼斯·巴克（Dennis Barker）分别讲述。

大学生涯和诊断

巴克：2009 年春天，已是明尼苏达大学高年级学生的加布里埃尔被诊断出患有腺样囊性癌，这是一种罕见的癌症，这结束了她的室外田径赛季。从她的颈部切除肿瘤后，她接受了放射治疗。NCAA 又给了她一年的参赛资格，她充分利用了这一年，在 2010 年 NCAA 1 500 米跑比赛中获得第 2 名。

威尔逊：我们当时在亚利桑那州立大学参加一个比赛。在加布里埃尔参赛的前一天，她从房间里给我打电话说："我需要和你谈谈。"她下来的时候，大多数长跑运动员都在游泳池那里。她告诉我们，医生刚刚打电话来，她脖子上的一个肿块的活检结果出来了，是恶性肿瘤，必须立即切除。

她问医生是否可以等赛季结束，答案当然是："不，这不能等。"

她的队友们都很难过，哭了起来。我告诉加布里埃尔，她不必参加比赛，我允许让她乘下一班飞机回家。她不愿意这样做，她说要参加第二天的 1 500 米跑比赛。她不仅参加了比赛，还创造了 4 分 23 秒的个人最好成绩。

> “我告诉加布里埃尔，她不必参加比赛，我允许让她乘下一班飞机回家。她不愿意这样做，她说要参加第二天的 1 500 米跑比赛。她不仅参加了比赛，还创造了 4 分 23 秒的个人最好成绩。”

手术后有一个漫长的恢复过程。两个多月后，加布里埃尔才开始进行简单训练。由于她是大学 5 年级的学生，我们不得不向 NCAA 申请第 6 年的资格，以便再参加一个户外赛季。在 NCAA 批准了她那一年的申请后，我看到了她的热情和我从未见过的决心。她不打算浪费任何时间。

秋末和冬季，她都一直在训练，之后我们坐下来讨论她的目标。她说："我要打破 1 500 米跑的学校纪录（当时是 4 分 15 秒），我要赢得大十区

1 500 米比赛，我要成为全美冠军。”我知道最好不要当面质疑她，实际上我还是有些怀疑的。那年春天，她真的打破了学校纪录，并在全国大学生运动会上获得第 2 名的好成绩。她唯一没有实现的目标是大十区冠军，她以百分之一秒的差距输掉了它。

在更多的挫折中奔跑

巴克：2010 年秋天，医生在加布里埃尔的甲状腺中发现了肿瘤。她的甲状腺被切除了。2011—2015 年，加布里埃尔坚持训练和比赛，创造了个人最好成绩，并在美国全国比赛和欧洲田径赛场上名列前茅。2016 年，加布里埃尔获得了美国奥林匹克选拔赛 1 500 米和 5 000 米比赛的资格，但在选拔赛中不尽如人意。选拔赛后不久，她的肝脏上发现了一个大肿瘤。腺样囊性癌已经扩散到她的肝脏。她接受了手术，一半以上的肝脏被切除，她开始接受免疫治疗。

在 2016—2017 年的冬季，她又开始训练，并在春天的 1 500 米跑中跑出了 4 分 12 秒的成绩，获得了美国田径协会锦标赛的资格。但在跑出 4 分 12 秒的成绩后不久，她的肝脏上又发现了几个小肿瘤，而这些肿瘤是无法手术的。加布里埃尔开始化疗。尽管她在参加美国田径锦标赛前仍然在与感染和发烧做斗争，但她还是在预赛中跑出了 4 分 31 秒的成绩。这是她最后一次参加职业比赛。

她留下的遗产

巴克：在接下来的两年里，加布里埃尔一边进行癌症治疗一边继续训练，希望找到治愈的方法，可以使她恢复比赛。但在 2019 年 6 月 11 日，她去世了，身边围绕着许多家人、朋友和队友，以及竞争对手。

在她的职业生涯中，加布里埃尔最好的训练伙伴是她的大学男友贾斯廷·格鲁尼沃尔德（Justin Grunewald），她在2013年与他结婚。贾斯廷在明尼苏达大学时是一名非常优秀的跑者，大学毕业后，他在医学院工作期间继续训练和比赛。但他跑步的重点是为加布里埃尔做他力所能及的事。当贾斯廷不在她身边时，加布里埃尔作为职业选手很少跑步或锻炼。

加布里埃尔的整个职业跑步生涯发生在她与癌症斗争的10年中。她面临着许多生理、心理和情感上的挑战，即使她知道自己不在最佳状态，也还是要努力训练和比赛。她一次又一次地克服了这些挑战，在国内和国际上取得了成功。在她生命的最后时刻，她建立了“像加布里埃尔一样勇敢”基金会，为罕见的癌症筹集资金。

当机会出现时，就去抓住它

阿利芬·图利亚穆克

（Aliphine Tuliamuk）

奥运选手

2020 年奥运马拉松选拔赛冠军

出生日期：1989 年 4 月 5 日

国籍：美国（原籍：肯尼亚）

当前居住地：亚利桑那州弗拉格斯塔夫

大学：威奇托州立大学

大学个人纪录

3 000 米：9 分 07 秒 21

5 000 米：15 分 18 秒

专业个人纪录

半程马拉松：1 小时 09 分 16 秒

马拉松：2 小时 26 分 50 秒

如何开始跑步

我在肯尼亚一个非常小的村庄里长大，那里海拔约 10 000 英尺。我们平时总是到处跑。我们不得不跑着去取水，因为家里没有自来水。只要你能走路，你就必须跟着年龄大的孩子去取水或打柴，晚上帮忙照顾家里的动物。我们的学校建在离我家约两英里的地方。我们不得不跑步去学校，因为作为一个孩子，走两英里去学校要花很长时间。这并不是小时候的体育训练，而是我的生活方式。

三年级的时候，我开始和同龄人比赛。我们曾经在夏天的时候有一个田径赛季。我的姐姐也跑步，她在比赛中经常表现得很好，常常能够领先，所以我妈妈同意她参加比赛。起初，我妈妈对我说："你太小了，不要出去乱跑。"后来我也得到了去跑步的机会，获得了第 2 名，排在我姐姐之后。2000 年，我大约 10 岁的时候，参加了一次越野赛，赢得了一条毯子作为奖品。我特别开心，拿着毯子送给爷爷。他很高兴，拿着礼物看了很久。

那一年我参加了州级比赛，我真的很享受。我喜欢出去参加比赛，也喜欢我的父母和村里的人们来看我。我意识到自己在这方面很有天赋，我和其他比我大的孩子一起比赛跑步，经常能打败他们。人们甚至决定给我捐款，因为我还是个小女孩，光着脚仍然能打败那些比我大得多的孩子。从那以后，我就迷上了跑步。

挫　折

在整个大学期间，我都很坚韧。但作为一名职业运动员，我曾经受过伤，包括腰背部椎间盘突出，2019 年还发生过应力性骨折。对于一个习惯每天跑步的人来说，克服这些伤病绝对是挑战。当看到有人在网上发布他们的跑步信息时，我就会想：哦，我的天哪，我失去了很多时间和体能。当我重新开始跑步时，我花了 16 周左右的时间才恢复到原来的水平。

自豪时刻

赢得奥运会马拉松选拔赛是我最自豪的时刻。我一直觉得自己有很大的潜力，多年来的训练也证明了我确实在这方面有天赋。虽然我经常参加比赛，但却从未真正创造与我的训练时一样好的比赛成绩。

选拔赛第一次让我觉得我能创造纪录。当机会出现时，我并不害怕掌控局面。那是一场极具挑战性的比赛，这个领域强手非常多，有很多女性排在我前面。我本来很容易胆怯，但我很自豪有机会来参加比赛，并把控了局面。

除此以外，我很自豪能从生我养我的村庄来到这里，并且发现了一种新的生活方式，寻找到了自己远大的目标。现在我的家乡已经有了很大的变化，但在我的成长过程中，接受正规教育并不是我们轻易就能拥有的东西。例如，我的姐姐在七年级的时候怀孕，很快就嫁人了。在我的成长过程中，我一直认为人生的道路就是在自己年轻时结婚、生孩子和组建自己的家庭，这就是所有的一切。正是通过跑步，我走上了一条通向新生活的道路，摆脱了少女时期怀孕的命运。我远离家乡，来到了美国，并获得了大学学位。我认为这对我来说是一个巨大的成就。

我从来没有想过我可以独立生活，做自己喜欢做的事情，拥有大学学位，有自己的思想，没有人控制我或控制我的选择。对我来说，这是一个巨大的成就，即使在今天，我们村子里也没有多少女性有机会做到这些。

教　训

要保持开朗的性格，当机会出现的时候就抓住它们。必须要有目标。你必须知道，“这是我想要的生活的展开方式”，并寻找这些机会。例如，我从艾奥瓦州立大学转到威奇托州立大学，毕业后来到圣菲接受培训，之后从圣菲搬到弗拉格斯塔夫。我看着这些需要搬运的东西想：难道我不喜欢待在一个地方吗？但当我回顾我曾经追求的机会时，我比以往任何时候都更清楚，如果我没有抓住那些机会，我就不会成为今天的我。

离开肯尼亚和我的家人并不容易。在我离开的前一天晚上，我们都哭了。从生活的村庄到内罗毕的路上，我哭了一整天。一方面，我来到一个新的国家，我不认识任何人，不知道周围的一切是怎么回事；另一方面，这里能给我最大的机会，所以我真的不能拒绝。

在你身边的人

你需要有人支持你，不管发生什么都关心你。如果有一个关心你在跑步方面的所有事情，同时也关心你这个人的伙伴，这对你的成功肯定有很大的帮助，特别是在过去的这几年。

如果没有人与你分享成功，那么这种成功就没有价值。作为一名职业运动员，我认为我的队友在我的成功中扮演了非常重要的角色，因为我看到了她们在生活中打拼的样子。她们有孩子，有家庭；她们是妻子，有些还生活在大家族之中。然而，她们仍然出现在训练场上，在这两小时内竭尽全力。然后她们离开，去做她们自己的事情。

能够有这些人推你前进，激励你，真是太棒了。我的教练本·罗萨里奥（Ben Rosario）也扮演了非常重要的角色。当我被诊断出应力性骨折时，我和他谈过，几乎准备离开团队并建立家庭。他说："我相信你。我知道你需要休息 8 周，但我认为你有机会进入奥运代表队。"我认为，拥有不仅相信你，而且能适时地告诉你他们对你充满信心的人，会让你在这项运动中走得更远。

赢的智慧

听从教练的指导。我知道有些事情比较棘手，因为我们都看到过一些教练不惜一切代价要赢得比赛的事情。这真的很让人难过，但我仍认为大多数教练都是好人。因此，如果你听从教练的指示，停止与队友的无谓竞争，我认为你的职业生涯会更长。

倾听你身体的反馈。充分利用学校提供的资源。我认为力量训练很重要，它可以防止你受伤，但你不一定要去健身房举重。照顾好你的身体，正确地给身体补充能量。

要注重人际关系，注意那些关心你的人，思考你是谁，观察你什么时候跑得好、什么时候跑得不好。与朋友保持亲密的关系，因为随着年龄越大，你越需要他们。

给自己找一个好的团队。当你为自己找到适合团队时，要相信团队给你带来的帮助。没有一种神奇的训练方式可以获得成功。你只需要接受这种训练的理念，相信自己，你就会成功。

一段有意义的旅程

能够利用天赋来号召其他人相信自己，这是非常有意义的。我回到我的村庄，和孩子们交谈，让他们相信我，并梦想有朝一日也能像我这样做，这让我非常高兴。我觉得，作为一个人，我可以从今天开始停止跑步，这完全没有问题。但是想到我可以激励一代又一代的运动员，我就会继续前进。

让别人为你欢呼

凯瑟琳 · 斯威策

（Kathrine Switzer）

第 1 位正式注册并跑完波士顿马拉松比赛的女性（1967 年）
纽约马拉松冠军
奥林匹克女子马拉松的推动者

出生日期：1947 年 1 月 5 日
国籍：美国和新西兰
目前居住地：美国和新西兰

专业个人纪录
马拉松：2 小时 51 分 37 秒

为自己赢得欢呼

> 啦啦队为别人欢呼，你应该让别人为你欢呼！

12 岁时我开始跑步。我告诉爸爸：我想成为一名高中啦啦队队长。他说："啦啦队为别人欢呼，你应该让别人为你欢呼！"第二年秋天我进入中学，打算尝试打曲棍球。爸爸认为，只要我每天能跑 1 英里，就能成为队里最好的球员之一，但我并不认为自己每天能跑 1 英里。他说："你当然可以，就在院子里跑跑吧。"于是我出去跑了 7 圈。

我下决心要做到最好，因为爸爸说我会成为一名优秀的球员，而我确实做到了，因为我从不会累！虽然我从来没有拿过球棍，但我可以比任何人跑得都快。

我感到自己充满力量、无所畏惧。即使我参加了其他运动项目，我也一直坚持跑步。有时只能偷偷跑，因为当时的人们觉得女孩子跑步是很奇怪的事。我记得送奶工找到我妈妈，对她说："家里一切都好吗？我看到你的女儿在外面跑步。"

我去了弗吉尼亚州林奇堡的林奇堡学院读书，在那里参加过长曲棍球、曲棍球和篮球的比赛。有一天，我在训练结束后出去跑步，一位田径教练走过来对我说："我们有人离队了，你能跑 1 英里吗？"我说："没问题，我甚至可以跑 3 英里。"他问我是否愿意加入男队，这样他们就可以获得更多的积分。我说："没问题。"我当时没多想，田径队的男生也对此没意见，但这里是弗吉尼亚州林奇堡的林奇堡学院，一个非常南方、宗教氛围非常浓厚的地方，我的加入引起了不小的轰动。

在锡拉丘兹的训练

后来我转到了锡拉丘兹大学，在那里男生可以选择25种体育项目，而女生一种选择都没有，我觉得这种现象非常奇怪。但没关系，我去那里是为了学习写作[①]，我想写运动题材，因为我认为自己大学毕业后就不会再从事体育运动项目了。但我可以自己跑步，写一些关于运动的事情，不管是什么运动项目，我都觉得离运动很近。

我的精力充沛，非常想参加体育运动。我决定询问一下男队的教练，是否允许我参加男子越野队比赛。他说这是违反NCAA规定的，但他看过我在林奇堡跑步的报道，他说："如果你只是想和越野队一起锻炼，那是没问题的。"但他并不是真心实意地，因为当我关上办公室的房门时，听到他突然笑得很大声，他对同事说："应该是把她打发走了。"

但我还是去了！田径队的男生都对我很友好，志愿教练阿尼・布里格斯（Arnie Briggs）也是如此。作为曾经的顶级马拉松运动员，布里格斯参加过15次波士顿马拉松比赛，但现在他年纪大了，已经退役，从没想过会再跑步。他说自己在田径队已经30年了，之前从未见过女性来这里。与男生相比我跑得很慢，所以会落后很多，并且每天都会在越野赛道上迷路。他为了照顾我，总是和我一起慢跑。布里格斯膝盖不好，跟腱也不好，但整个冬天我们都在一起训练，跑步时他时常给我讲关于波士顿马拉松的事情。

一个下雪的晚上，我说："咱们别总是聊天了，跑起来吧！"起初他说女人跑不了马拉松。我说："荒唐，已经有女性跑过马拉松了。萝伯塔・吉布1966年就'非正式'地跑过波士顿马拉松。"他说："如果有其他女人能做到，我相信你也能。但女人真的太虚弱，太容易受伤了。"我们这代人从小到大听过的很多荒唐的观念他全都相信，比如跑步会让胸部长毛、子宫脱落，等等。他说："不过如果通过训练证明你能行，我将是第一个带你跑的人。"

---

① 在锡拉丘兹大学，斯威策选择的是公共传播专业。——译者注

于是我变得非常认真，训练时我们俩跑得越来越远。有一天，我们决定跑 26 英里。跑完后，我感觉非常轻松，于是建议："我们再跑 5 英里吧。"在 31 英里长跑的最后 1 英里，布里格斯在路上摇晃起来，但我们还是坚持跑完，之后他就昏了过去。当他醒来时，他说："女性在耐力和体力方面确实有潜力。"

走向起跑线

我参加波士顿马拉松不是为了证明什么，我只是想参加比赛。我必须向布里格斯证明我能做到，上次跑完 31 英里我已经给出了证明。而去参加波士顿马拉松，则是对我所有努力的回报。

我用 4 小时 20 分完成了比赛，期间还遭到赛事主管乔克・森普尔（Jock Semple）的攻击。[①] 我告诉布里格斯："无论如何，我都要完成这场比赛。"他建议我放慢速度，确保我可以坚持下去。当时的天气很糟糕，寒风裹挟着雨雪迎面吹来，这是我遇到的最糟糕的天气。

为女性创造机会

第一次跑完波士顿马拉松后，我被田径联合会停赛了，这在当时引起了巨大的争议。森普尔坚持认为，他完全有权力对我进行肢体攻击。要是在今天我肯定要起诉他，但我当时觉得他劳累过度，失去理智，就没有再追究。

① 在当时，女性被禁止参加距离超过 800 米的赛跑。其实凯瑟琳是用"K. V. Switzer"这个名字报名参加波士顿马拉松的，因为她的名字总是被人写错（不是 Katherine，而是 Kathrine，只有末尾一个 e！）。赛事主管森普尔以为"K. V."是男性名，所以当他开着引路车驶过，发现有女性参加比赛时，他愤怒地跳下车，想把凯瑟琳推出马路。凯瑟琳当时的男友看到后，将森普尔撞到一边，她才得以继续跑完比赛。这样的事如果放在今天，人们会觉得不可思议，女子马拉松运动的开拓者竟然遭遇了这么大的阻碍。——作者莫莉

但第二天他说的话让我非常愤怒："4小时20分，我走路就能达到这个速度。"这句话让我耿耿于怀，所以我决定做两件事：为女性创造机会；刻苦训练，争取让自己成为更优秀的运动员。尽管花了很长时间，但在1975年，我在波士顿马拉松还是跑出了2小时51分的好成绩。那时我就认为，我能取得这样的成绩，那么其他许多女性只要有机会也能做到。这让我看清了方向，促使我创建了今天的这些项目，其中就包括"261无所畏惧"（261 Fearless）[①]。

> 这句话让我耿耿于怀，所以我决定做两件事：为女性创造机会；刻苦训练，争取让自己成为更优秀的运动员。

为了争取让女性能够正式参加波士顿马拉松，萨拉·梅·伯曼（Sara Mae Berman）[②]、尼娜·库斯克（Nina Kuscsik）[③]和我在马拉松组织体系内非常努力地工作着。许多时候我不得不收敛锋芒，因为与一个组织合作的最佳方式不是与之抗争，而是在其中发挥领导作用。在我的争取下，我成为纽约州北部女子长跑组织的主席，我是担任这个职位的第一位女性。和其他女性一起，我们在组织内积极工作和多方协调，那些曾和我们一起跑步的男性也鼎力相助。

经过5年的努力，我们成为美国公路跑者俱乐部[④]的正式成员，接着女性正式被允许参加波士顿马拉松赛。乔克·森普尔必须得欢迎我们女性参赛了，可他说："如果女性要和我们参加一样的比赛，那参赛门槛就必须和男

① 1967年，斯威策第一次参加波士顿马拉松时获得的号码布为261。——译者注

② 美国著名运动员，曾在1972年和1973年获得波士顿马拉松赛第5名。——译者注

③ 第一名正式参加波士顿马拉松赛的女性，成绩为3小时10分26秒。——译者注

④ 1958年成立的美国公路跑者俱乐部是目前美国本土历史最悠久、规模最大的跑步组织，旗下有超过1 500个跑者俱乐部和赛事，常年活跃跑者达20万人。——译者注

性一样。”当时的门槛是 3 小时 30 分钟，虽然这个门槛很高，但我们都能做到。事实上，库斯克和伯曼当时正在努力打破 3 小时的纪录。

虽然那天天气炎热难耐，但是我们参加马拉松比赛的 8 个人中有 3 个人的成绩在 3 小时 30 分钟之内。森普尔不得不给我颁奖，但奖杯却碰巧坏了，他有点不知所措，尴尬地把奖杯递给我说："对不起，奖杯有点损坏，如果你寄回来，我们会修好的。但这 5 年里你让我很不愉快，这个坏奖杯是你应得的！"

布里格斯跟很多男性一样，虽然曾在各种事情上反对女性，但后来都转而积极地维护女性的权利。他和我成了最好的朋友，我原谅了他，帮他出了一本书，他帮我做了许多工作，推动了全球女性体育项目的发展。人是可以改变的，而宽恕是有力量的。

成为一个拓荒者

在跑步时，我曾经遇到过一件很不愉快的事情：一个女人想把我们赶出公路。我问布里格斯："为什么会有女性不喜欢我？"他说："因为她害怕你，你强壮有力、自由自在，而她不是。"我说："她只要穿上运动鞋，走出家门，也能做到。"他说："你知道，我知道，但她还不知道。"我说："好吧，你知道吗，我要想办法改变她们。也许当我 40 岁时，我和她会成为最好的朋友。"

我已经数不清，这些年来有多少女性对我感激地说："我觉得你是我认识的最疯狂的人，你引领的跑步改变了我的生活。"我很欣慰地说："我很高兴你感受到了跑步的力量，希望你的孩子也能去跑步，把跑步精神传下去。"

一开始我让人们觉得恐惧，因为我没有"坚守自己的社会身份"。他们认为我想变成男人，或者认为我在做不合时宜的社交活动，在做有损自己生理健康的事情，而且我竟然当众流汗，他们觉得这不是一名本分的女孩应该有的行为。如果我说的这些让你觉得不可思议，请相信我，在世界的某些地方，这些腐朽的想法确实仍然存在，甚至更可怕。

我们中间许多人经过努力，成功地将女子马拉松带入了奥运会。从 1977 年到 1985 年，我在雅芳公司赞助下组织的比赛吸引了五大洲的 27 个国家的女性跑者参加了比赛。这促使国际奥委会将女子马拉松列为奥运会项目，因为我们吸引的参赛国家数量符合奥委会的要求。

我们取得了惊人的成绩。琼・贝努瓦・塞缪尔森、罗莎・莫塔（Rosa Mota）①、英格丽德・克里斯蒂安森（Ingrid Kristiansen）②和格雷特・瓦伊兹的速度都很惊人。我们有些跑者自己就是医生，通过她们获得的数据也从医学上证明了女性的耐力是超强的，女性适合参加马拉松比赛。为了举办 1980 年的雅芳女子马拉松比赛，伦敦在历史上第一次关闭了市中心的道路，这项赛事后来演变为伦敦马拉松。

我们的努力促使女子马拉松列入 1984 年奥运会的比赛项目，我很兴奋，“太棒了，我们让女子马拉松进入了奥运会”。但由于贫穷、无知以及社会和宗教的限制，世界上很多女性的生存环境依然不容乐观，她们相信那些荒唐的观念，因为除此之外她们什么也不知道，而且她们害怕走出这种环境。我们将如何为她们创造机会，并把获得权利的自由赋予她们？

斯威策现在从事的项目

第一次参加波士顿马拉松时，我的号码布是 261，对我来说它代表着在逆境中无所畏惧。我决定成立一个非营利组织，取名为“261 无所畏惧”。现在，我们在全球拥有一系列的社区俱乐部。在这些创新的运动教育

① 葡萄牙人，于 1988 年获得奥运会女子马拉松冠军。——译者注

② 挪威女子长跑运动员，第一位打破女子 5 000 米跑 15 分钟世界纪录的运动员。——译者注

项目中，我们会有针对性的培训计划，有训练有素的教练，还有很多团队领导者。

“261 无所畏惧”提供了一个两步走的方案：首先让你迈出第一步，从而获得力量；然后带你参加一个安全的社区跑步或行走计划，让你意识到自己的身心是可以改变的。在那里，有人一对一教你，使你走出家门跑步。我们还提供一个教育计划，让你变得强大。“261 无所畏惧”成立于 2015 年，目前在 12 个国家或地区，有 5 000 名女性教练服务于这个项目。我希望我们现在可以打破最后的藩篱，进入以前无法进入的偏远地区。但是你不能认为只要搭上一班飞机到了阿富汗，然后说，“嗨，我来了，让我们组织一个跑者俱乐部吧”，就能获得成功，因为创办跑者俱乐部事先需要做大量的工作。

指导和经验

我给女性的建议：你有最完美的身躯，身体的潜能超出你的想象，所以要善待自己的身体，吃好，睡好，拉伸好，所有有益的核心运动、所有该做的运动，你都要去做，最终你会惊叹于自己取得的成就，你会震惊于自己的收获。

在这个过程中，你对自己的了解会逐渐增加。有人问我为什么要跑步，我说：“跑步给了我一切。”因为跑步，我有了事业、健康和锻炼的机会，它给了我信仰，让我遇见了我的丈夫。最重要的是，跑步让我有了与自己对话的机会，让我加深了对自己的认识。让跑步赋予你一切吧，你定会有意想不到的收获。

“让跑步赋予你一切吧，你定会有意想不到的收获。”

你不仅仅是一个跑者

埃米莉·因费尔德
（Emily Infeld）

奥运选手
2015 年世界锦标赛 10 000 米铜牌获得者

出生日期：1990 年 3 月 21 日
国籍：美国
目前居住：俄勒冈州波特兰
大学：乔治敦大学

高中个人纪录
800 米：2 分 08 秒
1 600 米：4 分 41 秒
3 200 米：10 分 28 秒

大学个人纪录
800 米：2 分 06 秒
1 500 米：4 分 16 秒
3 000 米：9 分 00 秒
5 000 米：15 分 28 秒

专业个人纪录
1 500 米：4 分 05 秒 6
3 000 米：8 分 41 秒
5 000 米：14 分 51 秒
10 000 米：31 分 08 秒

为比萨奔跑

我 8 岁左右就开始跑步。夏天的时候，我和爸爸会从当地的必胜客出发，沿着街道跑半英里，然后折回来。接着我们在早上 8 点吃比萨、喝汽水。我想：这太有趣了。爸爸和我会参加所有的小型比赛，比如 1 英里赛、3 000 米赛和 5 000 米赛。这是我们之间的感情纽带。

我在成长过程中参加过各种各样的体育活动，但我在需要协作的项目中表现都很糟糕。我真的很喜欢其他运动项目中跑步的那部分。和爸爸一起跑步的温馨时光是我一开始爱上跑步的重要原因，在之后的跑步中，我努力超越自我，留下了许多美好的记忆，所有这些让我更加热爱跑步。

过渡和调整

从高中到大学对我来说是无缝衔接的。我的大学教练克里斯・米尔滕伯格（Chris Miltenberg）是个了不起的人。他非常善于沟通，也注意兼顾每个人的感受。

我觉得我们当时的训练有些不足，我想：作为一名大学运动员，这样好吗？高中的最后一年，我每周跑 45 英里。在乔治敦大学，我们每年大约增加 5 英里里程，最高达到每周 65 英里。我在大学没受过重伤。

从大学生到职业选手的转变则是很艰难的。杰里・舒马赫绝对是一位高里程教练，而我恰恰从没有做过长距离的训练。我现在一周跑 80 英里，我们很容易做到了，如在一次训练中就做了大约 10 英里的快跑。在乔治敦大学，我每周的长跑仅有 90 分钟，现在我几乎每天都跑这么久。这是一个巨大的调整，但我并不在意。我对自己的感觉和疲惫并没有太多宣泄。我想：训练就应该一直这么筋疲力尽，这就是职业运动员的本质。

另外，我想控制的太多了。在大学里，我会喝啤酒，吃不健康的食物。

作为一名专业人士，我把这些都戒掉了。我错误地认为：不能吃任何糖果，也不能喝酒，这是我必须做的，我需要非常勤奋。我又增加了一些压力，然后竟然限制了一些我的必需品。

我在2012年的奥运会选拔赛上跑了5 000米，之后因为受伤，直到2015年才能再次参加美国锦标赛。然后我又受伤了，一时陷入困境。即使是现在，为了避免更大的伤痛，我得对病情及时复查和治疗。2017年，我无法做到每周跑100英里，我没办法再回到过去。

在那段时间里，莎拉尼·弗拉纳根对我至关重要。她帮助和指导我按正确的方法训练。在长跑运动中，每个人都非常非常努力。这很容易让人暗下决心：嗯，我不能让别人超过我。在那里的长跑运动员都很有天赋。我试图改变原来的想法："如果我不像其他人一样努力，我就跑得不好。"弗兰纳根能比较客观地看待这件事，她提醒我，她在田径比赛期间，每周跑70英里左右。她说："我是在不同的赛事中一步步努力取得的成绩。你必须看到自己需要做什么，你需要清楚明白地说出来你能做到什么，是什么把你推到了边缘。"

我哭着对她说，我永远都做不好，我永远都不想参加比赛了。那是2014年12月，我第二次骶骨应力骨折。她说："我会过来找你的，我们可以喝酒聊天。"这让我感觉很舒服。我意识到其实自己不想放弃那些令人轻松愉快的事情，它让我保持理智。

“我意识到其实自己不想放弃那些令人轻松愉快的事情，它让我保持理智。”

这提醒我，我们可以付出我们所拥有的一切，但我们不必成为机器人。每个人都不一样。仅仅因为有人每周可以跑150英里，或者有人200米跑了24秒，这并不意味着我不能通过磨炼让自己的优势充分发挥出来。对我来说，不玩这种比较游戏是一个持续的过程，我需要做我身体能做的事情。

从应力性骨折到铜牌

在我第一次骶骨应力性骨折后，我有 6 个月没有跑步，我的体形真的走样了。我刚开始锻炼就做了大量的交叉训练，之后我意识到自己做得太过火了，需要完全休息。我又休息了 6 个月才重新开始跑步，这时就已经到了 2013 年年底。2014 年秋天，我恢复了训练，参加了一些非常棒的公路比赛。教练杰里·舒马赫说："以你现在的状态，你完全可以成为一个非常好的长跑运动员。"

可是在 2014 年年底，我身体的另一侧又发生了骶骨应力性骨折。那时，我的臀部还有一个唇形撕裂，我的肋骨也断了一根，那是我在跑步时不小心摔倒造成的。我刚刚经历的这些事情使我觉得自己就像一个极度糟糕的人：天啊，我怎么了？！

我完全停止训练大概一个月，然后又在游泳池里锻炼了一个多月。开始只用手臂慢慢地游泳，然后逐渐增加踢腿，最后是水中慢跑。之后，我又来到反重力跑步机上，开始做跑步和步行的混合运动，同时仍然保持所有在游泳池的锻炼。

到 2015 年 2 月底我已经在公路上跑步了。为了达到每周跑 65 英里的目标，整个 3 月我都在锻炼。在 2015 年剩下的时间里，我一直保持着这样的运动量。尽管我跑得少了，但我做的一切都是高质量的。我在 4 月又开始赛前集训。5 月，10 000 米我跑出了 31 分 38 秒的成绩，这是我在该赛事中的首次亮相。6 月，我第一次进入美国队，8 月我在世界锦标赛的 10 000 米比赛中获得了一枚铜牌！

支持团队

我觉得自己非常幸运。我的家人非常支持我，我的爸爸和妈妈都很好，我的姐妹们也特别棒。我的姐姐也跑步，但她现在已经退出了跑步圈。她是我最大的粉丝和支持者。我的妹妹也一样。我的姐妹总是让我保持清醒，并时刻提醒我：当我不跑步的时候，生活中还有其他事情。这对我来说真的很有帮助，因为我大部分时间就是在跑步。重要的是让你周围的人看到，你不仅仅是一个跑者，还在做很多其他的事情。

“重要的是让你周围的人看到，你不仅仅是一个跑者，还在做很多其他的事情。”

鲍尔曼俱乐部的女人太棒了，团队不断壮大，有很多人支持你，理解你的挫折，这真是太棒了。我的教练从不粉饰任何事情。虽然有些事情可能很难，但如果他告诉我，“不，你真的有机会做这件事”，我就知道这是真的。如果我受伤了，他会告诉我：“是的，这太糟糕了。你得休息很长一段时间，这真的很难。但是你很有才华。我相信你能做到。你以前也这样做过。”任何一点点的信念都会让我更加自信地前行，相信自己能回到过去的状态。

我们的助理教练帕斯卡尔·多伯特（Pascal Dobert）也很棒。他是杰里·舒马赫的一个很好的平衡者，因为他比较温和，只是记录和观察大家的状态如何。他甚至问我的猫过得怎么样！

体育运动的教训

要避免相互比较，这是一个艰难的过程。当我来到鲍尔曼田径俱乐部时，俱乐部里只有莎拉尼·弗拉纳根和卡拉·古彻，她们当时是马拉松选手。看到她们的训练以及她们在职业生涯的那个阶段是那么成功，真是令人鼓舞。我试图把自己放在她们的成长阶段，那时的她们已经通过多年的训练积累了独特的经验。通过比较，我几乎失去了信心，认为自己并不出色，因为我与她们的训练量相比差得太远。

我提醒自己，我才 22 岁，我不应该试图把自己做的每件事都放在她们的相同阶段进行比较，这是一个很大的教训。不进行相互比较，我就会避免很多痛苦和伤害。

在那些年里，我也会努力在生活中保持平和。当我刚从大学毕业时，我想，如果我希望成为最好的自己，并充分发挥自己的潜能，一切都必须与跑步有关。当然，我太挑剔了。这不是一种健康的可持续的心态。

> 你永远不应该让自己感到无法呼吸。你必须在生活中保持快乐和平和。跑步不应该从生活中夺走任何东西。拥有生活中的其他部分可以增强你的跑步能力，让你成为一个快乐的人。

作为职业选手的第一年，我体重减轻了很多，但跑得并不好，总是精疲力尽。我非常沮丧，当时我想：我为它付出所有，这才是做得好的必要条件。现在我才意识到自己不应该有这种感觉，你永远不应该让自己感到无法呼吸，你必须在生活中保持快乐和平和。跑步不应该从生活中夺走任何东西，拥有生活中的其他部分可以增强你的跑步能力，让你成为一个快乐的人。

有些时候，不管你是谁，都会有一些糟糕的经历。如果你的全部生活只是跑步，而你的训练效果又很差，那么你就很容易陷入低谷。但是如果还有其他事情可做，你很容易会说：那只不过是一次糟糕的训练，没关系！不是每次训练都会很好，也不是每一次训练都会很糟糕。提醒自己，你还在继续努力的路上，要明白训练不会定义你，比赛不会定义你，不管它是什么。

不必做出非此即彼的选择

萨拉 · 沃恩
（Sara Vaughn）

2012 室内和 2017 室外世界锦标赛参赛队成员

出生日期：1986 年 5 月 16 日
国籍：美国
当前居住地：科罗拉多州博尔德
学院：科罗拉多大学

高中个人纪录
1 600 米：4 分 58 秒

大学个人纪录
1 英里：4 分 47 秒

专业个人纪录
800 米：2 分 03 秒
1 500 米：4 分 04 秒
1 英里：4 分 27 秒
马拉松：2 小时 26 分 53 秒

在大学比赛期间怀孕

我在大学里生下女儿基姬（Kiki），这对我来说是一个挑战，我不知道我在做什么。我没有意识到生育对我的身体造成的影响，生育和生育后的恢复训练的过程中会涉及什么。我不知道该去哪里，也不知道该怎么面对。我的医生给了我建议，但这并不一定是适合专业跑者的必要建议。医生并没有跑步方面的经验，所以我在这方面完全是盲目的。

科罗拉多大学的管理层也不知道该怎么做，我想每个人都是边走边学。对于学生该做什么，从来没有一个大纲或指南，更不用说对于一名运动员了。教授们不知道该让我休假多长时间。

我多次被告知需要退出训练和学校。有人告诉我这样处理相对简单一些，下学期可以再回学校。但我想保留我的奖学金，我想继续留在学校。我很快发现，我必须为自己辩护，没有人会为我发声。

基姬是在 2006 年出生的，而 NCAA 在 2007 年通过了怀孕红衫章程[①]，我不知道我的特殊情况是否是这个章程形成的原因。我必须真正地争取到我的延后入学资格。我向教练和合规总监提出了申请，他们告诉我这不值得他们花时间去提交文件。办事人员说，过去任何一个怀孕的人都是直接退学的，甚至不值得去谈。直到今天我都不知道申请是否被提交过。他们告诉我：从统计学上讲，你反正不会毕业，所以为什么要去给你提交申请呢？

产后回归

我在运动方面没有任何压力。有人告诉我，只要我想回来就可以，但实际上并没有人真正期望我回来参加训练。学校告诉我，即使我不回来，也会在下一年保留我的奖学金。没有压力，没有期望，但也没有指导。

① 该章程规定，成员机构可批准因怀孕原因将女学生运动员的五年参赛资格延长一年。

“我不想让我的生活停下来，不想让我的跑步停下来。要停止让我上学和跑步？我认为这是给我的一个不负责任的答复。就这样放弃一切？我没有想过要退学。对于跑步，我也从未想过要停止。”

我不想让我的生活停下来，不想让我的跑步停下来。要停止让我上学和跑步？我认为这是给我的一个不负责任的答复。就这样放弃一切？我没有想过要退学。对于跑步，我也从未想过要停止。

我妈妈在她非常年轻的时候就有了我。她不希望我退学，即使我不得不退学，她也希望我继续攻读学位。因为从统计数据上看，如果女性为了生孩子而休学一个学期，她们就很难在正常的时间内完成学业，或者根本就很难完成学业。我接受了我妈妈的建议。

至于跑步方面的事情，我想继续跑步以保留我的奖学金，这样我就可以毕业了。我将是我们家第一个获得四年制学位的人，而且我是有奖学金的，我不能把它搞砸。所以我想：好吧，我必须修完我的 12 学分，以保证获得奖学金的最低资格。然后第二年只要跑得足够好，我就可以留在队里，继续获得奖学金，以顺利毕业。

回馈其他女性

我自己现在有一项为已经做了家长的大学生设立的奖学金。他们往往因为缺乏财务支持而退学，特别是儿童保育费用。即使他们有佩尔助学金（Pell Grant），并且获得了富布赖特奖学金（Fulbright），他们也很难维持生计，特别是在博尔德和其他大学城，儿童保育护理费往往非常昂贵。因此，我们的奖学金是这样设计的：它不占用佩尔助学金，也不影响那些做了家长的大学生的生活。我们直接支付给他们的托儿所，希望这能帮助他们留在课堂上。

到目前为止，我们的奖学金已经有 3 位受助人。第一位是有一对双胞胎的退伍军人。她的生活很混乱，但她是一个超级勤奋的人。第二位是一个有孩子的难民。同样，她也是一个超级勤奋的人，试图开始自己的生意并获得一个商业学位。他们是过去几年中我的灵感的巨大来源。

沃恩来之不易的智慧

你并不总是要做出非此即彼的选择。很多人告诉我，如果我想上大学并有自己的事业，那么组建家庭就得等一等。虽然我尊重这种选择，这对于大多数人是有意义的，但对我来说，这从来不是一个选择。这就是我的生活，就是我早年的生活。我一直想告诉大家，你不必为了当妈妈而放弃自我。我反而认为坚持这些梦想，让我成了一个更好的妈妈。做事的方法不止一种。

我试图鼓励女性的另一件事是，如果你有一个远大目标，把其他事情放一放也没关系。你不可能包揽所有的事情。在比赛季，或者当我出门旅行，或者我参加一场大型比赛时，我的房子就像发生了抢劫案那样混乱。其他的事情都被放到了次要位置，我也不介意。

> “如果你有一个远大目标，把其他事情放一放也没关系。你不可能包揽所有的事情。”

继续前进，去实现下一个目标

德斯·林登

（Des Linden）

2 届奥运会选手

2018 波士顿马拉松冠军

50 000 米跑世界纪录保持者

出生日期：1983 年 7 月 26 日

国籍：美国

当前居住地：密歇根州沙勒沃伊

大学：亚利桑那州立大学

高中个人纪录

1 英里：4 分 56 秒

2 英里：10 分 40 秒

大学个人纪录

5 000 米：16 分 17 秒

专业个人纪录

5 000 米：15 分 08 秒

10 000 米：31 分 37 秒

马拉松：2 小时 22 分 38 秒

50 000 米：2 小时 59 分 54 秒

从足球开始

我是一名足球运动员，但个子太小，所以我必须以最快的速度拿到球，然后用最快的脚法传出去才能生存下来。我意识到，我永远不会成为职业足球运动员，但我在其他方面还算出色。我 5 岁时开始踢足球，到高三时我才完全转到了长跑。在那之前我还参加过另外三项体育运动，但我不会在大学里踢足球，我想跑步。

克服困难

在伤病方面，最大的问题是股骨应力性骨折。那是在 2012 年为奥运会做准备时发生的。这绝对是我职业生涯中最大的挫折。

我休息了将近 3 个月。我一般不做大强度交叉训练，身材走样我还是可以接受的。我看到一些受伤的运动员经常会犯的一大错误是，他们将心血管适应能力保持在超高水平，继续跑步，试图让身体的运动赶上心血管的驱动力，但其实身体此时还没有准备好。我只是做一些交叉训练，保持在出汗和头脑清醒的状态。

我的看法是你应该慢慢地、耐心地等待身体的恢复。回顾大学训练时所犯的一些错误，我会不断吸取这些经验教训，一步一个脚印地走下去。所以你应该庆祝回归后的第一次长跑和第一次训练。不要和过去相比，因为那只会让你心烦意乱。事实上，你并没有完全失去体能，你不可能像刚从子宫里出来的婴儿那样一切重新开始！所有的都还在那里，你只要把它找回来即可。你更有可能是以健康的方式回归，而不是一个系统领先于另一个系统。

就重新找回自我而言，我在 2014 年参加波士顿马拉松比赛时，感觉自己在很多方面都很努力，虽然还没达到我之前的水平，但还是有进步的。大概在 2015 年的波士顿，我才觉得自己已经超过了以前的水平，我正在全速前进。

无望的奋斗

除了身体的伤病，进步的速度并没有达到我期望的程度。感觉就像我做了许多努力，却不知道结果在哪里。也许这就是这项运动本身的特点。

在大学里，我一直在努力争取理想成绩。我很纳闷：整天和这些家伙一起锻炼，为什么我在比赛时不像他们那样呢？这总是让我有点难以理解。在大学也就四五年而已，我非常幸运，后来发展成为一名专业运动员，在大学毕业后还能跑步。我放弃了那个硬性要求在5年内取得成果的方案，我觉得我可以慢慢地在这方面取得进展，之后自然而然的进步。一旦我释放了压力，允许自己以正确的速度发展，我就真的沉浸在健身中，最终获得了想要的结果。

对波士顿马拉松的长久热爱

这项运动最酷的一点是你永远会发现新的东西，回顾以往，分析当时还有什么可以做得更好。比如，在这26.2英里的路程中，有很多的路况需要提前想清楚应对措施，什么地方容易犯一些小的错误，或者有什么地方可以提升和修正。最为重要的一点是波士顿马拉松的赛道，跟其他的赛道相比是不一样的。

我爱上了这个过程，就像一起玩智力游戏一样。也许我总是在牛顿山或黄石瀑布的赛段掉队，就在消防站右转之前。这种情况为什么会在这个时间发生在我身上？我怎么才能穿过那里？如果我被远远甩在后面，这是否意味着我的一天结束了？我如何重新开始？

我觉得这个比赛场地可以很好地发挥我的长处，我可以在对我有利的小事情上努力。如果你是一个聪明的跑者，你就有可能打败一个真正有天赋的跑者。或者你可以用这个场地的优势来抗衡其他竞争者。例如，在平坦顺畅的芝加哥马拉松赛道上，世界纪录保持者布丽吉德·科斯盖（Brigid

Kosgei）每次都能打败我。但是，在波士顿马拉松的赛道，我却能打败她！这太疯狂了。

我在波士顿马拉松首次亮相是在 2007 年，迪娜·卡斯托也在那里参加比赛。当时给人的感觉是：哦，一个美国人将会赢！我随时在她周围都能看到那种兴奋，镇上的人对这件事如此热情。突然东北风暴来袭，下起了大雨，举办方几乎要取消比赛。整个赛程都很冷，刮着强劲的逆风，外面已经没有了热情的观众。我想：这真是太疯狂了，这场比赛太酷了。我马上就爱上了它，实际上我从未想过自己将会成为一名马拉松运动员。

在大雨中赢得波士顿马拉松冠军

我以为 2018 年将是重建的一年。我刚从训练中恢复过来。我虽然很健康，但我并不认为我现有的能力可以让自己跳到另一个水平更高的项目上。所以我的期望值不是特别高，因为我在前一年还遭受了打击。我觉得天气对我来说是有益的，因为训练的地方和天气是我之前熟悉的。我一点也不觉得陌生。我想：好吧，我可以在这里跑步，但这并不愉快。①

我想这对我来说是有利的。尽管这并没有让前 6、10、13 英里变得更容易！我想我随时都可能离开，因为天气太糟糕了。这不仅不是很顺利，而且恢复过程是否需要很长时间？会不会对我今年剩下的时间造成不利影响？我的体育生涯没有几年了。在应该专注于当下的赛事进程当中，去分析很多长期的事情，绝不是好事。

---

① 不愉快是一种轻描淡写的说法，那天我也参加了比赛，所以让我来解释一下天气：在整个比赛中，气温低至零下 1 摄氏度，下着冻雨，刮着强劲的逆风。包括我在内的很多人最终都患上了低体温症。这种极端天气影响了比赛结果，并让一些运动员完全退出了比赛，这主要是因为他们穿的衣服无法应对寒冷。这对德斯·林登来说是一个真正史诗般的胜利，她征服了其他选手，征服了赛道，征服了大自然。——作者莫莉

在这个过程中也发生了一些不太常见的疯狂事件，比如莎拉尼·弗拉纳根说要去洗手间。我在想：反正我要退赛了，今天感觉不太好。所以我放慢脚步等她一起回来跑。之后我感觉状态还不错，跑得也就努力了一些。

全程我几乎没有什么目标，我们在风中追着领头的马米图·达斯卡（Mamitu Daska）。到了最糟糕的一段路，我们必须缩小差距。我想，我只要跑到前面，把大家带到领头的达斯卡那里，然后发生的事情就与我无关了，谁在乎呢？然后，我就可以退赛了。

当我回头一看，我已经跑出很远，和队友拉开了距离。我当时没有把注意力放在自己糟糕的感受上，而是突然明白，实际上此时每个人的感觉都一样，都非常痛苦。这真的是很难熬的一天。我把注意力转向前方。我知道有一个身影就在我前面，我努力盯住她。朝着目标，向前迈进。所以那天我在内心有许多感悟：你的注意力在哪里？你长时间的努力目标是什么？有没有什么事情是你现在可以完成的？忽然之间豁然开朗：好吧，我正在选择，此时离我的远大目标越来越近了。

这听起来可能很奇怪，但不要多想，只是给自己设定目标，这对你有帮助。而如果你完成了这个目标，那么你就继续前进，去实现下一个目标。

> “这听起来可能很奇怪，但不要多想，只是给自己设定目标，这对你有帮助。而如果完成了这个目标，那么你就继续前进，去实现下一个目标。”

骄傲的时刻

我为自己在马拉松比赛中的一贯表现感到自豪。我把赛场当作我的家。当我开始马拉松比赛时，如果当时你能打破 2 小时 30 分，说明你正在做一些特别的事情。现在不是这样了，每个人都更快了。但这个时间仍然是我的标准。我第一次打破 2 小时 30 分是在 2009 年，从那以后我一直这样做。我非常自豪我能在如此高的水平上比赛这么久。

运动中的教训

我为自己职业生涯的大部分时间感到自豪，因为即使是那些可怕的错误也教会了我很多东西。我希望在 2012 年伦敦奥运会的准备工作中，能更坦诚地表达我的感受，并向我的教练说明。我们在准备工作中做了一些改变，比如试图模拟真正的伦敦赛道。它们可能是一个过度的压力源，在所有其他因素的基础上导致了我的股骨受伤。我想说，当事情不一定有联系时，与教练进行更好的沟通是我本可以做得更好的事情。

耐心优先

我想这是令我们爱恨交加但却是最需要的建议，那就是保持耐心。你需要给自己足够的时间，跑步是一项可以持续很长时间的运动。如果你操之过急，强求结果，通常会付出代价，特别是在马拉松运动中。年龄不一定是一个不利因素，它与你的身体和腿部的经验和力量有关。因此，如果你能健康地进入职业生涯的后期，并拥有大量的里程训练，你可以在很长时间内保持高水平。但你必须保持耐心，而这总是很难做到。

热爱这项运动

说实话，跑步一直都很有趣。当我开始做职业选手时，我的高中教练对我说，要做到不再有趣为止。每当我经历一些艰难的事情或遇到挫折时，我就非常想去跑步，因为我确实非常喜欢它，跑步一直都很有趣。这样的回答很令人惊讶，因为这也是一份工作，一份职业，涉及很多方面，不仅仅是跑步，竞争的乐趣也就在此。

你是完美的，你必须爱自己

布伦达·马丁内斯
（Brenda Martinez）

2013年世界锦标赛800米跑银牌获得者
奥运选手

出生日期：1987年9月8日
国籍：美国
当前居住地：加利福尼亚州大贝尔
大学：加利福尼亚大学里弗赛德分校

高中个人纪录
800米：2分16秒
1英里：4分55秒
3 200米：11分16秒

大学个人纪录
800米：2分00秒
1 500米：4分09秒

专业个人纪录
800米：1分57秒
1 500米：4分00秒
3 000米：8分57秒

如何开始跑步

我 5 岁左右开始跑步。那时我经常一跑出去玩就是几小时，让我妈很抓狂。她会生气地问我："你跑到哪里了？！"她只是想让我有条理和守纪律，于是她的一个同事建议让我参加一个田径俱乐部。

我不知道田径是什么，但我喜欢跑步。我是在赛季末加入的，甚至连制服都没有。第一次比赛时，我穿了一件白色汗衫和一条印有花朵的小牛仔短裤。我在 100 米跑的时候被打得落花流水。我想：为了比赛不输得更惨，以后每一次练习，我都要拼命跟上其他孩子。

> “我很感谢有一位对我的特长非常了解的教练，他使我的成长充满乐趣。”

最后，教练卡尔顿说："我认为你在中距离跑方面更擅长。"于是他让我参加 800 米跑和 1 500 米跑的比赛。从此我一直都在参加类似的比赛。我很感谢有一位对我的特长非常了解的教练，他使我的成长充满乐趣。

高中时，卡尔顿教练告诉我，如果我继续跑步，学校就可以支付我读大学所需的费用。我当时不知道什么是奖学金，但我知道自己想上大学。我将是我们家的第一个上大学的孩子，但钱肯定会是个问题。我努力在学校好好表现，在跑步方面会做得更好。我希望在某个地方的一所学校有兴趣以全额奖学金的形式接纳我。

最终我做到了，我得到了加州大学里弗赛德分校的全额奖学金，那里离我的家乡只有 25 分钟的车程，简直太完美了。卡尔顿教练从我 5 岁起就帮助我，一直到我的青年时期。

走向成功的步骤

我在高一的时候，1 英里赛跑了 5 分钟左右，一直到高三我都无法提高。

之后我终于跑出了 4 分 55 秒的成绩。那时，很多大学都已经发放了奖学金，互联网上的资源也不像现在这样丰富，并不能看到其他项目的情况。我主要是希望让学校帮我付学费。

我没有想过要成为一名职业运动员，而是逐步做到的。我想在高中时成为一名更好的跑者并获得奖学金。大学时我不知道自己在跑步方面是否还会那么优秀。

我在电视上看到女孩在著名的普雷方丹经典赛上比赛。我想：那些女孩真快，我远没有那么快。我从来没有想过自己有一天会站在她们的位置。直到大三那年，我的 800 米跑成绩才逐渐接近 2 分钟。我的大学教练说我应该去欧洲，在那里我可能会取得一些更好的成绩，所以我们就这么操作了。在欧洲，我 800 米跑的成绩是 2 分钟，1 500 米跑的成绩是 4 分 9 秒。我算是接近专业水平的边缘了，而且我很喜欢跑步。我意识到这是自己毕业后想做的事。赞助商和教练对我没有太多兴趣，因为我在高中最后一年受了伤。新百伦公司对我很感兴趣，我经历了从找经纪人到开始工作的整个过程。能达到这里，都是一小步一小步努力的结果。

正视健康

运动员可能会在最自信的某一天发现，所有的一切都随着一场伤病而消失。2019 年，我的跟腱严重受伤，这是自 2016 年受伤以来病情逐渐恶化的结果。我真的很努力，一直都希望自己一定要参加全国赛。我不知道是否能进入世锦赛的队伍，但我非常想出现在那里，我渴望站在世锦赛的起跑线上。

由于受伤我失去了乐趣，放弃了训练。我太痛苦了，而且每天情况都在变得更糟，这让我在精神上很疲惫。一个月前，我的胃开始疼。凌晨 3 点，我不得不去医院切除阑尾。说实话，这其实是个福音。它迫使我在精神上和身体上放慢速度，我不得不休息了 6 周。我的跟腱伤病最终消失了。回归后我更有动力了，而且没有了伤痛。我永远不会认为自己的健康是理所当然的。

金牌的动机

“我最自豪的是2013年世界锦标赛的奖牌。在那之前的两年半，有两个跑步训练营拒绝了我。”

我最自豪的是2013年世界锦标赛的奖牌。在那之前的两年半，有两个跑步训练营拒绝了我。他们说我还不够好，不能加入他们的队伍，他们的运动员也不会担心在起跑线上会输给我。这刺痛了我，尤其当我刚刚从大四的伤病中恢复过来的时候。随着年龄渐长，我开始宽慰自己：那些只是别人的观点而已，并非事实。

直到我开始与教练乔・维吉尔（Joe Vigil）合作，我才意识到重要的是拥有一个良好的支持团队并努力投入训练。我花了大约一年的时间来适应教练的训练方式。他一直说，“这将会发生……你将会适应”。两年半之后，我在莫斯科参加了世界锦标赛。我的丈夫卡洛斯不能和我一起去，教练也不能去。我必须成为一个成熟的女人，要独立，为自己考虑。他们说：“我们已经尽最大的能力培养你，所以去完成你的任务吧。”我当时的状态很好。

我很高兴能参加比赛，并向自己承诺：如果我尽了最大努力，就不会感到失望。一切都很顺利。我以为自己得了第4名，直到安・加菲根从美国田径协会（USATF）的区域向我扔了一面旗子，说：“你获得了铜牌！”我才意识到这是事实。我喜极而泣，绕着领奖台庆贺胜利。①

① 布伦达・马丁内斯最初在这场比赛中获得第3名，但几年后，获胜者玛丽亚・萨维诺娃（Mariya Savinova）因服用兴奋剂而被取消资格，因此马丁内斯被提升为银牌，阿莉西娅・蒙塔诺（Alysia Montaño）从第4名提升为铜牌！——作者莫莉

维吉尔教练那时在新泽西州的莫里斯敦进行培训，有 500 多名医生参加。听课的医生打断他说："教练，我们要挂上这个屏幕，我们要看马丁内斯的比赛！"他看到了这一幕，然后自豪满满地开始授课。

我很感激有像他这样的教练。我确实需要他对我的信任，尤其在我自我怀疑的时候。他的训练使我在这项运动中坚持了这么久，从来没有想过放弃。我常对自己说，我可以在低谷，也可以在高峰，顺其自然就好。

"我确实需要他对我的信任，尤其在我自我怀疑的时候。"

教　训

在我的职业生涯中，有一些时刻我永不后悔，即使是糟糕的经历，因为稍有改变我就不会遇到维吉尔教练。我希望在涉及健康问题时，我能更好地学习和管理自己，无论是在精神上还是身体上。我希望在年轻的时候和职业生涯的早期能接受更多的血液分析，那会帮我节省很多训练和适应的时间。

此外，我学会了确保我在所做的事情中获得乐趣。我认为这是成功的一部分。我还学会了平心静气地应对各种糟糕的事情。我需要不断告诉自己这一切无所谓，然后重新站起来。

马丁内斯的建议

不要拿自己和别人比较，我认为这是最重要的。社交媒体可以是一个好东西，你可以用它作为灵感。但我认为对于我们这些年轻女孩来说，她们开始对自己有些要求：我必须以特定的方式去发展。我必须看起来像职业运动员或模特，然后她们开始以不健康的方式做事。应该告诉我们的女孩："你是完美的，你必须爱自己，善待自己。不要对自己刻薄，那是你在这个世界上能做的最糟糕的事情。”我们必须确保这些女孩感到被爱。

如果在你的职业生涯中有一段时间不开心，那也没关系。退一步，海阔天空。你可以请一天假，如果你感觉不舒服，就向教练解释一下。年轻的运动员正面临着抑郁和焦虑等问题。所以我认为我们需要对他们倍加关注，因为年轻运动员可能很脆弱。（我也很脆弱，所以我不怕承认这一点。）

马丁内斯营地

在大贝尔开办一个跑步训练营是维吉尔教练的主意。我想回馈我的社区和跑步社群。我想与来到大贝尔的营员们交流，于是教练提出了一个想法，那就是举办一个女孩的训练营。

当我建立训练营时，我不想让女孩们付钱。我希望任何人都能来体验。这就是我成长过程中的处境，没有钱买那些装备。我的教练曾经在高中时为我筹款。我们在这里设了一个写作比赛，它就像一个奖励基金，不会违反 NCAA 的任何规则。营员们可以通过在写作比赛中的表现接受免费的鞋子、装备和其他东西。她们不一定要跑得快才能参加。我只是想了解她们的状况。我不知道到有多少孩子需要帮助。第一年是 5 个。现在每年夏天我们都有 10 ～ 12 个女孩来参加夏令营。我希望这个数字能持续增长！

这不仅仅是关于跑步的项目。促使我在早晨醒来并开始训练的原因，是想到有一个小女孩在那里仰望着我。当她们在电视上看到我或来到我的营地时，我感觉很好。这就是我想成为的女性，这就是我试图在跑道留下我的印记并回馈社会的原因。

“促使我在早晨醒来并开始训练的原因，是想到有一个小女孩在那里仰望着我。当她们在电视上看到我或来到我的营地时，我感觉很好。这就是我想成为的女性，这就是我试图在跑道留下我的印记并回馈社会的原因。”

传奇跑者的奇闻逸事

◎一路欢笑

有时你当回顾自己的运动时光时，会想起那些总是让你发笑的时刻。让我们来听听一些有趣的跑步故事，希望它们也能让你大笑。

迪娜·卡斯托

◎厕所问题

在 2003 年伦敦马拉松赛期间，我觉得自己准备充分，可以尝试突破琼·贝努瓦·塞缪尔森的美国纪录。不幸的是，我在比赛前无法大便。跑了 3 英里后，便意来了，在剩下的比赛中我一直在与它斗争。[①] 我总是说服自己继续跑下去：我正

① 如果你在长跑中发生过这种情况，你就会意识到卡斯托能取得这样的成绩是多么令人钦佩！她在 23 英里的赛程内保持这种忍耐力，这与跑出 2 小时 19 分的成绩不相上下。——作者莫莉

在追赶一群对手。现在不能停下来。在下一个移动厕所，我在内心开始斗争：你和奥运冠军肩并肩，不要失去这个机会。这种斗争就像速度和距离一样令人疲惫。那天我实现了我的目标，但这是一场比任何人实际看到的更大的战斗！

阿吉·威尔逊

◎假成绩，真钻石

在第一个职业田径赛季的最后阶段，我听说在布鲁塞尔的钻石联赛上有一场 1 000 米跑比赛。赛事主办方问我是否能参加，并说我可以冲击世界青少年纪录。我起初感觉自己很累，因为原来从未在这个赛季中跑这么长时间。之后，我和另外一位运动员谈起此事。他说，布鲁塞尔的比赛非常有趣，你会得到一颗小钻石作为礼物，还有一个在牙买加的赛后派对，尤塞恩·博尔特（Usain Bolt）是唱片播放师（DJ）。我说："哦，好吧，听起来很酷！"所以我告诉他们我会去的。我去了比利时的勒芬，在赛前训练了一个星期。我在赛前进行的是 10×400 米跑的训练，每圈至少落后 20 秒！我是那么的疲惫，那么的累。但我知道如果告诉教练这些训练成绩，他就会让我回家，我就不能去布鲁塞尔了。所以我给他发了假成绩！我并没有把成绩说得太好或太坏。骗过教练之后，我去布鲁塞尔参加比赛。在第一个 700 米，我在想：还不错！我不像自己想象的那么糟糕，这一切都还好。我们以 2 分 4 秒的成绩通过了 800 米，然后我就陷入了尴尬的境地。当我跑到最后 100 米时，他们好像只是因为我能完成比赛而鼓掌，这是我唯一一次被怜悯地鼓掌回家。这是一场糟糕的比赛，但一旦完成了比赛，我就得到了我的钻石，并且参加了聚会。这是我参加过的最有趣的比赛！

玛拉·鲁尼恩

◎找到我的水瓶

当我在2002年参加纽约市马拉松比赛时，不知道如何才能在精英饮水站找到我的水瓶，因为我双目失明，没有办法看到它。当我经过时，连桌子都看不到。我没有远视力，所以不知道前面是什么。我真的无法在公路比赛中跑出切线，也无法预料要在哪条路的哪一边才能取回饮料。

在纽约，运动会的协调人员想出了一个解决方案。他让一名志愿者骑车到每个站，从车上下来，然后站在我的瓶子后面，喊道："玛拉，在这里，在这里！你的瓶子在这里！"因此，每隔5 000米，我都会听到她的声音，她会在头上挥舞手臂，试图让我停下来。这是一种发自内心的善意，但并没有真正发挥作用。对我来说，要找到根本看不到的东西实在是太难了。

埃德娜·基普拉加特（Edna Kiplagat）
波士顿马拉松、纽约马拉松和伦敦马拉松冠军，马拉松世界冠军

◎和丈夫赛跑

最有趣的比赛是2010年的洛杉矶马拉松。我和我丈夫一起参加了这场比赛。比赛有一个性别挑战，所以在男女冠军之间，谁先冲过终点，谁就可以获得奖金。错开时间大约是16分钟，女性参赛者先开始，然后男性参赛者进入下一波比赛。我告诉我丈夫，如果他赢了，我会请他吃饭，但如果我赢了，他就请我去度假！我非常紧张，因为当我跑到41千米时，引导男子参赛者的摩托车靠近了。我只剩下1千米了，但我成功地挡住了其他人，赢得了挑战。我完成了比赛，在终点线上等待我的丈夫。他甚至到了那里才知道我赢了。他如约支付了我的假期费用！

艾莎·普雷特－利尔（Aisha Praught-Leer）
英联邦运动会障碍赛冠军、泛美运动会障碍赛冠军、两届奥运选手

◎腹式翻过栏架

2018 年的奥斯陆钻石联赛（Oslo Diamond League）上，我们的比赛中一个栏架被卡在了男子组的高度上，这真是一场灾难。我的状态很好，目标是从后场出发，大约在第 8 位，然后向上冲刺。我很好地上了栏杆，然后出现了一阵骚乱，我听到人们在叫喊，一片混乱。直到我离栏架还有 10 米远时，我才意识到栏架的高度不对，它比女子组的栏高标准要高得多！最后我在栏架前停了下来，感觉栏架在我肚子的位置，然后我像布娃娃一样翻了过去。我想也许他们会重新开始比赛，因为问题是在第一圈内发生的，但他们没有停止比赛。因为没有其他人修理栏架，我们的教练乔·博沙德（Joe Bosshard）从人群中跑过来，很快来到赛道上。跟我一起参加比赛的伙伴埃玛·科伯恩在比赛中排在第 3 位，她跑着向官员挥舞手臂，向博沙德挥舞手臂，试图让人修复栏架。在第 3 圈的时候，他们只把栏架的一边降了下来，所以栏架向一侧倾斜。现在每个人都试图从栏架低的一侧跳过，因为那里较低，高度正确。但有些人还是从较高的一边跳了过去。这实际上是我在钻石联赛中的最高成绩，那天我得了第 5 名。当我们第二天外出旅行时，在奥斯陆机场看到电视上的新闻报道，它是当天的五大新闻之一。新闻是用挪威语报道的，画面中博沙德教练正在敲打栏架的顶部，试图修复它。我们可以想象挪威人会怎么评论这个疯狂教练的。

莫莉·塞德尔

◎来自全镇的支持

在我的埃塞俄比亚之行中，我和一个朋友在镇上的土路上锻炼身体。当

我和她跑到远处的时候，一个家伙从道路的另一边把我们的东西都偷走了。这是一个很小的镇，人们都相互认识。整个镇子的人都来帮我们寻找。在接下来的两天里，人们就像在镇子里寻找猎物一样寻找我的手机。

神奇的是，我们找回了手机。我真是太大意了，在锻炼的时候把手机留在了道路上的背包里。但看到街上大约 200 人都在说："我们必须找到这个人！我知道他在哪里。我们去他家吧！" 这实在太有趣了，整个寻找手机的小队伍沿街走着，警察也加入其中。结局很圆满，我请所有警察出去吃了一顿晚饭。

卡丽·托尔夫森
2004 年奥运选手

◎一个求婚中转站

查理（Charlie）在一次跑步中向我求婚。我的脚后跟受伤了，这是我恢复跑步的第 1 周。跑了 4 英里后，我们打算在明尼哈哈小溪（Minnehaha Creek）周围转转，这是明尼阿波利斯一个美丽的景点。查理说他扭伤了脚踝，想在小溪里冰敷。我有点生气，因为我总算有了一次像样的跑步，我想在这个赛季恢复状态。我告诉他："我不会停下来等你敷脚的。" 他假装下去敷脚，然后拿出了求婚戒指。所以不用说，我们以冲刺的速度跑了 4 英里回家，我压根没有感觉到脚后跟疼！

科琳·德·鲁克（Colleen De Reuck）
4 届奥运选手、世界越野赛奖牌获得者、柏林马拉松冠军

◎当妈妈遇到比赛日

生下女儿塔拉（Tara）6 周后，我参加了法尔茅斯（Falmouth）公路赛。

当时我正在哺乳期，塔拉不喜欢奶瓶。我的丈夫达伦（Darren）带着她一起走了一半的路程，这样当她需要喂食的时候，我就可以停下来喂她！幸运的是，她没有这样做，所以我能够顺利完成比赛，而不必中途喂奶。那是我怀孕后的第一次跑步。

阿利芬·图利亚穆克

◎错误的三叶草

在大学里，我已经习惯了每次比赛都有人照顾，我从来没有注意过我们要去哪里。毕业后，我报名参加了圣帕特里克节的三叶草比赛。在我的脑海里，我报名参加的是新奥尔良的 8 000 米比赛。而最终我实际上报名参加的是在弗吉尼亚海滩举行的比赛！在比赛的前一天，我遇到了一位为运动员服务的经理，他说："你在这里做什么？你应该在新奥尔良，因为新奥尔良是一个更大的比赛，而且实际上那里的报酬也比这个要高。"我当时想："等一下，你是说，我实际上没能报名这个比赛吗？"这时我才意识到，我必须独立，到各地比赛不能依赖别人。我最终赢得了比赛，而且跑出了相当好的成绩。

格雷特·瓦伊兹（已故）
1984 年奥运会马拉松银牌获得者、6 次世界越野赛冠军

◎由她的丈夫杰克讲述：

在格雷特打算退役之前，有人建议她在更长的距离上创造一些挪威纪录，比如 10 000 米跑和马拉松。于是我联系了纽约马拉松赛组委会，询问格雷特是否可以参加比赛。我有一段时间没有收到信息，然后在比赛前一周，比赛的组织者看到她的名字，说也许她会是一只好兔子。她甚至没有考虑过这个比赛，于是没有做任何准备。她最长的一次跑步是大约 11 英里。对她来说，这只是一个在退役前去纽约看看的机会。好吧，她赢得了比赛，以快几分钟的时间打破了纪录，但她的腿伤得很重。我说服她去参加这场痛苦的比赛使她感到非常生气，以后再也不想做这样的事了！

我们回到了挪威，她又一次退役了。但在 12 月初，她被邀请到加利福尼亚为新年做一场午夜比赛，并举行一次研讨会。我说：“很抱歉，她已经退役了，我们计划和她的家人去山上滑雪。”组织者说：如果你把家人带到加利福尼亚，想住多久就住多久，你会这样做吗？她实际上很喜欢那场比赛，因为公路赛与田径赛不同，而且她没有太多机会参加。因此，尽管那年她打算退役，但她却跑了 47 场比赛!

萨拉·斯莱特里

高二时，我在富乐客全国越野锦标赛上遇到了我未来的丈夫史蒂夫。那年春天晚些时候，我们都被邀请参加在萨克拉门托举行的金西田径邀请赛。所有运动员都住在赛场附近的宿舍里。我在大厅遇到了史蒂夫，他走过来跟我打招呼。克莱卡（Klecka）教练立刻拿这件事来取笑我。我非常尴尬，坚持说他只是我的朋友。克莱卡教练不停地逗我说：“瞧着吧，总有一天你会嫁给这个家伙，到时候我会告诉你我早就说过。”克莱卡教练是对的，我们现在已经结婚 17 年了!

HOW SHE DID IT
附录 2

最常用的锻炼方式

虽然我们在本书中多次提到，要达到这种锻炼水平需要很长的时间，但看到这些女性为了在比赛当天击败对手，而在训练中所做的事情，还是令人印象深刻和鼓舞人心的。有些锻炼方法听起来很熟悉，有些可能是你以前从未尝试过的组合。锻炼只是一个更大的训练系统的一部分，所以它并不能说明一切问题，但我们希望这些方法能在你处理自己的训练时，给你一些想法和灵感。

格雷特·瓦伊兹（已故）

◎由她的丈夫杰克讲述：

越野赛是她的最爱。她最喜欢的训练方法是在树林里跑大约 3.5 英里，然后拼命跑回来。她不喜欢去田径场。每次要进行田径训练时，她都会紧张一整天。实际上，她有一次在 800 米跑复赛中跑得比她的个人纪录还要快。她非常专注于这项运动。

在挪威训练就是一种挑战。在大雪纷飞的冬天，她经常穿着橡胶靴跑步。在冬天，她还在公交车行驶的 1/4 英里干净的道路上来回跑 10 英里。

因为工作的关系，我们总是在早上 5 点锻炼，即使在没有必要的时候，她也坚持这样做。她总是说，如果你和我再走两三英里像现在这样累，我们就掉头，但我们当然从未这样做。你知道的，只要一出来，她就会完成跑步！

安娜·威拉德·格雷尼尔（Anna Willard Grenier）
2008 年奥运选手

我喜欢所有与速度有关的东西。跑步是我迄今为止最喜欢的运动。我完成了所有的耐力训练，这样就能有足够的力量开始进行速度训练。任何时候我们都会做全力以赴的 200 秒，全力以赴的 300 秒，全力以赴的 150 秒，那是我的最爱。我在波士顿学院执教短跑，我会威胁他们，他们至少要打破我的纪录。

我完成的唯一一次“惩罚 ”训练是相当不错的，我对这次训练超级自豪。我在普雷方丹的 800 米跑比赛中被打败，教练特伦斯·马洪（Terrence Mahon）对我非常生气。

他说：“你的体形非常好。你到底怎么了？如果你害怕起跑快，我们就做 2×500 米，全力以赴。”不是第二天，就是两天后，真的是不久之后。他说：“你现在真的很强壮。”我想我跑出了一个 67 秒，还有 68 秒。我们在第一场比赛中以 55 秒通过，在第二场比赛中以 54 秒通过。在那之后，我想：好吧，我可以处理我们起跑后的任何配速。

布伦达·马丁内斯
2012 年、2016 年奥运选手

当我身体健康时，喜欢重复 1 英里跑。2013 年之前，我们在高海拔地区练习 5×1 英里。我想我的平均成绩在 4 分 50 秒以下，休息时间 3 或 3.5 分钟。当时风很大，很冷，摄氏一二度。我在恢复过程中穿上了外套，我的手很痛，流着鼻涕，就是那么冷。那次训练很艰难，条件也不是很好。我只是紧紧抓住在自行车上为我计步的卡洛斯（Carlos），并把它想象成一场比赛！这股力量造就了 2013 年的辉煌。

朱莉·卡利（Julie Culley）
2012 奥运选手

在 2012 年奥运会选拔赛之前，我在训练中进行了一次难忘的计时赛。[①] 教练弗兰克·加利亚诺（Frank Gagliano）让我跑了 3 200 米。我跑了 9 分 48 秒，当你试图组建一支奥运代表队时，这不是什么值得一提的事，但这是一次疯狂的锻炼。

我有一个配速器，每节配速都会改变，但我不知道每一圈的配速是多少。当我完成 400 米时，我的教练会在下一个分段大声喊。它教会了我如何以冠军的方式进行比赛，你通常不知道接下来会发生什么，你的身体必须马上弄清楚如何从单圈 75 秒跑到 67 秒。你必须为接下来发生的事情做好准备。我记得那次锻炼后，我知道自己的状态非常好，而且我的头脑很敏锐。我知道我将能够适应任何事情。

① 她赢了！——作者莫莉

艾莎·普雷特－利尔

我最喜欢的锻炼方式之一实际上是长跑。正如萨拉所知，在博尔德，什么都不会，那就长跑吧！这不是个事儿。有时我们只是做一个稳定的长跑，有时我们会做一个组合训练。

我最喜欢的组合是 15 英里的长跑，中间比较困难的是 10 英里。我们先热身 3 英里，速度适中，配速大约 6 分 40 秒。然后我们的目标是在 1 小时内跑完 10 英里。然后你慢跑或以中等速度跑完剩下的路程，达到 15 英里。

当我第一次搬到博尔德时，我无法做到这一点。我的训练伙伴埃玛·科伯恩会在这些赛程中打败我。但这些年我在这方面做得还可以，现在这是我最喜欢的活动之一。我知道，如果在高海拔地区能在 1 小时内跑完 10 英里，那排名就处于一个很好的位置。我有史以来最好的一次长跑是以平均每英里 5 分 51 秒的速度跑了 15 英里。我当时想："我是最棒的！"

卡丽·托尔夫森

我最喜欢的锻炼方式是阶梯式下降：1 600 米，1 200 米，800 米，400 米，4×200 米。我想我最快的速度是用 4 分 46 秒完成 1 英里赛跑，然后越往后快。我还喜欢 8×1 000 米，以每 1 000 米 3 分钟或更快的速度跑。

科琳·奎格利
2016 年奥运选手

速度日是我的最爱。你跑得越快越好，不留余地。我们并不经常这样做。这是一个 4×200 米的热身运动，第一组是 30 秒的慢跑，让腿部活动起来。所以我可能会在那里跑32～33秒的200米。然后充分休息大约5分钟，接下来我们可能跑 2×300 米，我可能跑到 43 ～ 44 秒。接着我再次最大限度的休息，视需要而定。然后我们可能跑 8×150 米，做 50 米的积累，从 3 000 米的配速到 800 米赛跑的配速，每 50 米速度加快一次。最后我们走回起点进行休息。训练结束时，你再跑 2×300 米，并尝试跑出与第一组 300 米相同或更快的速度。

这一天的里程数不多，但超级有趣，而且特别累。我不认为能在最后完成 300 米的比赛。但后来，不知怎么的，我做到了！

科琳·德·鲁克

我最喜欢的锻炼方法是重复跑坡训练。我不会跑得太远，因为我认为如果状态崩溃，就失去意义了。最长的时候也就 3 分钟。我喜欢做这样的锻炼，更多是靠感觉。

杰奎琳·汉森
女子跑步拓荒者、两次世界最佳马拉松选手

我是在拉兹洛·塔博里（Laszlo Tabori）的间歇训练中长大的。最喜欢的训练项目是“25 圈”。这是一种在赛道上的单人训练，我非常喜欢这种训练方法。它常常是我早上的锻炼项目，在比赛时对我很有帮助。不需要教练，也不需要手表。5 圈热身，然后按以下顺序进行 5 组，每组 4 圈：

- 第 1 圈：2×100 米中速 + 慢跑弯道（100 米）
- 第 2 圈：2×150 米累积 + 慢跑一半弯道（50 米）
- 第 3 圈：2×100 米中速 + 慢跑弯道
- 第 4 圈：2×100 米全力以赴 + 慢跑弯道

这需要不间断的跑步，并且相应地调整速度。跑步不要停，只是在中途改成慢跑。

莫莉·赫德尔

让我最健康的锻炼方式是我最不喜欢的：以略低于极限值的速度重复跑 2 英里。这考验了我在身体不适的情况下的专注力和耐心。

马拉松累积的例子：用每英里 5 分 10 秒的速度跑（4 ～ 5）×2 英里，休息 2.5 分钟。如果我能做到这一点，我知道我已经准备好了。

她是如何开始的

1

以下是你读到的跑者在其职业生涯早期的一些快照。看看你能不能猜出谁是谁？然后翻回她们的个人资料，看看她们从早期到现在有多大的变化！

2

3

4

5

6

7

8

9

10

11

12

13

答案:
1）埃米·鲁道夫；2）伊丽莎白·克兰尼；
3）阿吉·威尔逊；4）莫莉·赫德尔；
5）埃米莉·西森；6）玛丽埃尔·霍尔；
7）考特尼·弗雷里希斯；8）黑兹尔·克拉克；
9）阿利芬·图利亚穆克；10）萨拉·斯莱特里；
11）珍妮·辛普森；12）埃玛·科伯恩；
13）琼·贝努瓦·塞缪尔森；14）乔塔·克拉克·迪格斯；
15）卡拉·古彻；
16）乔·佩维；17）凯瑟琳·斯威策；
18）金·康利；19）莉萨·阿吉莱拉；
20）琳恩·詹宁斯；21）莫莉·塞德尔；
22）妮基·希尔茨；23）迪娜·卡斯托；
24）雷文·罗杰斯；25）萨拉·霍尔；
26）索尼娅·奥沙利文；27）德斯·林登

未来，属于终身学习者

我这辈子遇到的聪明人（来自各行各业的聪明人）没有不每天阅读的——没有，一个都没有。巴菲特读书之多，我读书之多，可能会让你感到吃惊。孩子们都笑话我。他们觉得我是一本长了两条腿的书。

——查理·芒格

互联网改变了信息连接的方式；指数型技术在迅速颠覆着现有的商业世界；人工智能已经开始抢占人类的工作岗位……

未来，到底需要什么样的人才？

改变命运唯一的策略是你要变成终身学习者。未来世界将不再需要单一的技能型人才，而是需要具备完善的知识结构、极强逻辑思考力和高感知力的复合型人才。优秀的人往往通过阅读建立足够强大的抽象思维能力，获得异于众人的思考和整合能力。未来，将属于终身学习者！而阅读必定和终身学习形影不离。

很多人读书，追求的是干货，寻求的是立刻行之有效的解决方案。其实这是一种留在舒适区的阅读方法。在这个充满不确定性的年代，答案不会简单地出现在书里，因为生活根本就没有标准确切的答案，你也不能期望过去的经验能解决未来的问题。

而真正的阅读，应该在书中与智者同行思考，借他们的视角看到世界的多元性，提出比答案更重要的好问题，在不确定的时代中领先起跑。

湛庐阅读App：与最聪明的人共同进化

有人常常把成本支出的焦点放在书价上，把读完一本书当作阅读的终结。其实不然。

时间是读者付出的最大阅读成本

怎么读是读者面临的最大阅读障碍

“读书破万卷”不仅仅在“万”，更重要的是在“破”！

现在，我们构建了全新的“湛庐阅读”App。它将成为你“破万卷”的新居所。在这里：

- 不用考虑读什么，你可以便捷找到纸书、电子书、有声书和各种声音产品；
- 你可以学会怎么读，你将发现集泛读、通读、精读于一体的阅读解决方案；
- 你会与作者、译者、专家、推荐人和阅读教练相遇，他们是优质思想的发源地；
- 你会与优秀的读者和终身学习者为伍，他们对阅读和学习有着持久的热情和源源不绝的内驱力。

下载湛庐阅读 App，
坚持亲自阅读，
有声书、电子书、阅读服务，
一站获得。

图书在版编目（CIP）数据

像她那样奔跑 /（美）莫莉·赫德尔，（美）萨拉·斯莱特里著；杜兰，张涛译. -- 北京：华龄出版社，2023.3

ISBN 978-7-5169-2482-2

Ⅰ. ①像… Ⅱ. ①莫… ②萨… ③杜… ④张… Ⅲ. ①跑－健身运动 Ⅳ. ① G822

中国国家版本馆 CIP 数据核字（2023）第 039531 号

出 版 人　周　宏　　**责任印制**　李未圻

责任编辑　李　健　陈　馨　　**装帧设计**　湛庐文化

书　名	像她那样奔跑	**作　者**	[美] 莫莉·赫德尔 [美] 萨拉·斯莱特里
出　版 发　行	华龄出版社 HUALING PRESS		
社　址	北京市东城区安定门外大街甲 57 号	**邮　编**	100011
发　行	（010）58122255	**传　真**	（010）84049572
承　印	石家庄继文印刷有限公司		
版　次	2023 年 3 月第 1 版	**印　次**	2023 年 3 月第 1 次印刷
规　格	710mm × 965mm	**开　本**	1/16
印　张	20.5	**字　数**	303 千字
书　号	ISBN 978-7-5169-2482-2		
定　价	119.90 元		

本书如有破损、缺页、装订错误，请与本社联系调换